社区财经素养教育

（老年教育版）

陈宏观 ◎ 编著

中国财经出版传媒集团
中国财政经济出版社
·北京·

图书在版编目（CIP）数据

社区财经素养教育：老年教育版 / 陈宏观编著. 北京：中国财政经济出版社，2024.12. -- ISBN 978-7-5223-3545-2

Ⅰ. F810

中国国家版本馆CIP数据核字第202412ZU44号

责任编辑：李昊民　　　　责任校对：徐艳丽
封面设计：陈宇琰　　　　责任印制：张　健

社区财经素养教育（老年教育版）
SHEQU CAIJING SUYANG JIAOYU（LAONIAN JIAOYUBAN）

中国财政经济出版社 出版

URL：http：//www.cfeph.cn
E-mail：cfeph@cfeph.cn

社址：北京市海淀区阜成路甲28号　邮政编码：100142
营销中心电话：010-88191522
天猫网店：中国财政经济出版社旗舰店
网址：https：//zgczjjcbs.tmall.com
北京密兴印刷有限公司印刷　各地新华书店经销
成品尺寸：170mm×240mm　16开　17.25印张　247 000字
2024年12月第1版　2024年12月北京第1次印刷
定价：66.00元
ISBN 978-7-5223-3545-2
（图书出现印装问题，本社负责调换，电话：010-88190548）
本社图书质量投诉电话：010-88190744
打击盗版举报热线：010-88191661　QQ：2242791300

/ 本书编著组 /

陈宏观　林　鹄　卢　艳　朱新红　袁文婧　余逸平　周炎彬
王笑元　王　萍　夏中微　张新岗　袁　媛　韩　雯　赵　华
卢　巍　赵纪东　刘卓然

/ 执行编委 /

卢　艳　朱新红　袁文婧

/ 本书参与学校 /

上海市徐汇区业余大学
上海市徐汇区社区学院
上海市徐汇区老年大学
上海老年大学徐汇分校
上海开放大学徐汇分校
上海市静安区社区学院
上海市闵行区社区学院
西藏职业技术学院
上海市徐家汇街道社区学校
上海市天平街道社区学校
上海市湖南街道社区学校
上海市枫林街道社区学校
上海市斜土街道社区学校
上海市田林街道社区学校
上海市长桥街道社区学校
上海市虹梅街道社区学校
上海市康健街道社区学校
上海市龙华街道社区学校
上海市凌云街道社区学校
上海市漕河泾街道社区学校
上海市华泾镇社区学校
上海市吴泾镇社区学校
江苏省太仓市教育局下属部分社区学校

序言

PREFACE

2016年，中国教育科学研究院与众多高校、科研机构和企业联合成立了“中国财经素养教育协同创新中心”（以下简称“中心”）。中心以提升个体财经素养、维护国家经济健康有序发展为根本目的，协同众多力量，秉持“学生为本、国家为重”的理念，努力推动各级各类学校以及社会化的财经素养教育。

“如何开展财经素养教育？”这是我们经常听到的来自学校一线的问题。为此，我们组织编写了《中国财经素养教育系列丛书》，以有效帮助学校开展财经素养教育。这是国内首套系统的财经素养教育系列用书，不仅包括幼儿园、小学、初中、高中（普通高中、中职）、大学（高职、本科）5个学段的学生系列，还延伸至社区老年群体。该套丛书是财经素养教育理论研究及实践探索结合的成果。

第一，编写意义——财经素养教育必要性

一方面，财经素养教育是国民综合素质提升的需求，也是国家经济稳定发展的需求。财经素养教育是培养学生正确认知、处理与管理财经事务的活动，既可以提升国民面对经济生活的基本品质，又可以提高国民经济活动的安全程度。每个国民的财经素养程度必然影响一个国家经济发展的有效性与创新性；每个国民个体经济生活的安全也必然关系到一个国家整体经济发展的安全与稳定。财经素养教育既是关涉国民个体发展的活动，也是关涉国家整体安全发展的问题；既要基于个体的需求，也要基于国家的需求。也正因为如此，财经素养教育已与国家战略发展密切相关。作为一个重要的教育活动，财经素养教育成为贯彻落实党的教育方针、落实立德树人根本任务、培养德智体美劳全面发展的社会主义建设者和接班人的内容和手段。

另一方面，现实生活中缺乏财经素养的现状大量存在，迫切需要加强财经素养教育。中华人民共和国成立70多年来，特别是改革开放40多年来，我国经济快速发展，国民收入水平大幅提高，人们的生活也发生了翻天覆地的变化。但随之而来的问题也越来越多，如“月光族”“啃老族”“负债族”、电信诈骗、网络诈骗、信用卡盗刷等现象，以及大学校园里的“现金贷”“套路贷”“校园贷”“学生网贷”“裸贷”等问题。其中，许多国民，特别是在校学生的经济学常识匮乏、消费观和金钱观扭曲、基本理财技能不足、经济法规意识淡薄等，都是重要影响因素，这些涉及国民财经素养的问题如不能从教育的角度得到解决，必将成为日益严重的社会问题，甚至有可能危及国家金融安全乃至政治稳定。

我们曾对中小学校学生、家长、教师等不同人群共15925人进行财经素养教育认知调查，发现被调查者普遍对财经素养教育的重要性高度认同，尤其关注财经素养教育的实施方式。事实上，与家庭相比，学校开展财经素养教育更有助于教育公平和提升财经素养教育质量。所以，学校系统应该成为全面开展财经素养教育的主阵地。而如何推进学校有效开展财经素养教育，就需要类似本教材这样的学生用书作为开展财经素养教育的基本内容和教学依据。

第二，编写指导思想——财经素养教育目标

我们倡导的财经素养教育，以劳动教育为起点和手段，以德育为目标和方向，是劳动教育、生活教育、思想教育、心理教育及情感教育的集合。在这里，财经素养教育不只是单一或专门化的财商教育、金融教育、消费者教育、财经教育，而是培养个体应对经济生活所必备的财经知识、理财技能、财富观念与人生信念等基础修养总和的活动。

编写指导思想是我们构建的财经素养教育“三九五体系”目标。该系列目标要通过财经素养教育培养学生“财经世界三观念”——“正确的劳动观、合理的金钱观、正义的财富观”；引导学生理解“财经生活九关系”——“付出劳动与获得收入、诚实劳动与个体尊严、劳动能力与尊重他人、赚取收入与遵守规则、信用原则与市场秩序、收入差距与风险管理、个体努力与社会支持、个人财富与国家发展、财富拥有与人生幸福”；帮助学生成为“经济社会五合格”的人——“自食其力的劳动者、成熟理性的消费者、诚信规范的理财者、保有财富的管理者、财富人生的创造者”；把学生培养成为具有尊重劳动、公平交易、财富管理、义利统一、家国责任等财经素养基本品质的社会化个体，能够正确认识与理解个体的财经活动，理解个体与国家经济发展之间的关系。

第三，编写依据——财经素养教育标准

编写依据是中心组织研制并于2018年1月发布的《中国财经素养教育标准框架》。这是我国首个财经素养教育标准，覆盖幼儿园、小学、初中、高中、大学5个学段，现又拓展至社区教育领域。

依托中心咨询委员会、学术委员会的专家力量，中心组建了包括科研院所、高等学校、国家部委、行业企业、中小学校等不同机构专业人士在内的标准研制组。采取“边研究、边咨询、边修改”的合作联动方式，通过开展文献整理、国际比较、通信咨询、问卷调查、座谈研讨等多种方法展开理论与实证研究。

标准研制历经6次专家函询，涉及专家近80人100多人次，汇集财经、教育等众多领域的知名学者和企业人士。就中国财经素养教育标准的相关研制问题，研制组分别在北京、四川、江苏、广东等地开展多次面向全国的政治教研员、一线教师、教育管理者、家长以及教育研究者的座谈调研，而且通过全国中学生财经素养大赛平台向来自全国31个省（自治区、直辖市）

的1万多名高中生开展问卷调查。同时，研制组在两次财经素养教育论坛上公开发布了《中国财经素养教育标准（讨论稿）》，并广泛征求意见，在理论拓展和实践探索中不断修正和完善各学段的财经素养教育标准。

研制组依此建构了“五维三标”的标准框架，包括“收入与消费、储蓄与投资、风险与保险、制度与环境、财富与人生”5个维度的内容以及“认知、技能和态度”3个方面的目标。其中突出了5个特点：更重视财经价值观的引导，更突出个体与社会、国家的经济关联，更彰显传统文化中的优秀经济思想，更凸显劳动创造财富的态度，更强调对制度、规则的遵守。

这是距离美国财经素养教育标准出台20年之后，中国第一份系统的、学段完整的财经素养教育标准，被学者评价为“中国特色，世界视野”“填补了我国的空白”“中国教育学界的一件大事”，具有里程碑意义。

第四，编写内容——财经素养教育主题

依据标准的5个维度，我们设计出5个学段连贯统一的15个主题结构。15个主题范围对应到不同学段和类别时，其内容的侧重点会呈现“递进式”的变化，顺序结构也会有所调整，或交叉或扩展或删减。15个主题结构覆盖劳动及职业、收入及分配、消费及选择、货币及制度、市场及规则、经济发展及财政收支、投资及风险管理、金融机构及监管、社会保障、商业保险、对外贸易及开放、贸易争端及解决、资源及发展、财富积累及传承、财富创造及社会责任，这些内容关照到个体、国家以及两者的关系。

第五，编写原则——财经素养教育特征

丛书编写原则继续遵循标准研制所秉持的原则。第一，坚持经济生活与学生发展规律的统一。财经素养教育要针对学生的财经生活现实以及学生身心发展的特内和认知规律，充分整合社会经济生活特点、学生阶段性发展特点开展活动。不同学段在呈现知识内容、选择案例故事时要遵循分学段财经素养教育的特征。从“阐述的切入点”到“关联领域的延展”“内容体现的特点”都尽量体现不同受段学生的认知水平、理解能力、兴趣喜好等。第二，坚持传统与现代价值取向的融合。财经素养教育要将社会主义的共同富裕理想、创业创新精神等价值，与符合世界发展趋势的经济核算理念、法治原则以及中国传统文化的见利思义、以义取利、利济天下价值原则整合起来，引领我国公民财经活动的价值取向。第三，坚持个体与社会、国家经济活动的联动。财经素养教育要从个体与社会、国家经济活动密切关联的视角，既重视个体对自己经济活动的认识，也要让个体知晓国家、社会、企业等其他主体的经济行为。更要让个体理解自己的经济活动与国家发展之间的关系。

第六，编写组织方式——以学校为单位

采取“顶层设计+学校团队”的编写组织方式。各学段主题及主体内容的顶层设计，由总编、主编、副主编及有关专家共同构成的团队实施；具体内容的撰写，由编写学校组织校内外成员的编写团队实施，主编负责全书的撰写统筹。为了把握并保证撰写质量，一些学段的编写还启用了文稿修改组。

这种“分学段、团队式”的课题研究方式的编写组织，是为了激发、提升参与学校开展财经素养教育的信心和质量，打造一批财经素养教育的创新学校。培养一批财经素养教育的优秀教师，聚集形成中国财经素养教育坚实的基础力量，发挥带动更多学校参与和有效实施财经素养教育的引领作用。

第七，该套丛书的亮点

1.一体化与差异化结合

该套丛书实现了幼儿园、小学、初中、高中、大学财经素养教育学生到社区老年群体用书的系统性、连贯性与完整性，即一体化。各学段活动用书在编写指导思想、标准依据、主题结构、知识要素、阐述形式等方面都具有一致性，同时，具体内容呈现的深浅程度又逐层递进、逻辑衔接，呈现形式也有所区别，形成纵横连贯、学段类别互异的学生用书。

在一体化的基础上，为更好地适应不同学段和类型学生的认知基础、理解能力、阅读偏好，也充分体现学段之间的差异化，幼儿园段用书分为8册，小学段用书分为1~6年级共6册，初中段分上、下2册，高中段分为普通高中和中职2册、大学段分为高职和本科2册。这样就形成幼儿园1套8册、小学1套6册、初中1套2册、高中1套2册、大学1套2册，以及社区教育（老年版）1套2册共6套21册的系列教材。

2. 生活化与知识化结合

该套丛书力求生活化与知识化的结合。既吸收学科教材的逻辑性和教学性，也适度体现社会读本的布局灵活性和表现方式的生动性。基本定位是：通过阐述和演绎具有财经知识以及价值观的故事，引导学生获得相应的财经素养。呈现的内容是基础经济学知识，呈现形式生活化、故事化并兼具趣味性。例如，书中呈现了许多案例、用意就是通过这些生活化的案例，让学生去感知式地理解知识以及理解知识的运用。

3. 确定化与思考化结合

该套丛书传递、传达正确的观点与思想。宣扬具有正能量的行动与情感。鉴于财经素养教育的培养性质，教材里呈现的知识、观点、思想都是经济学知识里的基础性经典内容和结论。同时设计了不同样式的思考板块以及拓展园、知识窗。用以引导学生掌握知识、拓展阅读、深化思考、适当践行。尤其关注经济学知识在实际生活运用中出现的疑惑甚至矛盾现象，推动学生用知识去思考现实。用现实来反刍知识，学以致用。

应该说，我国财经素养教育是具有一定实践基础的。如一些中小学不仅开展了丰富多彩的财经素养教育活动，还编写了自己的财经素养教材。但是，在全国层面，基于国家标准，理论研究者和实践一线教师合作共同编写财经素养教育的教材，还属于首次尝试。共有来自东、中、西部省（市）的100余所学校/机构、200余人，参与此次系列丛书编写工作。

我们努力想在这套财经素养教育教材中，充分体现与凸显我们对财经素养教育的理解与追求，努力想将特点鲜明、可读有趣好理解的学生用书呈现给读者。然而，短时间内完成这一覆盖所有学段的财经素养教育学生用书编写工作实非易事。仓促成书，缺点、错误难免，敬请广大读者指正，我们将在后续修订版及教师用书中予以纠正和完善。

该套系列教材由中心及重庆课堂内外教育科技有限公司联合策划，来自不同学校和机构的专家出任各学段书稿的主编。感谢财政部的大力支持，并给予“中国财经素养教育分学段主题研究”课题支持。感谢各学段参与学校及执笔者和团队成员，感谢各学段的主编、副主编，感谢中心所有支持我们的专家，感谢中国教育科学研究院的领导及同事，感谢中国财政经济出版社的领导及编辑，感谢他们的辛苦付出及全力支持！同时，还要向该套系列丛书中所引用文献、图片的原作者表达感谢！

在此向关心、支持、帮助我们的所有同志一并致谢！

张男星　中国教育科学研究院

王振中　中国社会科学院

2024年10月

编著说明

一、背景与目的

截至2023年底，我国60岁以上的老年人口已达2.97亿，占人口总数的21.1%，老龄化进程速度快，未富先老、未备先老的现象日益突出。目前，针对老年人的各种形式的骗局频出，与老年人财富传承相关的问题也备受关注，这些现象及问题带来的思考，反映出在社区实施面向老年群体的财经素养教育的重要性及迫切性。

老年人与在校学生处在不同的人生阶段，所需的财经素养教育各有侧重。而在大中城市生活的老年群体，由于社会经济环境的复杂性和个人健康状况的千变万化，他们面临着特定的财经挑战和问题。为了提升这一群体的财经素养水平，我们组织编著本教材，旨在为老年人及其家庭成员提供有针对性又实用的财经素养知识和技能，帮助他们在其现有的经济条件和生活状态下，把日子过得更好，提升幸福指数；同时，帮助他们在家庭中共度时光，共同管理和规划财务，“边备边老”，提高老年生活品质。

人人都希望安享晚年，能够体面地老去，这需要全社会共同行动起来，呵护老年人的幸福晚年，知老尊老，创造一个老年友好型社会。让老有所乐、老有所为的愿望照进现实，让后来人有可期的未来，让亿万正在奋斗的人们感受到奋斗的价值。编写社区财经素养教育（老年教育版）教材，是促进国民接受财经素养教育的有力补充和完善，具有重要的价值与意义。

二、教材受众定位

本教材受众的选择立足于上海，面向全国大中城市的老年居民及其家庭成员。本教材中，老年人指年龄60周岁及以上的公民。本教材可作为老年学员社区财经素养教育课程选择之用。

三、教材编著原则和特点

1.目标导向和问题导向：本教材坚持以老年群体为本、以国家为重。引导老年人形成小我，超越大我。针对老年群体的生活盲区和痛点，把老年人生活中已经发生或可能发生的典型经济事件转化成课程内容，阐述原理以及解决办法。在引导老年人认识个体与经济生活关系的同时，引导老年群体充分认识国家与世界的经济活动，使他们知晓个体经济与家庭、社会、国家经济安全之间的关系。

2.“两个带出”原则：本教材内容根据老年群体的学习特点及财经素养需求进行设计，以老年人的生活为切入点带出对家庭生活、社会生活的关心；以老年人的生活为主题带出财经方面的相关知识。教材语言力求通俗易懂，教材内容以案例和实例为重点，教材编著重视生活经验分享。

3.“三个逻辑”原则：本教材在知识内容方面遵从学科逻辑、体现生活逻辑、体现生命逻辑。从生活案例切入，从开门七件事的学问谈起，以激发老年人学习兴趣；从衣食住行、生老病死谈起，引发老年人对生命意义的思考；从生活出发，普及财经素养知识，逐步提升老年人财经素养。

4.实用性与可操作性：本教材注重财经素养知识和技能的实际应用，通过提供实用的方法和策略，以及大量生活中的案例，让老年人能够在现实生活中应用所学内容，帮助老年人和家庭成员解决生活中遇到的实际问题。

5.形散神不散：社区财经素养教育在经济学、金融学、管理学、老年学等诸多领域均有涉及，综合性较强，这决定了关于社区财经素养的问题具有来源广泛、视角多样、形式分散的特点。本教材在《中国财经素养教育标准框架》下，覆盖个人理财、家庭预算、投资管理、风险防范、社区资源利用、积极老龄化及对社会国家、国际经济形势及其经济政策的理解等方面内容，提供面向老年群体较为全面的财经素养教育，有效确保形散神不散。

6.家庭共读：本教材强调家庭共读的理念，鼓励老年人与家庭成员一起学习、讨论、实践，增强家庭成员之间的沟通与合作。有利于协调长辈和子女关系，有利于家庭伦理建设。

7.结合社区资源：本教材鼓励老年人充分利用社区资源，积极参与社区活动，做有益于社会和社区的事。鼓励老年人通过积极学习，延长生命长度，拓宽生命宽度，提高生命质量，使他们老有所为、老有所乐。

本书是中国财经素养教育协同创新中心“社区财经素养教育的实践与探索”项目的研究成果，由项目组组长、正高级教师陈宏观担任主编，组织编委会和编著组。首先，由主编、副主编带领有关专家团队完成主体内容的顶层设计；其次，由上海市徐汇区业余大学（上海市徐汇区社区学院）牵头确立十六项主题（章）；再次，精心组建出一支跨领域的编著团队进行撰写，并同步进行教学实践；最后，再由全国知名财经素养教育专家进行把关修正。团队人员包括财经专业、社会学专业、法律专业及老年教育专业的专家、教师和行业资深人士，均为一线教育教学教师和财经实务实践工作者。

本书共分十六个主题（章）。主题一由朱新红副教授、余逸平博士撰写；主题二由朱新红副教授撰写；主题三由虹梅街道社区（老年）学校副校长周炎彬撰写；主题四由卢艳副教授撰写；主题五由王笑元老师撰写；主题六由袁文婧老师、林鹄副教授撰写；主题七由林鹄副教授、袁文婧老师撰写；主题八由王萍老师撰写；主题九、主题十由徐汇区学习型组织建设研究中心副主任夏中微撰写；主题十一、主题十二由卢艳副教授、张新岗老师撰写；主题十三由余逸平博士撰写；主题十四由袁媛老师撰写；主题十五由韩雯副教授、赵华副教授撰写；主题十六由徐汇区老年大学副校长卢巍撰写。

本书由陈宏观、林鹄统稿。本教材在编著的过程中借鉴了已出版的国内外相关的优秀教材、专著和资料，引用了一些相关的内容和研究成果，在此我们一并表示感谢。由于编者水平有限，加上时间仓促，书中的不足和不当之处，敬请批评指正。

本书付印之际，特别感谢朱曦教授、刘次林教授、秦红教授在写作过程中的关心和支持；衷心感谢中国财经素养教育协同创新中心张男星主任、中国财政经济出版社科教分社李昊民社长，以及相关团队的大力支持；感谢瑞众人寿保险有限责任公司上海分公司党委书记、总经理万斌和他的团队、东方财富证券股份有限公司董事长郑立坤和他的团队，以及上海大邦律师事务所的大力支持。

2024年10月

目录
CONTENTS

主题一　养老钱从哪里来

本主题将逐步引导老年朋友深入了解退休后收入来源；个人养老金与经济发展的关系；剖析国民收入初次分配和再分配理论，用案例阐释分配理论如何兼顾效率与公平，以及近十年来政府转移支付中深入人心的惠民利民政策。

情景导入

李师傅是一位普通的退休工人，在一家工厂里辛勤工作了三十多年。每天早上，他准时起床，骑着电瓶车，一脸坚毅地赶往工厂。

工厂里的日子并不轻松，但李师傅总是默默地坚持着。他的同事们都说他是个老实巴交的人，从不抱怨，也从不计较。他的工资虽然不高，但他总是能按时领取，从没有被拖欠。

终于，李师傅迎来了退休的那一天。上班的最后一天，他抚摸着陪伴了多年的机器，看着熟悉的车间，心中充满了感慨。工友们都来送行，依依不舍……

退休前单位人事就已经帮忙办理了退休金的领取手续，因为在职时每月都有缴纳“五险一金”，李师傅凭着自己的社保账户就能够定期领取，只不过这些钱是社保局发放的，每月会定期打到自己的银行卡里，跟原工作单位没有关系。这倒省心啦，不用月月到财务室签字了。

李师傅辛苦工作了一辈子，终于有了属于自己的时间了，虽然退休金不高，但也要好好规划将来的生活了……

诚然，养老金的高低直接影响着退休后老人的生活质量，物价的上涨、难以预期的衣食住行各项支出的增加、年龄增长带来的各类慢性疾病的就医费用等，单纯靠养老金能够得到保障吗？那么养老金的来源是什么呢？国家养老体系是怎么建立的呢？

第一节　老龄群体收入来源及其构成

“退休金”就是俗称的养老金，那养老金是怎么构成的呢？

一、养老金来源

最早在计划经济时期，我国企业基本上都是国有性质，企业职工是“单位人”，在职时的工资由工作单位负责，同时企业上交部分工资作为退休金的发放基础，这样职工在退休后，可以从这笔资金中领出“养老金”，也就是在职和退休后都是与单位打交道。这种“单位保障”模式实际还是依托于企业的经营效益为基础，社会覆盖面窄、筹集的资金规模小、共济性差，也难以适应企业竞争和劳动力自由流动的需要。在20世纪80年代中期开始的国有企业改革浪潮中，传统的劳动保险制度也受到了直接冲击，由于国有企业普遍出现经营困难，导致许多企业无法按时支付养老金。

随着企业用工制度和工资福利制度改革的深入推进，1991年国务院颁布了《关于企业职工养老保险制度改革的决定》，规定社会养老保险费用由国家、企业和个人三方共同负担，实行社会统筹。通过社会保障改革，引入社会保险机制，实现了养老金由企业自我保障向社会共济的制度转变，使社会保障的责任从企业转向国家、企业和个人三方共担，有利于均衡企业负担、促进公平竞争和建立适应市场经济要求的现代企业制度。从此，企业职工养老从“单位保障”迈向了“社会保障”。

如果一个人在1992年之前退休，被称为“老人”，对应的是1992年改革以前就参加工作，缴费年限（含视同缴费年限）累计满15年的“中人”。

“中人”退休后可以按月领取基本养老金，其基本养老金由基础养老金、个人账户养老金和过渡性养老金组成。

而如果是从1993年1月1日起参加工作，缴费年限累计满15年就是所谓的“新人”，退休后可以按月领取基本养老金，其基本养老金只由基础养老金和个人账户养老金两部分组成。

与此同时，机关事业单位养老保险制度也进行了研究探索，通过发展企业年金、职业年金、个人养老金等补充养老保险制度，对机关事业单位的工作人员进行了“从老到新”的分类安排，逐步与现有的企业养老保险制度进行“并轨”，并于2024年在全国正式实施。

而对于灵活就业人员，只要男性年满60周岁、女性年满55周岁，缴费年限（含视同缴费年限，下同）满15年的，可以申请按月领取基本养老金。符合国家和上海市规定条件的，月基本养老金计发按照本市企业职工基本养老保险办法的规定执行；缴费年限不满15年，待遇领取地按照国家和本市规定确定在上海市的，可以继续缴费至满15年后申请按月领取基本养老金。①

拓展园

养老金发放标准

基础养老金按照本人办理申领基本养老金手续时，上年度本地单位就业人员月平均工资和本人指数化月平均缴费工资的平均值为基数，缴费每满一年发给1%。②

基础养老金=（上年度本地单位就业人员月平均工资+本人指数化月平均缴费工资）÷2×（1%×缴费年限）

---

① 上海市人力资源和社会保障局. 灵活就业人员到龄能申请养老金吗？怎么办理？［EB/OL］.（2023-09-25）［2024-04-07］. https：//rsj.sh.gov.cn/trdhy_17355/20231009/t0035_1418782.html.

② 上海市人力资源和社会保障局. 本市城镇企业职工基本养老金由哪几部分组成？2023-12-20.https：//rsj.sh.gov.cn/tyljjfbf_17557/20240205/t0035_1421109.html.

本人指数化月平均缴费工资=本人月平均缴费工资指数×参保人员办理申领基本养老金手续时上年度本地单位就业人员月平均工资

本人月平均缴费工资指数=本人全部缴费年限所有月缴费工资指数之和÷本人全部缴费年限的月数

以上海为例，月缴费工资指数按照退休前本人每月缴费工资基数÷对应的上年度本市城镇单位就业人员月平均工资计算①。如某月按照托底基数缴费，那么该月缴费工资指数为0.6，如按照上年度平均工资一倍缴费，该月缴费工资指数为1，如按照上年度平均工资三倍缴费，该月缴费工资指数为3。（注：由于月平均缴费工资指数反映了个人一生的缴费情况，包括1992年底以前未实行缴费期间相应月缴费工资指数的计算。因此，时间跨度较长，参保人员办理申领基本养老金手续时，社保经办机构将根据养老保险个人账户信息，为个人提供本月本人月平均缴费工资指数具体数据。）

个人账户养老金按照本人办理申领基本养老金手续时个人账户储存额除以国家规定的计发月数确定。个人养老金等于个人账户储存额除以计发月数，其中计发月数根据本人退休年龄来确定。

计算公式为：个人账户养老金=个人账户储存额÷计发月数

根据国发〔2005〕38号文件规定，计发月数根据职工退休时城镇人口平均预期寿命、本人退休年龄、利息等因素确定。该文件对参保人员退休时年龄对应的计发月数都做了规定，从40周岁到70周岁都对应不同的计发月数。具体如表1-1所示。

① 上海市人力资源和社会保障局．“养老金计发月数是139，我只能领139个月养老金吗？”2021-9-13. https：//rsj.sh.gov.cn/trdhy_17355/20211015/t0035_1403121.html.

表 1-1　　个人账户养老金计发月数表

退休年龄	计发月数	退休年龄	计发月数
40	233	56	164
41	230	57	158
42	226	58	152
43	223	59	145
44	220	60	139
45	216	61	132
46	212	62	125
47	208	63	117
48	204	64	109
49	199	65	101
50	195	66	93
51	190	67	84
52	185	68	75
53	180	69	65
54	175	70	56
55	170		

● **案例**

案例1：徐先生本月年满60周岁，到了男性的法定退休年龄，满足了领取养老金条件，而60周岁对应的计发月数为139。所以徐先生个人账户养老金=个人账户储存额 ÷139。

案例2：惠女士是因病完全丧失劳动能力人员，在45周岁时办理了提前退休手续，因此在计算养老金时，惠女士的个人账户养老金=个人账户储存额 ÷216。

这里的计发月数主要是用来计算个人账户养老金的，并不是说计发月数是多少个月，就只能领取多少个月的养老金。总之养老金是伴随您发放终身的。

过渡性养老金先按照本人1992年底以前视同缴费年限每满一年发给办理申领基本养老金手续时上年度本市城镇单位就业人员月平均工资的1.2%。[①] 再按照本人办理基本养老金申领手续时，1993年到1997年五年内个人账户储存额对应的虚账实际总额除以120，两者相加即发。

二、其他收入

除养老金以外，老年人在退休后出于实际需要或有意发挥余热，可能还会继续从事劳务工作或其他社会活动，在此期间也会获得各类收入或报酬。

（一）劳务报酬

是指个人从事劳务取得的报酬所得，包括从事设计、装潢、安装、制图、检验、医疗、法律、会计、咨询、讲学、翻译、审稿、书画、雕刻、影视、录音录像、演出、广告、展览及各类技术服务、介绍服务、经纪服务、代办服务等各类劳务服务取得的所得。

（二）稿酬所得

是指个人以图书、报刊等形式正式出版、发表其作品而取得的收入所得。

① 资料来源：江苏省人力资源和社会保障厅.《省财政厅关于调整企业职工基本养老保险过渡性养老金计发办法的通知》2024-01-15.https：//jshrss.jiangsu.gov.cn/art/2024/1/15/art_77277_11124934.html.

（三）特许权使用费所得

是指个人提供专利权、商标权、著作权、非专利技术以及其他特许权的使用权取得的所得。而在提供著作权的使用权取得的收入所得中，不包括稿酬所得。

（四）利息、股息、红利所得

是指个人因拥有债权、股权等而取得的利息、股息、红利所得。

（五）财产租赁所得

是指个人通过出租不动产、机器设备、车船以及其他财产取得的所得。

（六）财产转让所得

是指个人通过转让有价证券、股权、合伙企业中的财产份额、不动产、机器设备、车船以及其他财产取得的所得。

（七）偶然所得

是指个人各类得奖、中奖、中彩以及其他偶然性质的所得。

第二节　经济发展与养老金的关系

对于退休老人来说，养老金当然是越高越好，影响养老金高低的因素有哪些呢？它与GDP有直接关联吗？

2013—2022年，我国国内生产总值（GDP）从59.3万亿元增长到121万亿元，年均增长6%以上，按年平均汇率折算，经济总量达18万亿美元，稳居世界第二位。[①]2023年，我国经济社会发展主要预期目标有望圆满实现，这也意味着，我国经济总量将持续稳定增长。

纵向看，目前我国每年GDP增量，已远超20世纪90年代初期全年GDP。我国经济1个百分点增速带来的增量，相当于10年前的约2.1个百分点。经济总量持续提高的同时，人均GDP实现新突破。10年来，我国人均GDP从43497元增长到85698元。按年平均汇率折算，2022年我国人均GDP达到12741美元，连续两年保持在1.2万美元以上。

但是经济发展了，退休养老金就越高吗？国家这些年一直在提高养老金的发放水平，这与常说的GDP有什么关系呢？

GDP，是英文Gross Domestic Product（国内生产总值）的缩写，是在某一既定时期一个国家内生产的所有最终物品与服务的市场价值。它既反映生产环节的最终成果，也是国民经济核算的核心指标。[②]GDP能较准确地反映一个国家的经济规模和总体实力情况。当GDP提高时，通常意味着国家的经济发展水平提升，这可能导致政府收入的增加和居民收入的提高。政府收入的增加可能会加大对养老保险基金的补贴力度，而居民收入的提高则可能提高缴费基数上下限，进而增加养老保险基金的收入。这两方面的效应都可能对养老金的标准产生积极的影响。

然而，需要注意的是，养老金的计算并不仅仅基于GDP的高低。更多的是养老金的制度设计和诸多影响因素。具体如下：

一、养老金制度的设计

不同国家的养老金系统设计差异很大。有的国家实行的是以缴纳税金为基础的公共养老金系统，而有的国家养老金则主要依赖于个人储蓄和投资。

---

① 资料来源：新华社．“2022年我国GDP突破120万亿元增长3%”2023-01-17. https://www.gov.cn/xinwen/2023-01/17/content_5737514.htm?eqid=d0f6c82c0003da8d00000002645cf680.

② 曼昆．经济学原理：宏观经济分册［M］.北京：北京大学出版社第8版，2020：5.

二、经济发展水平

虽然经济发展水平较高的国家通常有更多的资源来提供较高的社会保障福利，包括养老金，但这都不是绝对的。有些经济发展中的国家可能也设立了较为慷慨的退休福利制度。

三、政府政策取向

政府对社会福利的支出，包括养老金的水平，取决于其政策决定和财政优先级。有些政府可能会选择在教育、卫生或基础设施上投入更多，而对养老金的投入相对较少。

四、人口结构

一个国家的人口老龄化程度会显著影响其养老金系统的可持续性。人口老龄化较严重的国家可能面临更大的养老金支付压力。

五、经济增长和稳定性

经济增长和稳定性可以影响政府的税收收入和支付能力，从而间接影响养老金的水平。

以中国现有的养老金制度而言，养老金标准的计算是基于个人的缴费情况、工作年限、缴费基数等多种因素的综合评估。因此，虽然GDP的提高可能为养老金的上涨提供了一定的经济基础，但养老金的水平还会受到其他多种因素的影响，因此不能简单地将GDP的提高与养老金挂钩。

第三节　国民收入初次分配与再分配

分配理论是经济学的一个最基本理论，不仅关系到如何分配的具体行为，更是关系到效率与公平的认识乃至对整个社会经济制度的评价，这与每个人的切身利益相关。

一、初次分配

国民收入初次分配是指在创造收入的物质生产领域进行的分配，也称原始收入，即人们日常生活中的收入所得，包括付出劳动力、知识技能工作换取的收入，也包含通过生产资料和资金的投入换取的投资和租金收入等多种形式。

在市场经济条件下，任何生产活动都离不开劳动力、资本、土地和技术，要换取这些资源要素必须支付一定的货币，这种货币报酬就形成各要素提供者的初次分配收入。初次分配主要由市场机制形成，也就是根据市场的需求变化由市场自发地调整。初次分配注重效率，是按贡献分配，贡献包括对创造利润有益的各种因素，谁能利用这些要素作出贡献，就能分到一杯羹。

初次分配是更为基础性的分配关系，它要解决的主要是货币资本的所有者与人力资本的所有者的利益分配问题，不仅数额大，而且涉及面广。政府通过税收和法规进行调节和规范，一般不对收入的分配规则直接进行干涉。

影响初次收入分配的因素主要有劳动质量的差异、劳动数量的差异和工种的差异等。[①]

比如劳动质量上，医生在正式从业前可能将多年时间投资于接受正规教育，并且从业后还要接受不间断的在职培训。他们以付学费和放弃工资等形式投资在自己的这个较长的入职前的学习阶段，因此他们的高工资一部分可以认为是其人力资本投资的回报及对受过专业高度训练的工作者成为特殊类型的劳动力的教育的回报。因此，智力、体力、教养、所受的教育和培训以及工作经验方面的差异就会带来收入分配的不同。

而一个工作狂一周可能有70个小时用在工作上，而另一个人可能工作得很少，其收入仅仅够支付生活必需。由工作努力的差别带来的收入差别可能也相当大。

---

① 徐炽强．经济学基础［M］．北京：清华大学出版社，2018：126.

2023年，全国居民人均可支配收入达到39218元[①]，整体已超越发展中国家的平均水平，但是距离发达国家尚有距离，特别是城镇和农村的人均居民可支配收入也还有较大的差距。因此，对于农村居民以及一些城镇弱势收入群体而言，初次分配的收入还比较低，从社会公平公正的角度而言，仅靠国民收入初次分配是难以满足全民共同富裕目标的。

知识窗

居民可支配收入

居民可支配收入是指居民可用于最终消费支出和储蓄的总和，即居民可用于自由支配的收入，既包括现金收入，也包括实物收入。按照收入的来源，可支配收入包括工资性收入、经营净收入、财产净收入和转移净收入。

二、再分配——兼顾效率与公平

再分配是指在初次分配的基础上，各收入主体之间通过各种渠道实现现金或实物的转移，以实现收入再次分配的过程，也是政府对要素收入进行再次调节的过程。这个过程主要通过税收、社保、转移支付等方式实现，其目的是调节各收入主体之间的收入差距，促进社会公平和稳定。在再分配过程中，政府可以通过税收政策、转移支付、社会保障制度等多种方式进行调节，以实现社会公正和稳定。

（一）税收

我国的税收政策是由政府制定的，是用于调节经济和社会的政策性工

① 国家统计局. 2023年居民收入和消费支出情况2024-01-17.https：//www.gov.cn/lianbo/bumen/202401/content_6926492.html.

具。其目标是实现社会公正、促进经济发展和维护社会稳定。税收政策的主要手段是税收的征收和减免，通过调整税率、税种和税收优惠政策等手段来实现政策目标。我国现行与百姓生活密切相关的税收政策主要包括增值税、个人所得税、企业所得税等。

1. 增值税政策

我国现行的增值税政策包括对不同行业、不同规模的企业实行不同的税率和征收方式。对于小型微利企业，政府还实行了减免政策，以支持其发展。

2. 个人所得税政策

个人所得税政策旨在调节个人收入水平，实现社会公正。政府根据个人所得的不同情况，实行不同的税率和征收方式。

3. 企业所得税政策

企业所得税政策旨在降低企业税负，促进企业发展。政府通过调整税率、税收优惠政策等方式来降低企业税负。

（二）转移支付

案例导入

每月末，社区志愿者会主动上门，为行动不便的吴老伯征订下一个月的午餐需求，吴老伯则可以根据自己的口味偏好从菜单中选择自己心仪的菜品，由志愿者负责每天中午将饭菜送上门。自从街道的社区食堂开张以来，和子女分离两地的吴老伯就再也不需要担心自己的午餐问题了，不管是等社区统一打包饭菜上门，还是上门就餐，干净卫生、健康便捷，热气腾腾的饭菜抚慰着吴老伯的身心。

由政府出面对餐饮企业实行公建民营，通过减免房租和水电煤气费等优惠形式，国内不少城市推行了“社区食堂”“长者食堂”，物美价廉的社区食堂不仅满足了老年人的服务需求，也为社区周边的白领人群提供了丰富的选择，不仅解决了社区居民的就餐问题，也为助老敬老服务提供了新路径。

那这些利于百姓民生的设施和服务，它投入的资金是从哪里来的呢？这就是财政转移支付。

转移支付是指上级政府对下级政府无偿拨付的资金，包括中央对地方的转移支付和地方上级政府对下级政府的转移支付，主要用于解决地区间财政不平衡问题，推进地区间基本公共服务均等化，是政府实现调控目标的重要政策工具。它是我国分税制体制的重要组成部分，是国家为实现地区间各项社会经济事业的协调发展而采取的财政政策。根据转移支付资金性质、使用范围不同，可分为财力性补助的一般性转移支付、工资性转移支付、农村税费改革转移支付和缓解县乡财政困难转移支付等，以及专项性资金补助的社会保障转移支付、天然林禁伐转移支付补助等。一般性转移支付以均衡地区间基本财力为目的，由下级政府统筹安排使用。专项转移支付按照法律、行政法规和国务院的规定设立，用于办理特定事项。从资金规模上看，2023年，中央对地方转移支付规模已达到10.06万亿元。

转移支付具体分为：

1.税收返还

指1994年分税制改革、2002年所得税收入分享改革和2009年成品油税费改革后，对原属于地方的收入划为中央收入部分，给予地方的补偿。除一些重点行业和企业的税收以外，大部分企业所得税及个人所得税实行中央与地方分享。包括增值税、消费税“两税返还”和所得税基数返还以及成品油价格和税费改革税收返还。

2.财力性转移支付

也称财政转移支付，是指为弥补财政实力薄弱地区的财力缺口，均衡地区间财力差距，实现地区间基本公共服务能力的均等化，中央财政安排给地方财政的补助支出，由地方统筹安排。其中所说的基本公共服务均等化，主要是指区域间公民所享有的教育、医疗和基础设施建设等公共产品大致平等。财力性转移支付包括一般性转移支付、民族地区转移支付等。

如对新疆维吾尔族聚居地区[①]、黔东南苗族聚居地区推出的持续的教育等公共资金服务投入，就属于对少数民族地区的财政转移支付的优惠政策。

3. 专项转移支付

是指中央财政为实现特定的宏观政策及事业发展战略目标，以及对委托地方政府代理的一些事务或中央地方共同承担事务进行补偿而设立的补助资金，需按规定用途使用。专项转移支付重点用于教育、医疗卫生、社会保障、支农等公共服务领域，以及突发自然灾害后的灾后重建和灾后救助等。

如在2022年我国消除绝对贫困以后，以财政部、国家乡村振兴局等部委发布的《中央财政衔接推进乡村振兴补助资金管理办法》为实施依据，原有的“扶贫专项资金”更名为“中央财政衔接推进乡村振兴补助资金”，仍然持续为偏远地区和少数民族地区的发展工作提供支持。

为增强地方财政统筹能力，我国近年来不断增加一般性转移支付规模，提高一般性转移支付占比[②]。如上海地区的一般性转移支付预算中就涵盖了教育投资、社保医疗、孤儿和残疾人的福利保障和城市基础设施建设、环境保护等民生领域。近年，各地区也利用转移支付的资金在应对深度老龄化社会中也有较多投入，比如老龄人群的乘车和门票补贴，适老化居家环境改造项目和前文提到的社区食堂等。

小贴士

家住徐汇区的吴老伯就是适老化改造项目的受益者。原先狭小的卫生间和陈旧的设施为生活带来了诸多不便，洗澡时不小心就被老旧淋浴间的挡水条绊倒。经社区统一改造，不仅卫生间变得更加宽敞，拆除了挡水条，还换上了安全的快排地漏，额外配备了淋浴凳等实用产品。这些改变不仅减少了

---

① 资料来源：财政部 关于下达2022年民族地区转移支付预算的通知2022-04-10. https：//www.gov.cn/zhengce/zhengceku/2022-04/28/content_5687815.html.

② 财政部部长刘昆.国务院关于财政转移支付情况的报告2023-09-01.http：//www.npc.gov.cn/c2/c30834/202309/t20230901_431400.html.

吴老伯摔跤的风险，也增加了卫生间的灵活活动空间，让老人在家中也能感受到政府的温馨服务。

此外，在养老床位建设、认知障碍照护床位改建、高龄老人爱心报警器加装、社区爱心暑托班、共享充电桩项目、智慧菜场等多个政府为民办实事的项目中，也都有转移支付的身影。

（三）社会保障与福利政策

1. 养老金制度

世界主要的发达国家都有各自的养老金制度体系，以对达到一定年龄的逐渐失去就业能力的人提供养老支持，避免国民在步入老年生活后的返贫。比如日本的养老金制度始起步于1942年的“厚生年金保险制度”，根据养老金统筹主体的差异可分为三大支柱。第一支柱是政府统筹为全体国民参保的国民年金和厚生年金；第二支柱是雇主统筹为雇员缴纳的养老金；第三支柱是个人统筹的补充养老保险。其中第一支柱为强制缴纳，其余两支柱为企业或个人自愿缴纳。德国的养老金制度也是一个多层次的体系，包括法定养老保险、企业补充养老保险和私人养老保险。

中国的养老金体系与日本和德国都近似，主要由员工和企业共同缴纳的养老保险金为基础，也有新农保、年金制度等其他补充形式以覆盖更多人群。通过分层次的养老保险，能提供全面而多层次的养老保障。

2. 失业救济

中国的失业补助金制度是为城镇企事业单位就职人员提供的强制性失业保险。失业人员满足一定缴费年限可在失业后向户籍地或最后一个单位所在的社保缴纳地，申领失业补助金。而在这期间，失业人员可以通过所在地区参与再就业培训，以获得寻找新工作的基本技能。失业补助金最多可以领取24个月，如多次领取要扣除已领取月份，距离法定退休年龄不满2年的可申请延长领取时间。

3. 医疗保障

医疗保障与医疗援助主要帮助低收入者医疗之用，包括医疗的各种必要支出，医疗援助、护理及出院后的其他费用等。中国目前采用的是医疗保险制度，即一个国家或地区按照保险原则解决居民防病治病问题而筹集、分配和使用医疗保险基金的制度。它是居民医疗保健事业的有效筹集机制，也是目前世界上应用相当普遍的卫生费用的管理模式。

4.各种保护劳动者的立法

包括最低工资法和最高工时法以及环境保护法、食品和医药卫生法等。这些都有利于增加劳动者的收入，改善他们的工作与生活条件，从而也减少了收入分配不平等的程度。

以我国的最低工资法为例，根据《中华人民共和国劳动法》第四十八条的规定，国家实行最低工资保障制度，最低工资的具体标准由省、自治区、直辖市人民政府规定，并报国务院备案。用人单位支付给劳动者的工资不得低于当地最低工资标准。通过对最低工资的约定，保障了劳动者的基本生活水平。

5.改善住房条件

1980年6月，中共中央、国务院在批转《全国基本建设工作会议汇报提纲》中正式提出实行住房商品化政策，我国初步建立了与社会主义市场经济体制相适应的城镇住房制度。1998年，《国务院关于进一步深化城镇住房制度改革加快住房建设的通知》，决定停止住房实物分配，逐步实行住房分配货币化。鼓励居民积极购房，建立职工住房补贴和住房公积金制度，为推进住房商品化创造了条件。之后的经济适用房政策、廉租房、人才公寓等措施，解决了低收入群体的住房困难。

2023年10月26日，国务院发布的国发〔2023〕14号文件又提出了保障性住房建设和筹集、保障对象和标准、配售和管理、支持政策等方面的基本原则。新一轮房改政策的出台将惠及年轻人、中低收入家庭和老年人三类人群。这一政策的实施将有效缓解当前的住房压力，提高人民群众的幸福感。

知识窗

共同富裕

共同富裕是全体人民通过辛勤劳动和相互帮助最终达到丰衣足食的生活水平，也就是消除两极分化和贫穷基础上的普遍富裕，是邓小平建设中国特色社会主义理论的重要内容之一。一部分人一部分地区先富起来，先富的帮助后富的，逐步实现共同富裕。共同富裕是社会主义的本质规定和奋斗目标，也是我国社会主义的根本原则。

体验与思考

对身边的政府转移支付项目，你能列举出三个吗？对改善民生、提高老年人群的生活幸福感你还能有什么好建议吗？

主题二 退休了还在纳税吗

本章将逐步引导老年朋友认识与百姓生活密切关联的流转税。通过具体案例，阐释老年朋友退休后各类型再就业获得收入、劳务报酬等个人所得税的汇算情况，以及合理避税在个人税收谋划中的选择。

情景导入

刚刚退休的老李夫妇“五一小长假”前错峰出行，一路游山玩水，陶冶性情。勤俭的李太太整理旅费时发现开出的发票都是名为“增值税普通发票”，且付款金额都标明了价款多少、税款多少。比如，机票税款按6%税率为124.53元、价款金额2075.47元，支付两张回程机票总计2200元；一张房费发票税款按1%税率为5.84元、价款金额584.16元，总计支付590元；一张吃饭发票税款按1%税率为3.94元、价款金额394.06元，总计支付398元；滴滴打车税款按3%税率为2.04元、价款金额68.1元，总计支付70.14元；超市购物发票税款按13%税率为10.76元、价款金额82.84元、总计支付93.6元……那这些税是谁交的呢？同样都是增值税普通发票，税率为啥还不同呢？

第一节　税与日常生活

开门七件事——“柴米油盐酱醋茶”，生活中每一次开销都离不开“税”：穿衣要交税、买菜要交税、买车买房要交税（车辆购置税、房产税、契税、印花税等)、乘车坐船也要交税。即使退休了，你仍然是纳税人，还在为国家的财政收入作贡献。

从理论上讲，税收是政府通过征收个人和企业的收入、财产、消费和其他各种经济活动按照一定的税率所获得的款项。税收具有“返还”的性质，最终要通过国家财政预算分配，用于资助公共服务和项目，如教育、卫生、交通基础设施和社会保障。税收是现代政府运作的重要组成部分，是实现财政政策、调节经济、减少贫困和不平等的关键工具。税收具有强制性、无偿性和固定性，税收的这种特点，使其成为世界各国政府组织财政收入的基本形式。目前，我国税收收入占国家财政收入的90%以上。

一、我国税收实体法体系的建立

我国的税收制度自新中国成立以来，经过多次改革，建立了以货物劳务税类为主，以所得税类为辅的税制结构。目前，我国税收实体法包含18个税种，按照征收对象的不同，将税收实体法分为以下五个税类：

第一，货物劳务税类(货物与劳务税类)，以商品和劳务为征税对象，计税基础为商品和劳务的销售额，包含增值税、消费税和关税。

第二，所得税类，对一定时期内，法人，自然人以及其他经济组织的各种所得征税，包含企业所得税和个人所得税。

第三，财产行为税类，包含财产税和行为税。财产税是对居民所拥有的不动产和动产征税，行为税是为了限制某类行为而征收的一种税。主要包括房产税、车船税、契税和印花税。

第四，资源和环境保护税类，其主要对开发和利用不同自然资源而形成的极差收入进行调节，征税对象为自然资源，包含资源税、土地增值税、城镇土地使用税和环境保护税。

第五，特定目的税类，对特定的对象和目的征税，包含了城镇维护建设税、耕地占用税、烟叶税、车辆购置税和船舶吨税。①

① 灰鹅财经评论. 我国税制结构的演进历程是怎样的？及未来发展趋势如何？2023-02-22.https：//baijiahao.baidu.com/s?id=1758514729495306941&wfr=spider&for=pc.

税收体系的建立是在不断的税制改革中完善和发展的。

二、日常生活中的“税”

日常生活中最常见的是流转税，它是对销售商品或提供劳务的流转额征收的一类税收，形式上由生产者或者销售者来缴纳，因其税款附着于销售价款中，最终还是会转嫁给消费者来负担。我国当前开征的流转税有：增值税、消费税、关税。

（一）增值税

自2016年5月1日起，我国全面推开营业税改为增值税试点，将建筑业、房地产业、金融业、生活服务业全部纳入营改增，至此，营业税退出历史舞台，增值税成为我国第一大税种。增值税是按照商品或服务的增值额来征税的一种间接税，通常隐含在商品价格中，无论是购买汽车、家电，还是小到铅笔、打火机，商品中都有增值税的影子。

（二）消费税

老李夫妇常常相互调侃，李太太说：退休了，钱少了，老酒少喝点；而老李也反驳说：年纪大了，化妆品一般用用就好了。这个说法也不无道理。生活中如果我们购买一些特殊商品，除增值税以外，价格中还包含消费税。消费税是在对货物普遍征收增值税的基础上，选择少数消费品再征收的一个税种，主要是为了调节产品结构，引导消费方向，保证国家财政收入。征收的范围有：烟、酒、高档化妆品、贵重首饰及珠宝玉石、鞭炮焰火、成品油、小汽车、摩托车、高尔夫球及球具、高档手表、游艇、木质一次性筷子、实木地板、电池、涂料等。

（三）关税

如果我们购买进口商品，还要支付关税。关税是海关依法对进出境货物、物品征收的一种税。目前我国关税主要是在进口环节征收，出口环节的关税仅对少数资源性产品征收。

同样是流转税，老李夫妇拿到发票上的税率为啥不同呢？

（四）税率

我国现行的增值税税率依纳税人性质不同承担相应的税率，具体有：

1. 一般纳税人

一般纳税人是指年应征增值税销售额（以下简称年应税销售额，包括一个公历年度内的全部应税销售额）超过规定的小规模纳税人标准的纳税人。一般纳税人的增值税税率根据不同项目和行为而异。

（1）13%：适用于纳税人销售货物、修理修配劳务、有形动产租赁服务或进口货物。这些行为通常与货物相关，如货物的销售、加工、修理、租赁和进口。

（2）9%：适用于纳税人销售交通运输、邮政、基础电信、建筑、不动产租赁服务，以及销售不动产、转让土地使用权，以及销售或进口某些特定货物（如粮食、食用植物油、图书等）。

（3）6%：主要适用于销售服务，包括增值电信服务、金融服务、租赁服务以外的现代服务和生活服务。

（4）0%：适用于纳税人出口货物、境内单位和个人跨境销售国务院规定范围内的服务和无形资产。

如果是从事现代服务业的，增值税一般纳税人税率是6%。具体包括：

（1）研发和技术服务：包括研发服务、合同能源管理服务、工程勘察勘探服务、专业技术服务。

（2）信息技术服务：包括软件服务、电路设计及测试服务、信息系统服务、业务流程管理服务和信息系统增值服务。

（3）文化创意服务：包括设计服务、知识产权服务、广告服务和会议展览服务。

（4）物流辅助服务：包括航空服务、港口码头服务、货运客运场站服务、打捞救助服务、装卸搬运服务、仓储服务和收派服务。

（5）租赁服务：包括融资租赁服务和经营租赁服务。根据标的物的不同，租赁服务分为有形动产租赁（税率13%）和不动产租赁（税率9%）。

（6）鉴证咨询服务：包括认证服务、鉴证服务和咨询服务。翻译服务和市场调查服务按照咨询服务缴纳增值税，代理记账按照商务辅助服务征收增值税。

（7）广播影视服务：包括广播影视节目（作品）的制作服务、发行服务和播映（含放映）服务。

（8）商务辅助服务：包括企业管理服务、经纪代理服务、人力资源服务、安全保护服务。①

2. 小规模纳税人

小规模纳税人（相当于一般纳税人而言）是指规模较小，年应税销售额在规定标准以下（连续12月累计应税销售额未超过500万元）的纳税人，其销售货物、劳务、提供服务、无形资产的税率为3%或5%。

小贴士

根据《财政部 税务总局关于明确增值税小规模纳税人减免增值税等政策的公告》（财政部国家税务总局公告2023年第1号）自2023年1月1日至2023年12月31日，对月销售额10万元以下（含本数）的增值税小规模纳税人，免征增值税。增值税小规模纳税人适用3%征收率的应税销售收入，减按1%征收率征收增值税；适用3%预征率的预缴增值税项目，减按1%预征率预缴增值税。

该政策延续执行至2027年12月31日。

---

①（1）增值税税率表2022年完整版（增值税税率有几个档次分别对应）–法律讲堂–法大大. https://www.fadada.com/notice/detail–13233.html.

（2）维持现行税率和税收优惠项目不变–中国人大网. http://www.npc.gov.cn/npc//c2/c30834/202212/t20221228_320898.html.

（3）增值税的税率都有哪几档？–百度知道. https://zhidao.baidu.com/question/1437216872293632179.html.

综上所述，案例中航空公司和超市是一般纳税人，所以机票税款按6%计征；超市购物税款按13%计征；酒店、滴滴平台是小规模纳税人，所以房费和餐费税款按1%、打车税款按3%计征，不同的行业遵循不同的税率，发票上的扣税不同就是据此而来的。

第二节　退休人员个人所得税二三事

情景导入

杨教授是高校教师，退休以后学校继续聘他上课，另外杨教授还兼了一家企业的技术顾问，闲暇时还撰写论文，有一项专利发明可转让。2022年杨教授收入情况如下：退休工资144000元，兼课费36000元，技术顾问费20000元，稿酬5000元，转让专利使用权20000元。

杨教授领酬金时，签单上都显示是税后收入，已代缴了个税。但2023年4月经“个人所得税”App申报汇算清缴后，杨教授银行卡里收到一笔个税退款。杨太太纳闷了，退休了社保都不用交了，为啥还要交税呢？为什么去年扣，第二年又退？这个税到底怎么计算的呢？

一般来说，个人所得税的征税对象主要是在职人员的收入和劳动报酬，由其就职单位都每月预先代扣代缴，次年4—6月进行上一年度汇算清缴。退休人员领的退休工资是不缴个税的，那么为什么会有上述问题呢？

一、个税的基数

根据个人所得税条例规定，达到离休、退休年龄，但确因工作需要，适当延长离休退休年龄的高级专家（指享受国家发放的政府特殊津贴的专家、学者或者中国科学院、中国工程院院士），其在延长离休退休期间，从其劳动人事关系所在单位取得的，单位按国家有关规定向职工统一发放的工资、薪金、奖金、津贴、补贴等收入，视同离休、退休工资，免征个人所得税；取得其他各种名目的津补贴收入等，以及高级专家从其劳动人事关系所在单位之外的其他地方取得的培训费、讲课费、顾问费、稿酬等各种收入，依法计征个人所得税。

退休人员再任职取得的收入（除退休金以外），在减除按个人所得税法规定的费用扣除标准后，按“工资、薪金所得”应税项目缴纳个人所得税。

2023年4月，杨教授接到原单位财务部电话提醒他要做好上年度个税综合所得汇算清缴，杨教授纳闷了“单位每个月都给扣税，为什么年度汇算还有退税，难道先前单位扣税计算错了？”

二、汇算的流程和结果

按照《中华人民共和国个人所得税法》的规定，居民个人取得综合所得，按年计算个人所得税，扣缴义务人按月或按次预扣预缴应付税款。

具体而言，年度汇算是指年度终了后，居民个人汇总工资薪金、劳务报酬、稿酬、特许权使用费等四项综合所得的全年收入额，减去全年的费用和扣除，计算出全年应纳个人所得税后，再减去年度内已经预缴的税款，向税务机关办理年度纳税申报并结清应退或应补税款的过程。

因为适用预扣税率不一致、重复扣除、多扣除等原因，预缴税款环节和年度汇算环节可能存在差额，这就是产生汇算补税的根源。

工资单上杨教授全年已纳税额是12240元。计算依据呢？让我们一起来分析一下：

经查杨教授2022年因为是从不同的单位获取报酬的，所以2022年各付款单位都按照20%的税率做了预扣预缴，杨教授全年收入情况如下：退休工资144000元（此项免交个人所得税），兼课费36000元，技术顾问费20000元，稿酬5000元，转让专利使用权20000元。因为是从不同的单位获取报酬的，所以付款时各自都按照既定的税率做了预扣预缴：

个人所得税条例规定：

劳务报酬所得预扣税款：（所得额－800）×20%×12；

技术顾问费预扣税款：所得额 ×（1–20%）×20%；

稿酬预扣税款：所得额 ×（1–20%）×20%×（1–30%）；

转让专利使用权预扣税款：所得额 ×（1–20%）×20%

由此计算：

情况一：

每月固定课酬费3000元按照工资薪金申报：预扣税款为0。

则：2022年预扣预缴税金

0+20000×（1–20%）×20%+5000×（1–20%）×20%×（1–30%）+20000×（1–20%）×20%

=6960元

2023年汇算清缴是将上述各项收入一并归入综合所得计算，故此

综合所得年收入额=36000+20000×（1–20%）+5000×（1–20%）×70%+20000×（1–20%）=70800元

年应纳税所得额=70800–60000=10800元

按个人所得税累计制表，10800元正好位于3%的档，则个税缴纳额等于10800乘以3%等于324元，由此：

2022年应退税额=6960–324=6636元

情况二：

每月固定课酬费3000元按照劳动报酬所得申报

则：2022年预扣预缴税金

（3000–800）×20%×12+20000×（1–20%）×20%+5000×（1–20%）×20%+20000×（1–20%）×20%=12240元。

综合所得年收入额=36000×（1–20%）+20000×（1–20%）+5000×（1–20%）×70%+20000×（1–20%）=63600

年应纳税所得额=63600–60000=3600元

按个人所得税累计制表，3600元正好位于3%的档，则个税缴纳额等于3600乘以3%等于108元，由此：

2022年应退税额=12240–108=12132元

从以上两种缴税个税金额看324元大于108元，杨教授兼课费参照劳动报酬所得申报比较节税。

杨教授个税汇算清缴后收到退税12132元。

拓展园

说到奖金，中国有过年给员工发红包的习俗，关于在职人员年终奖的个税申报情况，根据《财政部 税务总局关于延续实施全年一次性奖金个人所得税政策的公告》（财政部 税务总局公告2023年第30号）规定：

居民个人取得全年一次性奖金，符合《国家税务总局关于调整个人取得全年一次性奖金等计算征收个人所得税方法问题的通知》（国税发〔2005〕9号）规定的，不并入当年综合所得，以全年一次性奖金收入除以12个月得到的数额，按照本公告所附按月换算后的综合所得税率表，确定适用税率和速算扣除数，单独计算纳税。

计算公式为：

应纳税额=全年一次性奖金收入 × 适用税率－速算扣除数

居民个人取得全年一次性奖金，也可以选择并入当年综合所得计算纳税。

公告执行至2027年12月31日。

按月换算后的综合所得税率表

级数	全月应纳税所得额	税率（%）	速算扣除数
1	不超过3000元的	3	0
2	超过3000元至12000元的部分	10	210
3	超过12000元至25000元的部分	20	1410
4	超过25000元至35000元的部分	25	2660
5	超过35000元至55000元的部分	30	4410

续表

级数	全月应纳税所得额	税率（%）	速算扣除数
6	超过55000元至80000元的部分	35	7160
7	超过80000元的部分	45	15160

自2021年起全年一次性奖金也可以和综合所得一起计税，选择单独计税还是合并计税？哪种方式更节税呢？

● **案例**

杨教授儿子小杨全年工资300000元，年底奖金24000元，假设可享受五险一金、专项附加等各项扣除共44000元。

选择一：

将24000元奖金和300000元工资合并计税。

根据公式“年度综合所得应纳税额=（累计收入－累计免税收入－累计减除费用－累计专项扣除－累计专项附加扣除－累计依法确定的其他扣除）×适用税率－速算扣除数”

即（24000+300000−0−60000−44000−0）×20%−16920

=220000×20%−16920

=27080元

得出小杨的年度综合所得应纳税额为27080元。

选择二：

将24000元奖金单独计税。

（1）计算该笔奖金单独计税的应纳税额

在计算税款时，用24000元奖金除以12个月得出全月应纳税所得额2000元；

参照《按月换算后的综合所得税率表》适用3%税率，无速算扣除数；

根据公式“应纳税额=全年一次性奖金收入×适用税率－速算扣除数”

即该笔奖金单独计税的应纳税额=24000×3%-0=720元。

（2）计算除该笔奖金以外，其他综合所得的年度应纳税额

在年度汇算清缴申报时，全年一次性奖金单独计税；

除该笔奖金以外，其他综合所得收入进行年度汇算申报；

根据公式“年度综合所得应纳税额=（累计收入-累计免税收入-累计减除费用-累计专项扣除-累计专项附加扣除-累计依法确定的其他扣除）×适用税率-速算扣除数”

即（300000-0-60000-44000-0）×20%-16920

=196000×20%-16920

=22280元

（3）计算全年实际应纳税额

根据以上两步计算结果，加总得出小杨的全年实际应纳税额为22280+720=23000元。

两种方式下，税额相差4080元，小杨选择单独计税更划算。

个人所得税申报系统的逐渐完善，给纳税人越来越多的选择便利，汇算清缴根据公民全年综合收入所得进行汇总计算，多退少补，体现了全民纳税，公平效益的原则。

三、个人出租房屋也要交税

随着生活水平的提高，越来越多的老年人手中有了多余的房产，出租、出借的情况越来越普遍，收到的租金也需要纳税。

个人出租房屋要缴哪些税呢？

（一）增值税

按照房屋租金的5%征收率减按1.5%缴纳增值税

（二）个人所得税

个人将承租房屋转租取得的租金收入，属于个人所得税应税所得，应按

“财产租赁所得”项目计算缴纳个人所得税。对个人出租住房取得的所得减按10%的税率征收个人所得税。在计算财产租赁所得时，纳税人可依次扣减财产租赁过程中缴纳的税费、向出租方支付的租金、由纳税人负担的租赁财产实际开支的修缮费用以及税法规定的费用扣除标准。根据个人所得税法规定，财产租赁所得费用扣除标准为，每次收入不超过4000元的，减除费用800元；4000元以上的，减除20%的费用。

知识窗

个人所得税条例

第一条　在中国境内有住所，或者无住所而一个纳税年度内在中国境内居住累计满一百八十三天的个人，为居民个人。居民个人从中国境内和境外取得的所得，依照本法规定缴纳个人所得税。

在中国境内无住所又不居住，或者无住所而一个纳税年度内在中国境内居住累计不满一百八十三天的个人，为非居民个人。非居民个人从中国境内取得的所得，依照本法规定缴纳个人所得税。

纳税年度，自公历一月一日起至十二月三十一日止。

第二条　下列各项个人所得，应当缴纳个人所得税：

（一）工资、薪金所得；

（二）劳务报酬所得；

（三）稿酬所得；

（四）特许权使用费所得；

（五）经营所得；

（六）利息、股息、红利所得；

（七）财产租赁所得；

（八）财产转让所得；

（九）偶然所得。

居民个人取得前款第一项至第四项所得（以下称综合所得），按纳税年度合并计算个人所得税；非居民个人取得前款第一项至第四项所得，按月或者按次分项计算个人所得税。纳税人取得前款第五项至第九项所得，依照本法规定分别计算个人所得税。

（三）房产税

此外，教育费附加、地方教育附加方面，根据《财政部 国家税务总局关于扩大有关政府性基金免征范围的通知》（财税〔2016〕12号）规定，如果月租金不超过10万元，予以免征。[①]

● **案例**

2023年2月底，杨教授将一套位于市区的住房出租给小梅，租期半年（2023年3月1日—2023年8月31日），合同约定采取租金一次性付清的方式，共计收取租金9000元。因房屋门窗损坏，3月，杨教授支付了300元修缮费用，支付凭证齐全。

那么，对于该笔租金收入，应如何缴纳税款?

（已知该地区按照50%幅度减征房产税、附加税费等。）

1.采用核定征收

以房屋租金的5%核定应纳税所得额，按照10%的税率缴纳个人所得税。

2.代开增值税普通发票

月租金超过10万元，需要缴纳增值税、城市维护建设税、教育费附加、地方教育附加、房产税、个人所得税。

（1）增值税。按照房屋租金的5%征收率现在减按1.5%缴纳增值税。

---

① 国家税务总局12366纳税服务平台2020-06-28.http：//www.360doc.com/content/23/1226/08/9532317_1108813795.shtml.

（2）城市维护建设税。以实际缴纳的增值税为计税依据，按照7%（房屋坐落地在市区）、5%（房屋坐落地在县城、镇）或者1%（房屋坐落地不在市区、县城或镇）的税率减半缴纳城市维护建设税。

（3）教育费附加、地方教育附加。以实际缴纳的增值税为计征依据，按照教育费附加3%、地方教育附加2%的费率减半缴纳。

（4）房产税和个人所得税的计算方法与月租金不超过10万元的计算方法相同。

3.代开增值税专用发票

无论月租金多少，都需要缴纳增值税、城市维护建设税、教育费附加、地方教育附加、房产税和个人所得税，计算方法同代开普通发票、月租金超过10万元的计算方法相同。①

依照上述规定，杨教授的房子是租给个人（小梅），所以征税情况如下：

（1）增值税

杨教授收取半年租金共计9000元，分摊后的月租金收入为1500元，未超过10万元，可免缴增值税，进而免缴附加税费。

（2）免缴印花税及城镇土地使用税。

（3）房产税

因免缴增值税，在确定房产税计税依据时，租金收入不扣减增值税税额，即每月应缴纳房产税：

$9000 \div 6 \times 4\% \times 50\% = 30$（元）

（4）个人所得税

由于一次性收取房租，杨教授应于收取房租的次月一次性申报缴纳个人所得税：

$(9000-180-300) \times (1-20\%) \times 10\% = 681.6$（元）

---

① 黑龙江税务．个人出租省内住房，需要缴纳哪些税费？2023-09-28．http://heilongjiang.chinatax.gov.cn/art/2023/9/28/art_17562_484988.html.

第三节　我国个人所得税制度改革

我国个人所得税政策起始是20世纪80年代改革开放后，有越来越多外国专家进入中国工作，这些专家收入较高，但他们在工作地（中国）如不交个税回到他们原籍也要交。了解到国际惯例是可以有双边税收协议的，所以在全国人大通过立法推出了个人所得税。1980年，我国颁布了首部个人所得税法，对在中国境内居住的个人所得和不在中国境内居住的个人而从中国取得所得都要征税，采取分项的征收制，税率从5%到56%不等。这是中国税制建设的一个重大发展，对于在国际经济交往中合理地实施中国的税收管辖权，按照平等互利原则处理国家间的税收权益和鼓励外籍人员来华从事业务，都有着积极的意义。

一、我国个人所得税的历史渊源及发展历程

1994年，我国进行了税制改革，形成了一部比较完善、统一、符合国情的个人所得税制度。税率从3%到45%分为9级。

1999年，我国恢复了对储蓄存款利息所得的征税，税率为20%。

2005年，我国对个人所得税法进行了第三次修正，将工资、薪金所得的减除费用标准从800元/月提高到1600元/月。

2007年，我国对个人所得税法进行了第四次和第五次修正，将储蓄存款利息所得的税率从20%降低到5%，并于2008年暂免征收；将工资、薪金所得的减除费用标准从1600元/月提高到2000元/月。

2011年，我国对个人所得税法进行了第六次修正，将工资、薪金所得的减除费用标准从2000元/月提高到3500元/月，将第一级税率从5%降低到3%，取消了15%和40%的两档税率，扩大了5%和10%的两档税率的适用范围，对个人转让上市公司限售股取得的所得征收个人所得税。[①]

---

① 中国人大网.我国个人所得税的发展历史2011-04-19.http：//www.npc.gov.cn/zgrdw/huiyi/lfzt/grsdsfxz/2011-04/19/content_1652115.html.

2018年，我国对个人所得税法进行了第七次修正，初步建立了综合与分类相结合的税制模式，将工资、薪金所得、劳务报酬、稿酬和特许权使用费四项所得纳入综合征税范围，实行按月或按次分项预缴、按年汇总计算、多退少补的征管模式；将工资、薪金所得的减除费用标准从3500元/月提高到5000元/月。还设立了子女教育、继续教育、大病医疗、住房贷款利息或者住房租金、赡养老人等六项专项附加扣除；优化了税率结构，扩大了3%、10%、20%三档较低税率的级距，缩小了25%税率的级距，保持了30%、35%、45%三档较高税率的级距不变。①

根据《国务院关于提高个人所得税有关专项附加扣除标准的通知》（国发〔2023〕13号，以下简称《通知》）的规定，税务总局发布了《国家税务总局关于贯彻执行提高个人所得税有关专项附加扣除标准政策的公告》。

自2023年1月1日起，提高3岁以下婴幼儿照护、子女教育和赡养老人3项专项附加扣除标准。其中，前两项专项附加扣除标准由现行每孩每月1000元提高到2000元，这些扣除可以由父母双方分别享受，也可以由其中一方享受；赡养老人专项附加扣除标准由每月2000元提高到3000元，独生子女按照每月3000元的标准定额扣除，非独生子女与兄弟姐妹分摊每月3000元的扣除额度，每人分摊的额度不超过每月1500元。

个人所得税改革后老百姓个税税负一降再降。十年间的一系列“组合拳”改革措施，上亿纳税人税收负担明显减轻，综合所得年收入10万元以下的自然人纳税人，大部分不用再缴纳个人所得税。②

二、不要错过国家的“减税大礼包”

公民缴税是义不容辞的责任，但是，有没有在税法规定的范围内合法少交个税的途径呢？日前，国家陆续出台了一些个人所得税前抵扣的项目。

---

① 金台资讯．个税改革这十年：走向现代化的税制重塑2022-09-26.https：//baijiahao.baidu.com/s?id=1744661133585735761&wfr=spider&for=pc.

② 经济日报．“十三五”时期个人所得税改革迈出实质性步伐——个税改革成效显著增强百姓获得感［EB/OL］．2020-10-30. https：//baijiahao.baidu.com/s?id=1681927476407426583&wfr=spider&for=pc.

作为我国养老保险体系“第三支柱”的重要制度设计，个人养老金制度于2022年11月25日正式实施，北京、上海、广州、西安、成都等36个城市（地区）先行。

（一）个人养老金

个人养老金是指政府政策支持、个人自愿参加、市场化运营、实现养老保险补充功能的制度。个人养老金实行个人账户制，缴费完全由参加人个人承担，自主选择购买符合规定的储蓄存款、理财产品、商业养老保险、公募基金等金融产品（以下统称“个人养老金产品”），实行完全积累，按照国家有关规定是可以享受税收优惠政策的。自2022年1月1日起，对个人养老金实施递延纳税优惠政策。具体政策如下：

缴纳环节扣除限额为12000元/年（2024年起个人养老金扣除限额提高到20000元/年），允许在综合所得或经营所得中据实扣除。计入个人养老金资金账户的投资收益暂不征收个人所得税。个人领取的个人养老金，不并入综合所得，单独按照3%的税率计算缴纳个人所得税，其缴纳的税款计入“工资、薪金所得”项目。①

每个60岁以下的纳税人可以在各商业银行的柜台、网上银行、支付宝等App上用个人账户在每年12月31日前购买。次年个税汇算清缴时，实行税前扣除。

（二）税优健康保险

2015年，财政部等部门联合发出通知，在31个城市实施商业健康保险个人所得税政策试点。试点地区个人购买税优健康保险，允许在当年（月）计算应纳税所得额时予以税前扣除。2017年，税优健康保险推广至全国。税

---

① 中华人民共和国人力资源和社会保障部.《人力资源社会保障部财政部国家税务总局银保监会证监会关于印发〈个人养老金实施办法〉的通知》（人社部发〔2022〕70号）2022-10-26.http：//www.mohrss.gov.cn/xxgk2020/fdzdgknr/zcfg/gfxwj/shbx/202211/t20221104_489354.html.

优健康保险通过个税优惠增强产品吸引力，引导消费者增强自身医疗保障。

国家金融监督管理总局近日印发《关于适用商业健康保险个人所得税优惠政策产品有关事项的通知》（以下简称《通知》），推动适用个人所得税优惠政策的商业健康保险（以下简称“税优健康保险”）惠及更多群众，降低医疗费用负担。此外，单位统一为员工购买符合规定的税收优惠型商业健康保险产品的支出，应计入员工个人工资薪金，视同个人购买，允许在当年（月）计算应纳税所得额时予以税前扣除，扣除限额为2400元/年（200元/月）。

案例导入

北京市民李先生通过互联网平台购买了一款新推出的互联网专属税优长期护理保险产品。李先生介绍，他投保时选择20年交费，每年保费2400元。每年2400元，也是政策规定的购买税优健康保险可享受到的税前扣除额度上限。李先生年收入约30万元，在交费期内，他每年可节税480元。

为用足用好商业健康保险个人所得税政策，国家金融监督管理总局决定扩大适用保险产品范围，将税优健康保险产品范围扩大到商业健康保险的主要险种，包括医疗保险、长期护理保险和疾病保险。

具体做法是：商业健康保险信息平台为税优健康保险投保人建立信息账户，生成唯一的识别码，用于归集和记录投保人投保的所有税优健康保险相关信息，支持投保人按照有关规定进行个人所得税税前扣除。在购买税优健康保险后，保单上会显示专属的“税优识别码”，消费者可将该码尽快提供给工作单位，从次月起即可享受税前扣除；消费者也可在通过“个人所得税”App进行综合所得年度汇算时，在相应条目下输入“税优识别码”，按规定进行个税抵扣。[①]

① 人民日报. 税优健康保险，保障水平在提升（财经眼）[EB/OL].（2023-09-18）[2024-04-08]. https：//finance.huanqiu.com/article/4EaPE8FnklZ.

需要注意的是，合理避税与非法逃税是完全不同的。合理避税指的是在法律允许的范围内，通过合法的财务安排来减少个人税负；而逃税则涉及隐瞒收入、虚假申报等非法行为。因此，在进行税务规划时，建议大家认真学习税法知识，做到依法缴税、合理避税。这是每一个公民应尽的义务和责任。

体验与思考

在你的生活中还有哪些纳税的实例？说说看，咱们一起讨论一下。

主题三 老年朋友最爱把钱花在哪

本主题将逐步引导老年人合理规划个人消费及选择，介绍消费新模式，倡导理性消费，普及个人信用意识。通过案例的形式，帮助老年人树立合理的消费观，掌握基本的消费者权益保护知识，让老年群体实现消费和权益的双赢。

第一节 合理规划，倡导简约生活

随着社会经济的发展，很多传统观念也随之改变。老年人的消费观出现了两极分化的情况。绝大部分老年人的消费观依旧比较传统，他们更注重实惠和实用性，不会盲目追求潮流和新鲜事物；传统文化中，对于家族传承与延续的热衷，为了子女、孙辈而消费，也影响着老年人的消费选择。但也有部分老年人的心态趋于年轻化，主张更为“现代”的消费理念，传统价值观中节俭生活的生活方式，逐步向花钱买快乐、花钱买健康、花钱满足爱好的消费理念转变，青睐追求更高品质生活的消费方式。

情景导入

李阿姨早年间因家庭条件不好，年轻时吃了不少苦，养成了节俭的习惯。如今，子女都有了工作，李阿姨也有养老金，不再囊中羞涩的她却依旧保持着“勤俭”的习惯，日常开销则是能省则省，维持在较低的状态。

老张自从退休后就爱上了摄影，购买单反相机、镜头等装备，已经花了十万余元。当有人惊讶他在兴趣爱好上的消费时，他常常回应道："我自己有退休金，想买什么就买什么，想去哪里就去哪里，自己的钱自己花，爽！"①

一、注重个人财富的合理规划

秉持"传统"与主张"现代"两种不同消费观的老年人群体，都需要有效地控制和节约开支，建立起一个健全的个人财务体系，这一体系应该包括以下几个方面：拓展稳定的收入渠道、定期定额存钱、编制家庭日常开销预算等。此外，还需要对我国经济形势加以适度关注，如CPI指数、通货膨胀、通货紧缩等，并以此来调整自己的财务规划。

知识窗

什么是通货膨胀？消费者价格指数又是什么？②

通货膨胀是指在纸币流通条件下，因货币供给大于货币实际需求，也即现实购买力大于产出供给，导致货币贬值，而引起的一段时间内物价持续而普遍地上涨现象。

新闻里常出现CPI这个奇怪的词，CPI是英文"consumer price index"的缩写，即"消费者价格指数"。消费者价格指数反映与居民生活有关的商品及劳务价格统计出来的物价变动，通常作为观察通货膨胀水平的重要指标。

① 养老者福居."新老年"过上"潮生活"？"银发经济"蓬勃发展，却又藏隐忧2019-08-12.https：//www.163.com/dy/article/EM2NTDP4054143R9.html.

② 王海燕.通货膨胀浅说［J］.今日湖北（下旬刊），2011，（012）：5.

通货膨胀环境下，可能会导致货币贬值，物价普遍上涨，老年人由于收入渠道相对单一，同样的退休工资，买到的东西就少了。因此，购买力相对下降，会让他们更倾向于购买必需品，并且会寻找价值更高的商品和服务。例如，可能会更倾向于购买性价比更高、更实惠的食物、住房、交通工具等，以确保家庭的基本生活需求得到满足。此外，也可能会更注重商品和服务的性价比，并寻找更加节约成本的消费方式，如团购、线上购物、使用优惠券等。

在通货紧缩环境下，商品和服务的价格普遍下降，老年人在这种情况下，可能会发现他们手上的钱“更值钱”了，由于购买力增加，他们可能会有“富余”的资金。在通货紧缩风险时，投资和理性理财是非常关键的策略。具体而言，可以将资金合理投入股票、债券、房地产等资产，以获取更高的金融收益，降低通货紧缩所带来的财富损失。但需要特别注意的是，不要盲目博取所谓“高收益”，而是要在仔细分析相关市场趋势和波动性的基础上，选取风险可控、资金稳定的投资方案。

总之，在通货膨胀或通货紧缩的市场环境下，老年人需要学会根据市场情况和自身需求做出相应的消费选择。无论是购买必需品还是选择相对较便宜的商品和服务，都应该注重商品的质量和性价比，以确保自己的消费决策是明智和合理的。

二、“断舍离”倡导简约生活与合理消费观

随着社会的不断发展，生活质量的不断提升，老年人的消费观念也在不断地发生着变化。在这个过程中，“断舍离”和“简约生活”逐渐成了越来越多老年人追求的生活方式，它们可以帮助老年人树立合理的消费观，逐渐减少自己的物质负担，让他们的生活更加健康、舒适和有意义。

案例导入

张奶奶是一位退休教师，由于身体原因，她开始尝试“断舍离”的生活方式。首先，她清理了家中堆积的物品，将不需要的物品捐赠或出售，腾

出空间。其次，她开始减少购物欲望，选择实用、环保的商品，避免冲动消费。最后，在简约生活方面，她注重节约资源，选择简单实用的家具和电器。

经过一段时间的实践，张奶奶感到自己生活质量得到了提高，身心更加健康。她不再被过多的物质欲望所困扰，而是更加关注自己的内心世界和精神生活，培养自己的兴趣爱好和技能。通过断舍离和简约生活，张奶奶学会了如何管理自己的时间和资源，更加注重节约和环保，成为了一个更加健康、充实和有意义的老年人。

（一）断舍离是一种生活态度

“断舍离”强调的是减少物质欲望，让生活更加简单、纯粹和自由。对于老年人来说，可以帮助他们摆脱过多的物质束缚，减轻生活压力，提高生活质量，培养老年人的环保意识。在“断舍离”的过程中，老年人应该注重节约用水、用电、用气等资源，减少浪费。此外，他们还可以选择一些简单实用的物品来满足自己的生活需求，如简单的家具、实用的电器等。

（二）简约生活是一种生活态度

“简约生活”强调的是简单、实用、环保的生活方式。对于老年人来说，可以帮助他们节约开支，让他们更加注重自己的身体健康和生活习惯，还可以让老年人更加关注自己的内心世界和精神生活，培养自己的兴趣爱好和技能，从而让自己的生活更加充实和有意义。

（三）帮助老年人树立合理消费观

为了帮助老年人树立合理的消费观，可以从几个方面人手：

1. 引导老年人了解自己的需求和经济能力

老年人在消费时应该根据自己的实际需求和经济能力来选择适合自己

的物品，不要盲目追求物质享受。同时，他们也应该注重节约开支，避免浪费。此外，他们还可以根据自己的兴趣爱好和经济能力来选择适合自己的娱乐方式，如旅游、阅读、健身等。这些活动不仅可以丰富老年人的精神生活，还可以增强他们的身体健康。

2.培养老年人的理财意识

理财是现代生活中必不可少的一部分，老年人也应该学会如何管理自己的财务。他们可以通过学习理财知识、制订合理的财务计划等方式来提高自己的理财能力。此外，他们还可以选择一些适合自己的投资方式来增加自己的收入来源。同时，老年人应该避免盲目跟风和冲动消费，要理性对待自己的消费行为和决策。

3.鼓励老年人参与社交活动和志愿活动

这些活动可以让老年人结交更多的朋友，拓宽自己的社交圈。不仅能让老年人感到社会的归属感，还能提供学习新事物和分享经验的机会。这些活动有助于打破孤独感，增强老年人的自我价值和生活动力。值得注意的是，社交活动的形式应因人而异，重要的是找到适合个人兴趣和能力的活动方式。

4.强调绿色环保的消费观念

在购物时，老年人应该更多地关注产品的质量、健康和环保等因素。尽量选择环保、无害的产品，减少使用一次性产品，积极支持绿色环保的品牌和产品。同时也要注意垃圾分类和回收利用，减少资源浪费和环境污染。

总之，树立合理的消费观是老年人在生活中的重要组成部分。只有当老年人能够树立合理的消费观，才能够更好地享受健康、舒适和有意义的生活。在这个过程中，我们也要积极宣传并倡导绿色环保的消费方式，共同促进社会可持续发展。

拓展园

重磅利好！大规模以旧换新要来啦！[①]

2024年《政府工作报告》提出，推动各类生产设备、服务设备更新和技术改造，鼓励和推动消费品以旧换新。在十四届全国人大二次会议经济主题记者会上，相关部门负责人提出，设备更新初步估算是一个年规模5万亿元以上的巨大市场，汽车、家电更新换代创造万亿规模的市场空间。近日，国务院印发《推动大规模设备更新和消费品以旧换新行动方案》。咱老百姓将获得哪些实惠？

汽车：加大政策支持力度，畅通流通堵点，促进汽车梯次消费、更新消费。组织开展全国汽车以旧换新促销活动，鼓励汽车生产企业、销售企业开展促销活动，并引导行业有序竞争。因地制宜优化汽车限购措施，推进汽车使用全生命周期管理信息交互系统建设。

家电：以提升便利性为核心，畅通家电更新消费链条。支持家电销售企业联合生产企业、回收企业开展以旧换新促销活动，开设线上线下家电以旧换新专区，对以旧家电换购节能家电的消费者给予优惠。鼓励有条件的地方对消费者购买绿色智能家电给予补贴。加快实施家电售后服务提升行动。

家装消费品：通过政府支持、企业让利等多种方式，支持居民开展旧房装修、厨卫等局部改造，持续推进居家适老化改造，积极培育智能家居等新型消费。推动家装样板间进商场、进社区、进平台，鼓励企业打造线上样板间，提供价格实惠的产品和服务，满足多样化消费需求。

---

① 今日闵行. 重磅利好！大规模以旧换新要来啦！[2024.03.19]. https：//www.jfdaily.com/sgh/detail?id=1278209.

第二节　消费新模式

根据《中国老龄产业发展报告》预测，2014—2050年，中国老年人口的消费潜力将从4万亿元左右增长到106万亿元左右，占GDP的比例将从8%增长到33%左右，中国或将成为全球老龄产业市场潜力最大的国家。随着时代的飞速发展，具有较高消费能力的“新老年”群体已经崛起[①]。随着网络的普及，“网上购物”已经成为一种趋势，“网上购物”最大的特点就体现在方便、快捷、实惠，这些优点给老年人的生活带来了很多的方便。

现如今，网上所谓的“剁手党”早已不再局限于年轻人，熟悉了移动支付，玩转了智能手机，越来越多的中老年人，也加入到网购大军中。

一、网购支付方式

网上购物已经成为人们生活中不可或缺的一部分。在购物的过程中，付款是必不可少的环节，有别于实物消费时的现金支付，网上购物付款的方式主要是在线支付，在线支付平台也越来越多样化。我们就来介绍一下网上购物付款的安全、便捷、快速的支付方式。[②]

（一）微信支付

微信支付是另一种非常流行的网上支付方式，它支持微信支付、银行卡支付和余额支付等多种方式。使用微信支付进行网上购物付款，用户只需要在购物网站选择微信支付，然后扫描二维码即可完成付款。微信支付的安全性也得到了广泛认可，用户可以放心使用。

① 刘朝晖.银发经济：老人消费群体崛起［J］.老年世界，2020.

② 校易搜全知道.网上购物付款（安全、便捷、快速的支付方式）［EB/OL］.［2023-09-22］. https：//zhidao.baidu.com/question/2128176761350300347.html.

（二）支付宝支付

支付宝是国内最流行的网上支付工具之一，它的安全性得到了广泛认可。使用支付宝进行网上购物付款，用户只需要在购物网站选择支付宝付款，然后输入支付宝账号和密码即可完成付款。此外，支付宝还支持信用卡、余额宝等多种付款方式，非常方便。

（三）银联在线支付

银联在线支付是由中国银联推出的一种网上支付方式，它支持银行卡支付、快捷支付和手机支付等多种方式。使用银联在线支付进行网上购物付款，用户只需要在购物网站选择银联在线支付，然后输入银行卡信息即可完成付款。银联在线支付的安全性也得到了广泛认可，用户可以放心使用。

二、网购基本技巧

（一）所“见”非所“得”

网购与线下购物最大的区别在于，网购只能通过照片或视频来了解物品的情况，因此经常会出现所见非所得，李鬼冒充李逵的情况。网购要尽量选择“7天无理由”退货、有“运费险”（退货快递费商家出）的商家，如遇质量问题或其他情况，能尽可能地保障自己的权益。

（二）货比多家

网络购物时，也需要秉持“货比三家”的原则，这是一种理性的消费方式，比较不同商家之间的价格、质量、服务等方面的差异，从而选择性价比更高的商品。同时也需要注意商家的信誉度和口碑评价，以保障自己的消费权益。

（三）灵活使用优惠券及购买时间

网购时灵活使用优惠券和购买时间是提高购物效率和节省费用的有效方法。很多电商平台和商家都会提供各种各样的优惠券，有些是针对特定商品或消费水平的用户，有些则是长期发放的通用券。了解这些优惠券的信息和发放规则，可以在购物时更好地利用它们，从而降低商品价格，节省资金。

（四）注意商品规格和虚标价格

在网购时应该注意商家的商品规格描述，仔细阅读商品描述并核实商品图片，以确保购买的商品符合自己的需求和预算。

第三节　理性消费与个人信用

个人信用是个人第二张身份证，它代表了个人的信用状况和信誉度。良好的个人信用记录对于个人的经济活动和日常生活都非常重要。

个人信用记录是银行和其他金融机构评估个人信用的重要依据。它反映了个人过去的还款记录、债务情况、违约行为等，是银行和其他金融机构决定是否提供贷款、信用卡或其他金融服务的重要参考。

然而，个人信用也可能受到不良记录的影响，这可能会对个人的经济活动和日常生活造成不利影响。因此，我们应该注意保持良好的还款习惯，避免逾期还款、债务违约等行为，以维护良好的个人信用记录。

个人信用与信用卡有着密切的关系，信用卡是个人信用的重要体现，它反映了个人在经济生活中的信用状况。如果年龄超过60周岁，很可能申请不到信用卡。[①]目前多数银行都对老年人申办信用卡设立了门槛，不同银行

① 红网.老人办信用卡遭拒 律师：银行有权选择服务对象［2012-12-21］. https：//www.chinanews.com.cn/sh/2012/12-21/4427921.shtml.

对于信用卡申请条件可能会有所不同，建议根据自身实际情况选择合适的银行进行申请。

一、信用卡使用的几个误区

老年人在办理信用卡时，一定要通过银行正规渠道办理，不要委托他人或非法中介代办。

要保护个人信息，因个人信息泄露导致信用卡被盗刷的事件屡见不鲜，很多不法分子利用老年人节俭的心理，用一些诸如登记返钱、登记送礼品等手段骗取个人信息。老年人一定要保护好姓名、身份证号、电话号码、家庭住址、银行卡号、密码、CVV2码（信用卡号后的3位数字）等重要信息，万不可透露给他人。

要谨防电信网络诈骗。不法分子谎称持卡人“信用卡逾期”“信用卡被冻结”，或谎称可以“提升信用卡额度”等，套取持卡人个人信息、支付密码或验证码，或者要求登录其提供的链接，进行盗刷。

有的老年人以为信用卡和储蓄卡一样，习惯往信用卡里存钱，然而信用卡存款不但没有利息，取现还有手续费，所以信用卡千万不要当储蓄卡用。

一定要记住还款时间。老年人可能常常会忽略掉还款提醒信息，因此在用信用卡的时候，可以拨打银行咨询电话进行询问，一定要弄清自己的还款日，并认真核对每期账单，及时还款，不要出现逾期，并且设置交易提醒功能。

另外，要特别注意的是部分“信用卡”可能会产生年费，但不同的银行，不同种类的信用卡会有不同的年费减免政策。

二、规避影响信贷信用的不良行为

个人征信是指一个人在银行信用方面的历史记录，包括个人基本信息、信贷记录、公共记录等方面。个人征信报告是银行等金融机构在评估借款人信用状况、审核贷款时的重要参考，如果个人征信报告中有不良记录，可能会影响借款人获得贷款的资格、贷款额度、利率等。因此，保持良好的信用记录是维护个人征信的重要方式。通常做到以下几点，可以保持自己的个人征信。

（1）按时偿还贷款。这是保持良好信贷信用的基础。

（2）不要多次申请贷款。频繁申请贷款，会使征信记录变差，同时，每个贷款机构的审批流程、政策不同，申请次数越多，对个人征信的影响越大。

（3）遵守合同条款。遵守与贷款机构或信用卡公司签订的合同条款，避免出现违反合同的情况。

（4）避免不实信息。在征信记录中，任何不实信息都会被视为失信行为，因此要确保提供给信贷机构的个人信息是真实准确的。

遵循以上建议，可以帮助老年人避免影响信贷信用的不良行为，保持良好的信用记录。

拓展园

老年人务必防范这六大借贷风险①

1. 口头借贷

出借款项应留存借条等书面债权凭证，不能仅仅是口头承诺，必须“白纸黑字”地明确借款人和出借人身份（最好留存身份证复印件，以备后续维权）、借款金额、利息、借款期限、还款方式等内容。

2. 现金交付

款项交付应尽量采取银行转账、支付宝或微信支付等能证明支付情况的方式。若因特殊情况只能现金交付的，也要保留好现金来源证据或有见证人在场，并要求借款人出具收条。

① 台儿庄法院.【防诈防骗】打击整治养老诈骗丨老年人务必防范这六大借贷风险［2022-08-09］. https：//m.thepaper.cn/baijiahao_19386996.

3.“借”“用”不一

无偿帮别人借款通常发生在“熟人圈”。借款人不是实际用款人，一旦用款人出现逾期违约，损害的就是借款人的利益。一定要记住，谁用谁借，谁借谁还。

4.随意担保

出借人接受担保应审慎核实，妥善设定。提供保证的，需要保证人书面明确是一般保证还是连带保证；提供抵押的，应办理抵押登记；提供质押的，应移交质物。

5.借贷无效

借贷资金应当来源于出借人自有资金，套取银行信贷资金转贷的，借贷合同将被认定为无效，情节严重的，需承担刑事责任。

6.逾期诉讼

出借人应当在约定还款期限届满或者借款人明确表示不还款后三年内向法院起诉维权。债权人，可以保留催讨债务的各种证据，如录音，短信，微信，通话记录，快递面单等，证明一直在主张权利；也可以让债务人重新出具借条或是还款计划，以延长诉讼时效，避免债权受损。

三、信用缺失的影响

老年人信用缺失也会带来一系列不良影响。首先，老年人信用缺失会影响他们的个人声誉。其次，信用缺失会增加老年人的经济负担，影响他们的生活质量。如果老年人无法按时偿还贷款，可能会导致利息和罚金等额外支出。最后，老年人由于缺乏信用记录或未能保持良好的信用记录，容易成为欺诈者的目标。他们可能更容易受到虚假宣传、欺诈性贷款或投资活动的诱惑，从而陷入财务困境。

体验与思考

张阿姨是一位退休教师，每月有近4000元的退休金，平时生活比较节俭。但是，最近张阿姨在超市购物时发现自己的消费金额有所增加，她开始怀疑自己是否陷入了消费陷阱。

张阿姨原木喜欢购买特价商品，但在最近的一段时间里，她购买的保健品、按摩仪等高价商品的频率明显增加。经过了解，张阿姨发现这些商品并非生活必需品，而且价格也远超同类产品。同时，她也发现自己容易被推销员的花言巧语所迷惑，不会理性地评估自己的需求和商品价值。

在深入分析后，张阿姨发现自己的消费习惯发生变化的原因主要有两点：一是身体逐渐衰老，对健康问题的关注度提高，容易受到健康宣传的影响；二是容易受社交媒体的广告推送影响，让她更多地了解到各种新奇、高端的产品。同时，张阿姨还发现自己不太会拒绝推销员的劝说，这也是她容易产生冲动消费的一个原因。

针对这些问题，请您尝试给出建议。

主题四

老年朋友财富如何保值增值

存款是老年朋友多年来辛勤劳动的成果，也是晚年生活的保障和依靠。老年朋友应该珍惜和合理利用自己的存款，既要保护存款，也要享受存款。储蓄（存钱），是实现财富积累和理财的一种稳健低风险的方式，而要想存款能够加速增值，则要通过投资的方式才能达到。正所谓“你不理财，财不‘理’你”。本主题将围绕储蓄和投资两部分内容中老年朋友普遍关注和遇到的问题，进行详细介绍，帮助老年朋友们选择适合自己的理财方式。

第一节　该把钱存到哪里

中华民族一直崇尚“俭以养德”的传统美德，老百姓们也一直传承着吃苦耐劳，勤俭持家的品质，具有居安思危，有备无患的智慧，普遍追求储蓄安全感，所以咱老百姓储蓄率总是处在相对较高的水平。

情景导入

依据央行公布的《金融统计数据报告》数据显示，2020至2023年，我国家庭的储蓄额激增了58.24万亿人民币，且其中的八成以上为定期存款。2022年和2023年，住户存款分别增加17.84万亿元和16.67亿元，涨幅明显，如图4-1所示。

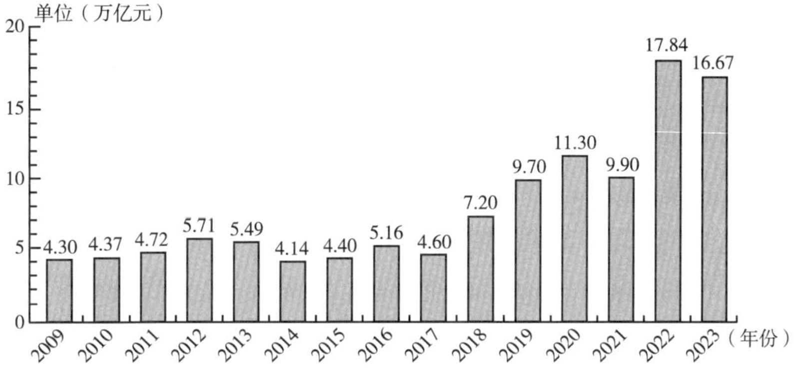

图4–1　住户新增存款统计

（数据来源：中国人民银行）

那为什么咱中国老百姓总爱储蓄？存钱的主要用途有哪些呢？

一、储蓄的主要用途

简单来说，我国狭义储蓄是指个人将自己的钱存放到银行等金融机构。即人们将自己节省下来且短期内暂时不需要使用的钱，基于信任，存放在诸如银行之类的金融机构，将钱的使用权暂时交由银行等金融机构，从而获得一定的利息收益的金融活动。

居民储蓄的主要个人用途如图4–2所示。

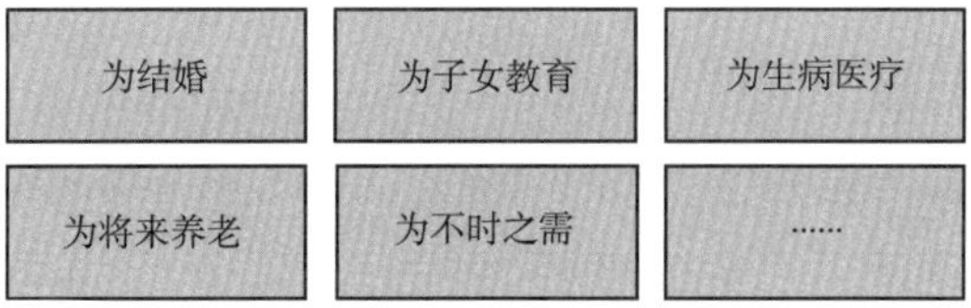

图4–2　居民储蓄主要个人用途

那咱老百姓都喜欢在哪些银行办理个人储蓄业务呢？

是不是所有银行都可以办理我们老百姓的业务呢？接下来我们一起先来了解我国银行的主要类型。

二、我国的银行类型

（一）中央银行

中国人民银行，俗称中央银行，简称央行。央行在我国金融行业扮演着至关重要的指导角色，其主要职能为制订及执行国家的货币及信贷策略，对我国经济发展起到重要的影响和调控作用。它拥有独立的货币发行权限和金融监管权，但并不向普通个人和企业提供日常的银行业务。中国人民银行是我国唯一的央行。

（二）政策性银行

是政府设立的非营利性的特定银行，它们承担着通过激励经济扩张、促进社会向前发展和实施宏观经济政策调节的关键角色。具体包括国家开发银行、进出口银行和农业发展银行等机构。这些银行也不办理普通个人的日常存款及相关业务。

（三）国有商业银行

简单的说，就是属于国家领导并运营的商业型银行，分别为：中国工商银行、中国农业银行、中国银行、中国建设银行、交通银行以及中国邮政储蓄银行，为广大老百姓所熟知。

（四）全国性质的股份制商业银行

是商业银行的一种模式，与完全国有的商业银行体系所不同的是，它融合了国有与私人的资金，呈现出混合所有权的特征。如招商、浦东发展、光大、民生、广东发展、兴业以及平安等，国内共计有12家此种类型的全国商业银行。①

---

① 国家金融监督管理总局. 银行业金融机构法人名单（截至2023年6月末）2023-08-30.https：//www.cbirc.gov.cn/cn/view/pages/governmentDetail.html?docId=1125015&itemId=863&generaltype=1.

（五）城市商业银行

也属于商业银行，由20世纪80年代创立的城市信用社转型发展而来，其核心任务是向中小规模企业提供金融支持，致力于促进当地的经济建设。如北京银行、上海银行及宁波银行，在全国范围内，类似此种的机构有大约125家。①

（六）农村信用社、农村商业银行、村镇银行

在我国，获得中国人民银行正式认可并由会员出资建立的农村信用社总数达到545个，同时存在23家农村合作银行②。此外，农村地区的股份制金融机构，即农村商业银行，有1606家。另外，村镇银行得到了中国银行保险监督管理委员会的批准，由境内外的金融和非金融企业及国内个人投资建立，目前总数为1615家③。这些包括农村信用社、农村商业银行与村镇银行在内的金融机构，共同的宗旨是支持农业发展，帮助农民，促进乡镇经济，提供必要的金融服务。

（七）民营银行

一般指由个人投资者或私企主导创办的银行。如微众银行、民商银行、网商银行、华通银行、苏宁银行等19家。

（八）外资法人银行

指在我国境内由外商独资成立的银行，现有汇丰银行（中国）有限公司、花旗银行（中国）有限公司、渣打银行（中国）有限公司等

①②③ 国家金融监督管理总局. 银行业金融机构法人名单（截至2023年6月末）2023-08-30.https：//www.cbirc.gov.cn/cn/view/pages/governmentDetail.html?docId=1125015&itemId=863&generaltype=1.

41家。[1]

当我们把钱存入银行的定期存款时，除了考虑银行的规模与背景外，银行利率也是重要的参考因素。银行的定期存款利率是多少？具体能得到多少利息收入？

三、如何计算银行定期利息

（一）储蓄存款利息计算的基本公式

利息=本金×存期×利率

（二）年利率、月利率、日利率三者的换算关系

年利率=月利率×12（月）=日利率×360（天）

月利率=年利率÷12（月）=日利率×30（天）

日利率=年利率÷360（天）=月利率÷30（天）

一般而言，钱存放在银行时间越长，可获得的利率越丰厚；普遍情况下，银行设定的定期存款选项包括三个月、半年、一年、两年到五年等不同等级，不同金融机构的具体规定存在差异，储户需要根据自身的实际情况来选择合适的储蓄时间。

借贷是银行的主要业务领域，只有当储蓄用户将钱存入银行后，银行才能将这些资金贷出去，并从利息差额中获益。通常银行规模越大，因资金体量更大、管理能力更强、安全系数更高、银行网点更多等因素，没有招揽客户前来存钱的压力，能给出的利率相对越低；反而很多小的地方性银行等，为了吸引客户来存钱，能给出的利率则相对会更高一些。

● **案例**

假定20××年×月，某国有银行、某全国性股份制银行、某城市商业银行的存款利率如表4-1所示：

---

① 国家金融监督管理总局. 银行业金融机构法人名单（截至2023年6月末）2023-08-30.https：//www.cbirc.gov.cn/cn/view/pages/governmentDetail.html?docId=1125015&itemId=863&generaltype=1.

表 4-1 存款利率表 单位：%

期限 银行名称	三个月	半年	一年	两年	三年	五年
某国有银行	1.15	1.35	1.45	1.65	1.95	2.00
某全国性股份制银行	1.20	1.45	1.65	1.80	2.00	2.05
某城市商业银行	1.20	1.45	1.65	1.80	1.95	2.00

以存1万元为例。如果想定期存3年，某国有银行和某城市商业银行三年期每年利率是1.95%，那计算下来，3年的定期存款利息就是585元，若按某全国性股份制银行每年2%利率计算，3年定期存款利息是600元；如果想定期存1年，某国有银行年利率是1.45%，计算下来，1年的定期存款利息就是145元，而某全国性股份制银行和某城市商业银行一年期利率是1.95%，计算下来，1年的定期存款利息就是165元。

我们老年朋友在选择办理存款业务的银行时，可以先比较一下几个银行的存款利率，在考虑其他便利因素的前提下，选择存款利率相对更高的银行；如果存款金额较大，还可以单独找银行客户经理商谈，争取获得更高的利率；还有，记得认准“存款保险”标识，不管什么银行，50万元以内存款都能保本保息。

知识窗

2015年5月1日《存款保险条例》正式施行，标志中国存款保险制度正式建立。“存款保险50万”是根据《存款保险条例》第五条，存款保险实行限额偿付，最高偿付限额为人民币50万元。同一存款人在同一家投保机构所有被保险存款账户的存款本金和利息合并计算的资金数额在最高偿付限额以内的，实行全额偿付。但50万元以上存款并非就没有安全保障了，超过的部分会等到破产清算后按相应的比例进行赔付。我国实施存款保险制度，目的就是保护存款人权益，促进金融机构健康发展，维护金融稳定。有存款保险的银行会在各网点入口的显著位置上展示存款保险标识，请大家注意识别（见图4-3）。

图4-3　存款保险标识

四、个人储蓄存款业务也有风险？

● 案例

去银行存款，结果竟被“套路”了？

几年前，徐阿姨曾将和老伴攒了一年的10万元退休金存入了银行，现在老伴生病急需用钱，徐阿姨决定去银行取出这笔钱。然而，她在前往银行提现的过程中，出人意料地被告悉账户内并未有该笔资金。

徐阿姨顿时急了，过了好一会儿，她慢慢回忆起当初的场景：几年前她带着10万元去银行存钱时，银行的工作人员就上前询问徐阿姨需要办理什么业务，并热情地将她引导至贵宾室，还介绍了一款长期的存款业务，利率比普通定期存款利率高，而且还送一份保险，徐阿姨觉得很合适，随即就没有仔细听讲和深入了解，而是直接签了字。

难道，当时银行工作人员为她办理的就是保险吗？最终徐阿姨不得不选择退保把钱取出来，却遭受了很大的损失。

案例启示

通过以上案例，我们老年朋友在去银行办理个人储蓄存款业务时，除了关注定期存款的利率与存款期限之外，还需注意以下几点：

1.分清储蓄卡与信用卡。老年朋友在办理储蓄卡时，会出现在银行工作人员的热情推荐下，又办理了具有透支功能的信用卡的情况，一旦使用了信用卡，老年朋友就要注意还款时间，不然会产生利息支出的烦恼。

2.分清定期存款与理财产品。这种情况比较常见，老年朋友原本只想去银行办理定期存款，面对工作人员的热情介绍，轻易就被高额收益吸引住，在未全面了解判断之下购买了理财产品。而银行存单（折）中，是有明确的定期存款等的信息，清晰地标明了存款金额、利率、存期等信息，理财产品文件和定期存单、存折不同，所以在签字前一定要仔细了解和确认。前面案例中的徐阿姨就是购买了同时拥有保险和理财功能的分红险这种理财产品，由于期限较长，在较长时间内都不能使用这笔钱，中途退保就会造成较大损失。

当然银行自己发行的和代理的理财产品中也不乏很多不错的产品，在银行工作人员推荐时需要仔细询问清楚，根据自己的实际和需要理性地选择。

3.分清定期存款和活期存款。活期存款安全且灵活，随时存取，日常存取使用方便，存款利率低。相较于活期存款而言，定期存款带来的利息更加可观。但它附带了时间限制，存期至少要满三个月。若突遇紧急资金需求，尽管可以提前解除尚未到期的存款，但通常情况下仅允许一次。此外，提取资金的操作按当前的活期存款利率计息，这将导致较大的经济损失。老年朋友要合理规划好定期存款和活期存款之间的比例，这样既能享受到理想的利息收入，也不会影响日常生活用钱。

此外，建议老年朋友最好线下去银行柜台直接办理定期存款，大额存款还可能享受到更多利率和礼品。

除了去银行存钱，还有很多老年朋友喜欢和习惯自己在家里存“现金”？这种“存钱”方式可取吗？又该注意些什么呢？

五、家庭现金保管

目前现金使用仍以农村地区和老年人（65岁以上）为主，老年人中经常用现金的人数占比超过75%。[①]一些新闻也时有报道老人在家里自行“存储”现金的典型案例，那现金究竟该如何存放和保管为宜呢？

● **案例**

案例1：一天下午某派出接到徐大爷的报警，称自己存在家里的20000元被盗了，民警随即来到徐大爷独居的家中，经过一番勘察了解并未发现盗窃痕迹以及嫌疑对象，那会不会是徐大爷保存在家里的某个地方，自己遗忘了呢？在征得徐大爷同意并联系了其子女后，民警在徐大爷家里一番仔细查找，终于在两个叠放的旧箱子夹缝处找到了20000元现金，同时还在床底下的小包裹里找到了早已被徐大爷遗忘的3500多元现金。徐大爷非常感谢民警，民警关照徐大爷应及时把现金存入银行，也关照徐大爷的子女平时多关心照顾徐大爷。

案例2：2024年3月，据云南广播电视台都市频道官方账号等多家媒体报道，云南普洱景东县一位八旬老人省吃俭用，将攒下的20余万元现金埋藏于地下，老人离世之后，家人在清理老宅时意外发现，因时间太久，现金挖出时已经全部受损，全部发潮发霉，被白蚁啃咬。经过银行工作人员五个小时“抢救”，最终成功整理出全额纸币12.07万元，但还是有过半现金因受损严重无法人工鉴定，财产损失惨重。

小贴士

老年朋友在家里存放现金需要注意哪些事项呢？

1.避免大量现金。通常我们居家存放现金，一是日常生活使用，二是作为应急备用。这里提醒老年朋友，尽量不要在家中存放大量的现金，否则易带来安全上的隐患。

2.注意防潮防蛀。纸币容易受潮，老年朋友可以使用防潮的袋子、盒子等

---

① 马若梅. 谁在使用现金？被拒收如何维权？这幅全国现金用户画像请查收［EB/OL］.（2023-12-29）［2024-04-08］. https://mp.weixin.qq.com/s/T9WCZH-DgNRe2hBzo90V4A.

存放现金，最好再放点干燥剂或防霉片，既能防潮，也比较卫生。还可以定期拿出来在通风处晾干，或者用吹风机吹干，以避免产生霉变或被虫蛀。

3.注意防火防盗。纸币易燃，要注意远离火源，避免被烧毁。为避免被盗，可以把现金存放在较隐蔽的地方。但也要注意随着年纪渐长，被自己遗忘。所以建议老年朋友在家里可以考虑购置一个保险柜（箱），保险柜（箱）不仅防盗，还具有一定的防火、防潮、防止鼠咬等功能，方便又安全。当然最好的存放现金的方法还是存放到银行里。

拓展园

储蓄的两面性：我国居民储蓄的增加与城乡居民收入的不断增加有关，储蓄多了，居民财富提高。储蓄率适中能够很好地为扶持实体经济、实现规模投资提供金融支撑。然而，储蓄率过高则反映出消费意愿低，内需动力的缺乏，对居民收入持续稳步增长反而不利。

体验与思考

亲爱的老年朋友，通过本主题内容，现在您怎么看待储蓄率高这件事儿？储蓄率高就一定好吗？

第二节　该把钱投到哪里

储蓄更加注重的是资金的安全和稳定，但是如果想要获取一定的收益回报，实现资金增值，则需要借助投资的手段。那么老年朋友是否也需要进行投资呢？

一、如何理解投资

相比储蓄更注重累积，投资更注重财富增值的部分，一般需要通过购买投资产品或工具来实现。“你不理财，财不‘理’你”，相信大多数老年朋友们都听到过这句话。但同时，相信你也一定听过“投资有风险”，许多老年人辛苦挣了一辈子钱，退休后因为投资失误，钱也没赚着，有的甚至让自己的养老钱也打了“水漂”。所以，无论是年轻朋友还是老年朋友，科学谨慎地投资理财尤其重要。

情景导入

想要实现财富的迅速增值又不想承担太大的风险，在过去的很多年，许多人找到了“稳赚不赔”的投资方法——买房。过去的二三十年，买房几乎成了全民首选，不惜掏空“六个钱包”也要踏上这趟财富快车。

退休独居的王阿姨分享起自己的故事：“以前啊，房子就是大家心里的‘定海神针’，都觉得买了房子，就等于保住了财富的宝藏。我看着周围的朋友们都拿出自己的养老钱支持子女买房，想着自己多年也存下不少钱，便靠着自己的积蓄在几年前为自己置换了新房。”

然而，住进新房子的王阿姨发现，这个“定海神针”并没有给她的晚年生活带来充足的保障，反倒让她陷入了极大的“养老风波”。“这几年，房地产市场政策和市场环境发生了很大变化，房地产的投资属性正在逐渐减弱，房价的增速也在放缓，甚至有些地方还出现了下跌。”她感慨地说，“现在房子不好卖掉，手里能直接用的钱也不多，之前也没有为自己配置充足的商业保险，平时能够靠养老金维持基本生活，但真要到了花大钱的时候，可就捉襟见肘了！”

王阿姨的故事在我们身边并不少见：在中国家庭的资产结构中，住房资产占据了过高的比重，而金融资产的比例则显得严重不足。相关调查显示，中国家庭住房资产占比在60%以上波动，家庭住房拥有率超过90%，显著高于世界主要发达国家，如图4-4所示。

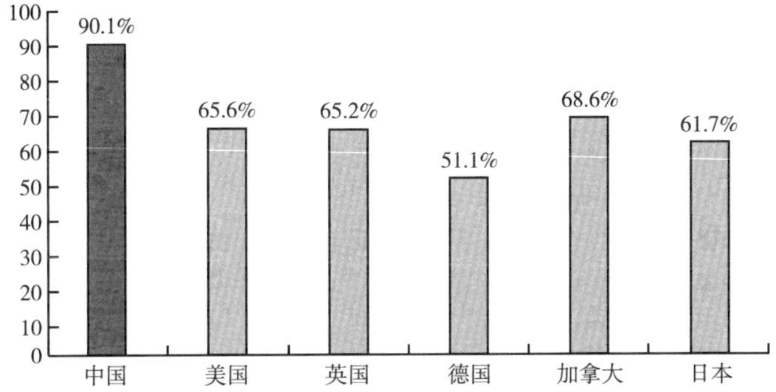

图 4-4　2021 年中国及世界主要发达国家住房拥有率

（数据来源：汇聚数据）

这种过于单一的、低流动性的资产配置方式容易让家庭财富暴露在风险之中，难以应对不确定的外部环境。2011—2021 年中国家庭资产配置结构如图 4-5 所示。

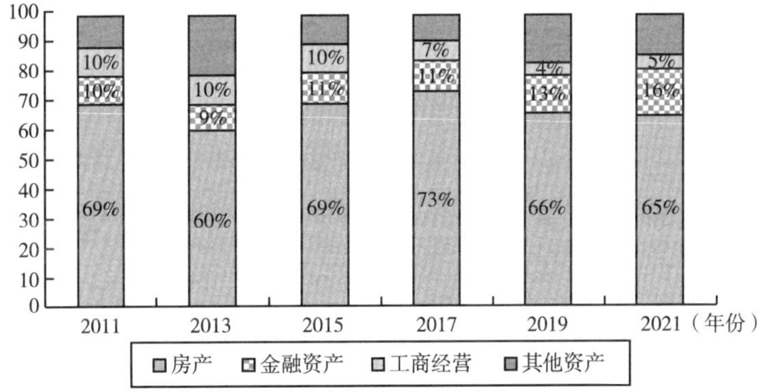

图 4-5　中国家庭资产配置结构（2011—2021 年）

（数据来源：《中国家庭风险保障体系白皮书（2023）》，根据 CHFS2011—2021 年数据计算）

知道了投资的重要性和可行性，是否已经迫不及待地想要开始投资了呢？别着急，不妨先问自己一个问题：对于此刻的我而言，进行投资最重要的目的是什么呢？只有想清楚了这个问题，我们才能在投资中保持清晰的思路和坚定的决心，找到最适合自己的投资策略和方法。

二、投资的主要目标

对于老年朋友而言，投资不仅是简单的资金运作，更代表着一种生活规划与财富传承的智慧。老年朋友应根据自身的实际情况和需求，针对性地制订投资计划，进行理性投资。同时，明确的投资目标可以让我们避免盲目追求不切实际的高收益而忽视风险的存在。一般而言，老年朋友进行投资的目标主要分为以下几类：

（一）抵御通货膨胀，财富保值增值

之前去市场买菜，一斤青菜可能只要几分钱或者几毛钱，那时候的物价很便宜。然而，随着时间的推移，通货膨胀逐渐显现，手中的钱变得越来越不值钱了，因此钱存银行可获得的利息收入会低于通货膨胀带来的资产贬值，有条件的话，最好能进行一些其他的投资使资产保值增值。

（二）增加收入来源，提高生活质量

刚刚退休时，老年朋友们可能已经想好了如何安享晚年。但时间一长，退休金与工资收入之间的差异也许会让我们不得不去“勒紧裤腰带过日子了”。随着年龄的增长，生活开销、看病养老可是一笔不小的支出，投资得当则能帮助改善生活品质或应对不时之需。

（三）实现财富传承，惠及子孙后代

我们老年朋友辛苦一辈子，都想给孩子们留点积蓄。通过合理投资，我们可以实现财富的长期稳健增值与传承，为子孙后代留下宝贵的财富，让他们在人生路上走得更稳、更远。

明确了自己的投资目标，我们便可以借助理财规划和投资产品来帮助自己实现目标了。当提到投资的时候，你会不会想到股票、黄金、车子、房子、债券等？没错，他们都是常见的投资产品，接下来我们认识一些老年人可以选择的投资产品。

三、投资对象有哪些

情景导入

在一个春日的午后，社区老年大学的教室里，几位老年居民聚在一起讨论着对退休生活的规划。

周阿姨，一位退休的小学教师，叹了口气说："我听说投资可以帮助我们的积蓄保值增值，但完全不知道从哪里开始，如果盲目跟风，我怕退休金都要赔进去。"

旁边的黄大爷也点头附和："是啊，我年轻的时候也炒过股，但因为不懂市场亏了很多，还不如放在银行账户里吃灰。"

这时，一直在旁倾听的李老师，一位退休的金融从业人员，开口了："我理解大家的困惑。投资确实很重要，但如果没有正确的知识和方法，确实可能会导致资产减值。不过不用担心，我们社区老年大学正好开设了一系列投资理财的课程，可以帮助大家了解不同的投资工具和领域。"

黄大爷的眼睛亮了起来："老李，那我们怎么知道哪种投资方式最好呢？"

"这就是我们接下来要讲的内容。"朱老师说，"这里面可大有学问呢！"

（一）房产与收藏品

老年朋友们在挑选投资产品时，最看重的肯定是稳妥。说到这儿，就不得不提房产投资了。房子不仅为我们提供了温馨的避风港，更是一个隐形的财富增值器，房屋的租金收入和价格上涨无疑为我们的退休生活增添一份稳定的保障。当然，房产投资也是具有风险的，需要我们擦亮眼睛仔细辨别。

● **案例**

"这套房子是我们几十年工龄换来的，全家人仅有的一套住房。"年近六旬的赵阿姨等人所委托的以房产进行"理财"的公司疑似爆雷，目前该公司已经关门，自己的房子很可能因此被收走[①]。据了解，一些老年人为了投资“以房养老”理财项目，将自己的房产进行了抵押，遭遇了“套路贷”。诈骗团伙向老年人打电话时，声称这叫“无本金理财”，获得的收益是房子评估价5%的年息，实现所谓的“让房子生钱”，实际上却是偷偷将房子变成抵押品进行贷款，随时准备卷款跑路。

案例启示

由于房产具备较高的价值和广泛的需求，有些不法分子会拿房产做幌子，搞一些所谓的“高回报”投资陷阱，老年朋友们在考虑房产投资时，一定要提高警惕，审慎选择投资渠道，避免因为一时的贪心或不理智的决策而造成财产损失。

除了房产，还有很多老年朋友喜欢投资收藏品、黄金和各类珠宝首饰。有时，一件小巧精致收藏品不仅能保值增值，还可能成为传家之宝。不过，收藏品的真伪鉴定要求我们具备专业的知识和丰富的经验。老年朋友们在踏入这个领域时，必须擦亮眼睛，锻炼出辨别真伪的敏锐洞察力。

拓展园

黄金与珠宝首饰的区别：路过商场时，您可能看到过各种各样的黄金和珠宝首饰摆放在一起。但具体到投资保值，这两者可大有不同。相比于珠宝首饰，黄金的好处在于价值稳定。在经济波动大时，黄金的价值通常不会受到太大影响。相比而言，珠宝首饰的投资价值则是观点各异、见仁见智。因此，很多人会买一些金条、金币放在家里，作为财产的一部分。

① 新京报. 多位老人遭遇以房养老骗局，“房子或被收走”背后陷阱何在？https：//m.bjnews.com.cn/detail/161576317715302.html.

（二）债券

接下来，我们来聊聊一个证券市场上相对稳妥的投资产品——债券。好比是咱们把钱借给了一个靠谱的“朋友”（比如政府、企业等），这个“朋友”给咱们打个借条，上面写着借了多少钱，利息是多少，什么时候还钱，这个借条就是债券。债券常见类型如图4-6所示。

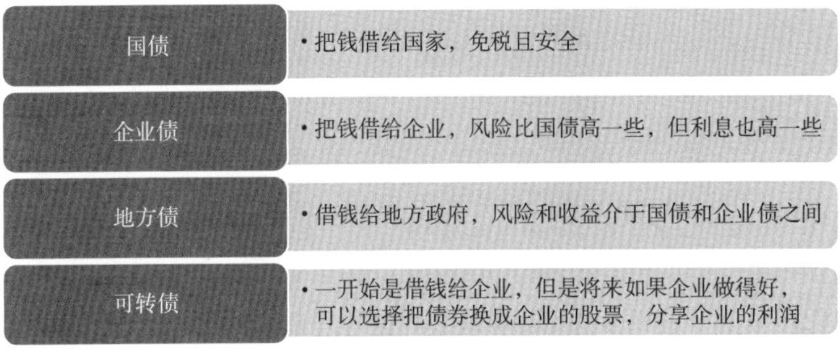

图4-6　债券的几种类型

债券有三个好处：一是稳健，债券比股票波动小，风险较低，适合老年人；二是利息，只要“朋友”靠谱，到期就能连本带利收回钱；三是方便。不用天天盯着市场，省心省力。在投资前，您需要了解产品的收益、风险、期限等信息，选择与自己需求相匹配的产品。同时，切勿将所有鸡蛋放在同一个篮子里，确保您的资金在必要时能够灵活调度。

知识窗

“一债难求”的储蓄国债[1]

2024年4月，储蓄国债（电子式）第一期和第二期一经上市就立刻遭到“秒杀”。购买储蓄国债的客群中，中老年客人仍然是最

① 新浪财经.“一债难求”仍难解 储蓄国债再度被“秒杀”. https://finance.sina.com.cn/money/bond/market/2024-04-16/doc-inarzchu2635286.shtml.

大的“拥趸”，特别是线下购买者。“很多都是退休在家的老人，银行还没开门就来排队了。”业内人士分析，储蓄国债的此种局面，主要是因为在存款利率不断下行背景下，国债其实是“类存款”的一种替代，尽管利率较低，储蓄国债因其安全性和稳定性依然获得了不少老年投资者的青睐。

（三）股票与基金

想象一下，您手里拿着一只股票，就像是握着一家公司的小钥匙。这家公司如果生意兴隆，您的钥匙就能开启财富的大门；如果市场不景气，那可能就得耐心等待，看看风向何时转变。对于老年朋友而言，股票交易就像是一场策略与智慧的棋局，基金则像是一篮子股票的集合。与市场的博弈中既蕴藏着丰厚的回报，也伴随着不可忽视的风险。

- **案例**

广州一69岁老人苏某加杠杆炒股，某证券公司授信其6600万元的融资融券额度，跌破平仓线后老人倒欠该证券公司1026万元，双方就此对簿公堂[①]。几经波折，最终法院维持原判，裁决苏某向某证券公司偿还融资本金和利息。回顾事件始末，苏某多次未能追加担保物或偿还债务，导致其信用账户内股票被强制平仓，其名下房产在内的财产也被法院冻结。据报道，苏某的千万元债务需要100年才能还清。

案例启示

近年来，股票市场上两融业务迅速发展。融资融券是一把“双刃剑”，既可以放大杠杆，可以提升资金利用效率，实现小钱办大事的效果，但也会

① 中国经济网.69岁老人加杠杆炒股爆仓倒欠券商1000万，需100年才能还清. http://finance.ce.cn/stock/gsgdbd/202201/24/t20220124_37284431.shtml.

放大交易亏损，导致血本无归。老年投资者参与两融业务前，必须仔细阅读合同条款，不能仅凭听介绍、看宣传单等简单方式“大概了解”。

（四）保险

保险是一位可靠的守护者，它在我们面临生活挑战时给予我们坚实的支持与保障。2024年，推动个人储蓄型养老保险和商业养老保险作为养老金体系的补充，即养老金第三支柱，也成为了社会的焦点。储蓄类保险既提供风险保障，又具有一定的储蓄或投资功能。下面我们就一起来看看有哪几种储蓄类保险吧！

1. 分红保险

除了基本的保障功能外，保险公司会根据盈利情况给投保人分配一定比例的红利。分红可以是现金分红，也可以是增值红利，即红利直接滚入保单价值中。

2. 年金保险

投保人按照约定缴纳保费，到达约定年龄后开始领取年金直至期满。

3. 投资连结保险（投连险）

投连险是一种融合了投资与保险的产品，投保人的保费会投入到不同的资产组合中，如股票、债券等。投保人承担一定的投资风险，但有可能获得较高的回报。

4. 万能保险

万能保险提供一定的灵活性，投保人可以根据自己的需求调整保费支付额度和频率（在一定范围内）。万能保险通常有一个保证利率，同时可能提供额外的投资收益，但具体收益与市场表现有关。

（五）币种

最后，咱们来聊聊一个听起来可能有点专业，但其实和咱们日常生活息息相关的理财方式——币种投资。币种投资，每个国家都有自己的钱，也就是货币。美元、欧元、英镑，这些都是不同的货币。币种投资，简单来说，就是把钱换成其他国家的钱，再通过这些外币的升值或者投资来赚钱，币种投资的方式如表4–2所示。

表4–2　币种投资的方式

类别	投资方式
外汇储蓄	就像咱们平时把钱存银行一样，外汇储蓄就是存的是外币，希望能通过汇率变动获得收益
外汇理财产品	银行和其他金融机构会推出一些外汇理财产品，可以根据自己的风险承受能力选择购买
直接交易	有些老年朋友可能对市场变动比较敏感，可以通过外汇交易平台直接买卖不同国家的货币

● **案例**

如何计算汇率

汇率就是一国货币兑换成另一国货币的比率。比如说，如果1美元能换7元人民币，那么汇率就是7。假设张大妈有1000元人民币，她想换美元去美国旅游。银行的汇率牌价是1美元兑换7元人民币。那么，张大妈可以换到多少美元呢?

计算方法很简单：

1.人民币金额：1000元。

2.除以汇率：1000 ÷ 7≈142.86。

所以，张大妈可以换到大约142.86美元。

现在，如果汇率变了，1美元只能换6元人民币，张大妈同样拿1000元人民币去换，能换多少美元呢?

1.人民币金额还是1000元。

2.汇率变为了6，所以1000 ÷ 6≈166.67。

这次，张大妈可以换到大约166.67美元。

小贴士

汇率计算其实并不复杂，老年朋友们只要掌握了基本的方法，就能自己算出能换多少外币了。有时候，换钱可能要收一点手续费，这个也要计算到成本里。您可以在银行的公告板上或者网上查一查，挑个汇率好的时间去换。换到外币后，要妥善保管。通过合理的投资，可以让咱们的理财生活更加得心应手。

在这个充满机遇与挑战的时代，各种投资产品如雨后春笋般涌现，让人眼花缭乱。每个人的经济状况、风险承受能力、投资目标都不尽相同，没有哪一种投资产品可以被称为“最好”的，我们应该选择适合自己的投资产品，不能盲目跟风。

四、做对投资决策

怎样评估一个投资产品是否适合自己呢？老年朋友们可以试着问自己这样几个问题：我是否已经充分了解这个产品？产品的风险是否在我的财力承受范围内？产品的投资难度是否在我的能力范围之内？产品风险的市场震荡是否超过我的体力（如心脏、血压等）的承受范围？

投资并不是赌博，虽然风险性和运气也在投资中扮演着一定的角色，但这并不意味着投资就是一场无章可循的冒险，它应该是有目的性、有计划性、纯理性的金钱消费行为。老年朋友在投资时应时刻谨记投资的重要原则，要综合考虑自己的财力、体力、能力，不要盲目投资及冲动投资，切勿因小失大。

拓展园

投资与赌博的区别：投资是一种长期的、有计划的财务活动，通常涉及对市场、公司或资产的深入分析，以评估其潜在的风险和回报。想象你有一个果园，你决定投资购买更多的果树苗，期望未来几年内这些树能够结出果实，带来收益。这个过程中，你考虑了土壤条件、气候、市场需求等因素，这是一个典型的投资行为。而赌博基于的是事件发生的偶然性，往往缺乏长期的规划和策略，更多依赖于运气。如果投资决策是盲目的，没有基于充分的信息和分析，那么这种行为就和赌博一样，充满了风险和不确定性。

体验与思考

亲爱的老年朋友，通过本主题内容，您是否不再对“投资”望而却步了呢？你有找到适合自己的投资方法吗？

主题五 生活中的金融与监管

近年来，国家大力整顿金融市场秩序，严打电信诈骗等金融骗局，保护人民群众的利益不被不法分子侵害。本主题将逐步带领大家了解什么是金融市场、金融市场的参与者以及金融市场监管，并通过具体案例分析，帮助老年群体在参与日常金融活动时有效识别、合理规避金融诈骗和陷阱。

情景导入

2023年初，徐大爷为帮助儿子购房筹款，在互联网检索可贷款渠道后，接到一位自称××金融公司工作人员的电话，声称可以低利息放贷20万元，并可选24期或36期偿还本金和利息。有贷款需求的徐大爷主动添加了对方客服的QQ号码，并根据发来的链接下载“××金融”App，按要求如实填写个人信息进行注册。该客服提出为确保审核信息顺利通过，徐大爷可以按照他们事先准备好的材料进行单位信息填写。面对虚假的单位信息和职务身份，徐大爷虽然心存疑惑，但转念一想如此便可以让对方公司高估自己的还款能力，能够放心给自己贷款，于是按照客服要求填写提现申请。

不料，在提现时银行卡显示异常，提现申请失败。随后，客服打来电话告知徐大爷违规操作导致20万元贷款资金被冻结，属于骗贷行为，将负法律责任。听到这个消息的徐大爷瞬间慌了神并着急地向客服求助。客服称只需交6000元认证费后，便可通过账户认证，解除骗贷嫌疑，而且，在贷款资金解冻后将会收到认证费和贷款金额共计206000元。随后，徐大爷收到一份“贷款账户认证及解冻贷款账户说明”，急需贷款又害怕负法律责任的他看到说明书上有银监会的公章认定，便对此深信不疑。遂按照客服指示分两笔将1000元和5000元资金通过银行转账的方式汇入对方账户。

本以为可以安心坐等贷款到账的徐大爷，忐忑地等待了两天，却并未收到任何资金。再次联系客服时，客服称该国家机构系统已经关闭无法认证，需要再交12000元认证费方可到账。徐大爷越想越不对劲，于是气愤地向派出所报警。

第一节　金融市场

上述案例涉及的网络借贷正是大家耳熟能详的P2P信贷，P2P是英文Peer to Peer Lending（或Peer-to-Peer）的缩写，意即个人对个人（伙伴对伙伴），又称点对点网络借款，是一种将小额资金聚集起来借贷给有资金需求人群的一种民间小额借贷模式。它属于互联网金融（ITFIN）产品的一种，也属于民间小额借贷，是发生在网络信贷平台的相关理财行为、金融服务。[①]

作为互联网金融的衍生物，P2P信贷的起源、兴盛和衰落与金融市场紧密相关。那么金融市场究竟是什么？而它又有哪些类型呢？

一、金融市场

知识窗

什么是金融市场

金融市场是指经营货币资金借款、外汇买卖、有价证券交易、债券和股票的发行、黄金等贵金属买卖场所的总称，直接金融市场与间接金融市场的结合共同构成金融市场的整体。

① 郑捷佳，黄京，王子璇.P2P网贷风险控制模式和监管建议［J］.时代金融，2017（8）：279，287.

金融市场又称为资金市场，包括货币市场和资本市场，是资金融通市场。[①]所谓资金融通，是指在经济运行过程中，资金供求双方运用各种金融工具调节资金盈余的活动，是所有金融交易活动的总称。在金融市场上交易的是各种金融工具，如股票、债券、储蓄存单等。

资金融通简称为融资，一般分为直接融资和间接融资两种。直接融资是资金供求双方直接进行资金融通的活动，也就是资金需求者直接通过金融市场向社会上有资金盈余的机构和个人筹资；与此对应，间接融资则是指通过银行所进行的资金融通活动，也就是资金需求者采取向银行等金融中介机构申请贷款的方式筹资。金融市场对经济活动的各个方面都有着直接的深刻影响，如个人财富、企业的经营、经济运行的效率，都直接取决于金融市场的活动。

总而言之，金融市场包罗万象，几乎每个人都主动或被动地成了其中的参与者。熟悉了解它的构成有助于培养我们的金融意识和金融敏感度。作为一个独立的个体，我们在金融市场中又扮演着什么样的角色呢？除了我们以外金融市场上还有哪些其他的参与者呢？

二、金融市场的参与者

案例导入

杭州桐庐有一位97岁老人“炒股”18年，是当地很多股民心中的“股神”。他时常说：“赚钱不是炒股的唯一内容，通过分析和判断并最终被验证，是个很快乐的过程。”老人退休前是一家公私合营企业的销售员，从各地跑销售到退休空闲，他担心不动脑易痴呆，这才开始学习炒股。20世纪80年代末至90年代初，“炒股”可是件稀罕事，他从看书、看电视开始学习股票知识，然后定时听收音机或去交易所和人聊天。一个月后他慢慢懂了股票是什么，他试着自己分析大盘并正式开户操盘，这个时候是1998年。

“‘炒股’不是炒赢而是炒不亏。不亏就要谨慎，谨慎可能会赢得很少但

① 杨胜刚.国际金融学（第二版）[M].长沙：中南大学出版社，2010.

同时会亏得更少。”老人说，行情好的时候，他通常都是十万元二十万元地买，看着行情要跌了，就火速套现，就算亏，也亏得不多。以2007年的牛市为例，他赚的并不多，一是因为女儿接他去了上海住了段时间，无法每天关注市场；二是因为他的心态。“如果没有时间全力关注，不如不炒，市场变化是很快的。”

上述案例中的“炒股”老人正是众多金融市场参与者中的一员，股票市场也是金融市场的重要组成部分。金融市场的参与者主要有政府、中央银行、金融机构、企业和居民个人五大类，金融市场的参与者是市场运作的核心。[①]

个人投资者，如案例中“炒股”的老年人，是金融市场最广泛的参与群体之一，他们通过购买股票、债券和基金等投资工具来获取收益。公司和金融机构也是金融市场的重要参与者，他们通过发行股票和债券来融资，从而支持业务的发展。同时，公司也是资本市场的监管对象，需要遵守相关法规和规定，保护投资者利益，并确保市场的公平和透明。金融机构如银行、保险公司和投资基金等在金融市场中发挥着重要的中介和服务功能。政府在金融市场中扮演着监管和规范的角色，并通过制定金融法律法规和监管政策，维护市场秩序和稳定，保护投资者权益。此外，政府还通过货币政策和财政政策等手段来调控金融市场，保持经济的稳定和可持续发展。

金融市场的发展与金融市场参与者密不可分，金融市场提供了投资机会和融资渠道，促进了资源的有效配置和经济的繁荣。各类金融市场参与者在市场中发挥着不同的角色和功能，共同构建了一个健康、稳定和繁荣的金融生态系统。

然而金融市场也存在一些问题和挑战。例如，市场波动性和风险引发了金融危机的可能性，信息不对称和市场操纵等问题也可能损害市场的公平和透明。[②]因此，金融市场参与者需要加强风险管理和合规监控，增强市场的稳定性和可持续发展。此外，金融市场与金融市场参与者之间存在着密切

①② 杨胜刚.国际金融学（第二版）[M].长沙：中南大学出版社，2010.

的联系和相互作用。金融市场为各类参与者提供了机会和平台，实现了资源的高效配置和投资回报的实现。金融市场的正常运作需要各方参与者共同努力，通过加强监管和风险管理来保障市场的稳定和可持续发展。

第二节　金融监管

案例导入

某商业银行建立零售业务反欺诈智能风控系统。该系统基于电信网络诈骗案例库，利用AI技术7×24小时监测账户异常行为，实现欺诈风险事件精准防控。

2023年4月下旬，该行智能反欺诈系统监测到客户王阿姨在转账过程中，交易对手、交易金额、交易设备均具有可疑特征，属于疑似被骗高风险行为，系统自动保护机制触发，并发出实时预警。1分钟内，该行总、分、支行三级联动，迅速启动应急预案，支行理财经理第一时间联系王阿姨，告知其可能正在遭遇电信诈骗，耐心细致劝其不要上当，最终成功阻断诈骗行动，帮助王阿姨避免了10万余元的资金损失。

据统计，2022年以来，该行已累计通过反诈系统主动拦截和劝阻被诈客户近1300户，保护资金近1.7亿元。

知识窗

什么是金融监管?

金融监管是指为切实保护存款人和投资人的利益，维护金融体系的安全和稳定，金融监管机构依法对金融机构的市场准入、经营活动以及市场退出等行为进行监督管理的活动。

近年来，国家机关和金融机构通过主动监测拦截电信诈骗，帮助消费者避免了大量的资金损失。为坚决遏制电信网络诈骗犯罪快速上升势头，守护消费者“钱袋子”，我国金融市场不断加强科技支撑、强化预警防范，积极运用大数据和人工智能等技术，识别网络钓鱼、电信诈骗、交易欺诈等行为，致力推动构建数字风控体系，实现更加精准化、体系化反诈防控。[①]金融监管对于稳定金融市场、保护金融市场参与者有着至关重要的作用，接下来让我们一起看看金融监管在国家层面和国际层面如何进行。

一、国家金融监管

金融作为现代经济发展的重要基础之一，银行等金融机构作为负责资金融通的特殊企业，二者一旦发生系统性问题，会对经济与社会造成巨大不可估量的损失。为了维护金融体系的稳定、保护广大人民群众的利益，作为公共监管的执行者，政府的金融监管显得尤为重要。

（一）中国金融监管发展历程可以追溯到改革开放后

1983年，国务院决定中国人民银行专门履行中央银行职能，正式成为中国的货币金融管理机构。中国人民银行成为现代意义上的中央银行，负责货币政策制定和金融监管，形成了集中监管体制。

1992年，中国证券监督委员会成立，负责证券市场监管。1995年，我国颁布《中国人民银行法》，这是第一次从立法角度明确了金融监管的主体。1998年，国务院证券委员会并入中国证券监督管理委员会，将中国人民银行的证券监管权全部移交证监会。同年11月，保监会成立，并履行中国人民银行的保险监管权。至此，中国金融分业监管体制格局正式形成。

中国金融业形成了“三驾马车”式垂直分业监管体制。随着中国金融市场的不断发展和改革开放的深入推进，金融监管成为保证金融稳定的重要手段。

① 黄伟，朱韬.大数据背景下互联网金融风险管理研究［J］.技术与市场，2023，30（5）：184-186.

（二）伴随着互联网经济高速发展我国金融监管不断加强

随着互联网金融的高速发展，衍生的金融风险逐渐显现。2019年，互联网金融风险专项整治工作领导小组、网贷风险专项整治工作领导小组联合发布《关于加强P2P网贷领域征信体系建设的通知》，支持在营P2P网贷机构接入征信系统。2020年11月中旬，全国实际运营的P2P网贷机构完全归零。

（三）面对技术革新和人口老龄化我国金融监管重点发生变化

2023年，国务院关于推进普惠金融高质量发展的实施意见。同年3月，中共中央、国务院印发了《党和国家机构改革方案》，决定在中国银行保险监督管理委员会基础上组建国家金融监督管理总局，不再保留中国银行保险监督管理委员会。同年5月18日，国家金融监督管理总局揭牌。

2024年1月，中央金融工作会议首次提出“要加快建设金融强国”，《党和国家机构改革方案》明确金融监管体制改革最新部署，银行业贯彻落实《国务院关于推进普惠金融高质量发展的实施意见》。[①]同年3月，中国人民银行提出要聚焦做好科技金融、绿色金融、普惠金融、养老金融、数字金融“五篇大文章”，提高金融资源配置效率，持续完善政策框架和“工具箱”，优化科技金融服务体系，提升绿色金融服务能力，构建普惠金融发展长效机制，加快养老金融发展步伐，推动数字金融健康发展。

● **案例**

金融系统的适老化服务

为了让老年消费者享受到更便捷高效、温暖贴心的金融服务，某商业银行优化柜面服务流程，推行个人免填单办理，解决困扰老年客户的填单多、输密多、签字多难题。结合老年人使用习惯，持续加大存折设备配置，截至2022年底，已配备可受理存折业务自助设备7万余台，超全部自助设备的

① 高惺惟.建设金融强国是全面建成社会主义现代化强国的必然要求［N］.光明日报，2023-11-10（06）.

50%。组织网点为行动不便的老年客户等特殊群体提供上门服务，2022年该行网点累计为特殊群体提供上门服务20余万次。某商业银行推出适老语言服务队列，支持粤语、客家话、潮汕话、四川话等方言，并支持少数民族语言如维吾尔语、藏语，解决了老年人服务过程中的沟通困难问题。

此外，不少保险公司探索形成“银发工程”体系，开发、升级老年人意外保障、医疗费用保障，以及适用于老年人的普惠型惠民保产品等，切实降低老年人医疗费用负担。同时实施线上平台适老化改造，通过微信公众号等面向老年人推出“保险服务代办”功能，老年人可授权客户经理或者亲友，代为办理理赔业务、保险增值业务和查询保险信息。在公众号、理赔页面显著位置放置“视频报案”按钮，引导和协助老年人在线办理理赔。

拓展园

原银保监会2021年印发《关于银行保险机构切实解决老年人运用智能技术困难的通知》，指导和推动银行业保险业不断丰富适老化产品和服务，持续提升适老化服务水平。银行保险机构积极落实相关要求，尊重老年人使用习惯，通过优化网点布局、保留和改进人工服务，升级智能设备、手机App，探索开发适老化产品等方式，积极融入老年友好型社会建设。

二、金融监管的新挑战——应对互联网金融风险

互联网金融作为金融与网络技术结合的产物，近几年发展迅速，已经融入经济生活的方方面面。它在改变我们生活方式的同时，存在的风险也逐渐显露。网络技术的应用，致使互联网金融风险集中于政策风险、信用风险、流动性风险、挤兑风险等方面，而且比传统金融风险更隐蔽和易于扩大。如何更好地利用互联网金融这把“双刃剑”，应对互联网金融的风险，已经成为各界关注的焦点。

知识窗

什么是互联网金融?

互联网金融是一种基于互联网技术和平台的金融业态，它涵盖了金融机构、企业和个人之间的各种金融活动和服务，如支付、借贷、理财、投资、保险、众筹、征信等。互联网金融是金融业的一种延伸和补充，它利用互联网的广泛覆盖、快速传播、低成本、高效率等优势，为金融市场的参与者提供了更多的选择和便利。

（一）常见的互联网金融类型

1. 互联网支付

● **案例**

某日，孙叔叔微信上收到了一条好友验证，备注是孙女学校班主任老师的名字。通过验证后，“班主任”称该微信是他的私人账号，平时可多沟通联系。第二天，“班主任”在微信上联系孙叔叔说领导向自己借钱，要立即将10万元转给领导，为避免“麻烦”，想将10万元先转给孙叔叔，由他帮忙转给领导。在“班主任”真诚又急切的询问下，孙叔叔因怕得罪“班主任”老师而使孙女在学校受委屈，就在未收到“班主任”转账的情况下按照其提供的银行卡账号向那位“领导”转账10万元。当天晚上孙叔叔发现“班主任”转给自己的10万元依然没有到账，于是打电话到学校找这位“班主任”，校方却告知根本就没有这回事，孙叔叔才意识到被骗。

上述案例中利用微信转账进行诈骗的金融行为，就属于互联网支付这一范围。互联网支付是指利用互联网技术和平台，为金融机构、企业和个人提供在线支付、转账、结算等服务的一种互联网金融行为。互联网支付的主要形式有第三方支付、移动支付、数字货币等。

在接收到来自所谓“熟人”的消息或请求时，首先要保持警惕，不要急于相信。特别是当涉及金钱、转账或敏感信息时，更要提高警惕，不要因为对方的言辞或情绪而失去理性思考的能力。

2. 互联网借贷

● 案例

马阿姨帮女儿买车时接到一名自称某贷款平台客服的陌生电话，对方以无须征信、无须担押、放款为由，诱骗马阿姨添加客服，并下载“某某E贷”App。马阿姨在该App申请5万元贷款额度后却无法提现，对方谎称马阿姨银行卡号填写有误，导致账号被冻结，需要交纳解冻费才可提现，同时承诺解冻后交纳的解冻费会全额退还给她。马阿姨遂按要求向对方转账5000元解冻费，却还是无法提现，对方又以验证还款能力、刷流水等理由，陆续要求马阿姨多次向对方账户转账共计8万余元，后将马阿姨拉黑。

互联网借贷是指利用互联网技术和平台，为金融机构、企业和个人提供在线借款、贷款、担保等服务的一种互联网金融行为。互联网借贷的主要形式有网络小贷、P2P网贷、众筹等。上述案例里因借贷行为产生的诈骗正属于互联网借贷这一范围。

个人在办理贷款时，一定要到正规的金融机构办理。正规贷款放款前不收取任何费用，凡是在放款之前以交纳“手续费、保证金、解冻费”等名义要求转款刷流水或验证还款能力的，都是诈骗行为。

3. 互联网投资

● 案例

于叔叔在某直播平台上观看炒股知识直播时，收到自称是主播的好友请求，私聊后双方添加了QQ好友，对方又将于叔叔拉入一投资交流群，于叔叔在群内看见其他人在某款App投资获利，便下载该App并按照群管理员的指示在App内进行投资操作，前期试水的小额试验都成功盈利并顺利提现。于叔叔感觉获利丰厚，便在App内累计投资60万元。直至月底，他突然发现App内余额无法提现并被对方拉黑，才意识到被骗。

互联网投资是指利用互联网技术和平台，为金融机构、企业和个人提供在线投资、融资、股权、债权等服务的一种互联网金融行为。互联网投资的主要形式有天使投资、风险投资、私募股权、债券、证券等。上述案例中利用互联网投资骗取本金的行为正属于这一金融范畴。

4. 互联网保险

● **案例**

在视频、社交等网络平台上，类似“600万医疗补充金首月收0.99元起”“查看保单立享最高600万医疗保障”的宣传随处可见，消费者看到这样的保险广告，难免心动。上海的马阿姨就接到多个自称保险公司业务员的电话，声称马阿姨有一份免费的“百万医疗保险”保单未领取，让添加微信好友详聊。微信上对方发来一个链接让她“点链接领取”，点击后页面显示“恭喜您免费领取重疾保障，首次领取600元参加活动可累计至6万元”。马阿姨填写信息后，跳出“保额600万医疗保障”大字页面，保费“每月0.8元起”。再点击，就变成“保单待支付”，保障内容变成“一般医疗保险金300万、重大疾病医疗保险金600万、质子重离子医疗保险金”，底部“立即投保”提示框旁边显示保费“9.5元/月”。从免费到收费，保费上涨，但却没有任何说明。体验至此，马阿姨已明白“赠送”只是诱导购买保险的噱头，最终没有支付。

互联网保险是指利用互联网技术和平台，为金融机构、企业和个人提供在线保险、理赔、保全等服务的一种互联网金融行为。互联网保险的主要形式有网络保险、移动保险、微保险等。案例中利用欺骗性的信息诓骗消费者购买保险的行为正属于这一范畴。

在购买互联网保险时，首先要确保选择的是正规、有资质的保险平台或保险公司。购买前应仔细阅读保险产品的相关介绍、条款和细则，确保自己充分理解保险产品的保障范围、理赔条件、除外责任等内容，避免因为对产品不了解而导致误购或理赔困难。

5. 互联网征信

● 案例

2020年暑期，王阿姨接到一名自称银保监会处理高息贷款工作人员的电话，对方说她有贷款逾期造成的不良记录，将影响个人征信，会导致无法购买高铁票、飞机票等，或将影响正常生活和旅行出游。经过一番长时间的交流后，王阿姨相信了对方的身份，并按指引先后3次向所谓的“中国银保监会认证对接账户”的3个不同账号转账，共计25万元，其中23万元为王阿姨从3个金融平台借贷的款项。当对方一再问及“你还用过哪些银行卡和贷款App？”时，王阿姨方才醒悟过来，意识到上当受骗。

互联网征信是指利用互联网技术和平台，为金融机构、企业和个人提供在线征信、评级、反欺诈等服务的一种互联网金融行为。互联网征信的主要形式有网络征信、社交征信、大数据征信等。上述案例中借口因逾期影响征信的骗局正属于这一范畴。

个人可以通过定期查询征信报告，及时发现并纠正可能存在的错误信息，以维护自身的信用权益。通过自查，可以及时发现并处理因信息错误导致的信用问题，避免对个人的信用状况造成不良影响。

（二）如何预防并应对互联网金融风险

1. 金融监管新格局加快形成，人才培养新目标与时俱进

我国目前正在不断建立健全相关法律法规体系，加大对互联网金融行业的立法强度，让监管执行有法可依。在统一互联网金融监管法律体系的基础上，明确法律监管主体，制定全面的市场准入办法和管理制度。对申请开展互联网金融业务的企业提出更高要求，严查准入资格，从源头上防范系统性风险。[①]

互联网金融打破了传统金融“分业监管”的模式，出现了监管重复和空

① 宁泽逵，王哲，屈桥. 中国互联网金融风险监管的主要历程、典型模式及未来挑战［J］. 山东财经大学学报，2023，35（2）：14-25.

白的模糊区域，我国正在通过加强国际合作、建立信息共享机制、实施针对性监管等途径不断创新监管模式、适应时代发展需求。

互联网金融在我国属于新兴业态，大力培养“互联网+金融”复合型人才对互联网金融合理、健康、规范发展大有裨益。通过加强从业人员培训和开设互联网金融专业，弥补互联网金融专业人才的需求缺口。

2. 风险与收益并存，个人投资理财需谨慎

个人投资者应选择合法正规机构进行投资交易，注意核实金融机构资质。在选择投资产品前，要充分了解产品性质和风险因素，并根据自身承受能力制定合理的风险管理策略和投资组合，避免将全部资金集中于某一特定类型的互联网金融产品。对于高收益、低风险承诺的互联网金融产品保持警惕，增强风险意识。不盲目追逐高回报率，合理评估投资风险和收益。

在日常生活中要注重信息安全和隐私保护，不断加强个人网络安全意识，保护个人账户和密码不被盗用。避免点击或下载来历不明的链接和文件，防范网络诈骗和钓鱼攻击。

由本主题内容可见，金融与国民经济和个人生活息息相关、密不可分，我们应在充分认识风险的前提下，了解国家最新金融政策，合理规划、理性投资，做一位合格的金融市场参与者。

体验与思考

通过上述知识的学习，你是否了解了什么是金融市场？以及个人在金融市场中扮演着什么样的角色？近年来，政府大力打击互联网金融诈骗，你是否在生活中遇到过电信诈骗或网络诈骗？面对形形色色的互联网金融风险，作为个人投资者应该如何看待收益和风险的关系呢？

主题六

平则思险　安则思危

人生在世，难免遭遇风险。本主题讨论风险与管控，聚焦老年人面临的主要风险与防范措施；通过解剖典型案例，促使老年人增强风险防御意识和能力，帮助老年人识别和规避日常生活中可能遇到的各类风险，理性对待，做好风险管控。

情景导入

交通风险

退休的徐爷爷平常喜欢以电瓶车代步，穿行在街头巷尾。一天中午，他骑着电瓶车出门与老友见面，过十字路口的时候，眼看绿灯马上要变成红灯了，为了不耽误与老友的约定，便加速驶向马路对面，结果被右转车辆撞倒，连人带车飞了出去。所幸，徐爷爷被附近的路人与及时赶到的急救人员火速送往医院，经过抢救脱离了生命危险。但这场意外事故还是给他的身体带来了严重的伤害，不得不接受了髋骨置换手术治疗，再也不能像以前那样轻松愉快地散步，日常生活受到了明显影响。

类似的案例在我们的生活中层出不穷，面对生活中的各类风险，老年朋友们该如何防范呢?

第一节　个人风险与类型

在人生的各个阶段，我们都会面临各种风险。风险，通俗地讲，是指未来可能发生的、对个体或群体产生不利影响的事件或状态。

一、风险的特性与分类

“风险”一词大家都非常熟悉，但风险的特性大家往往并不在意。事实上，只有认识了风险的特性，才能更好地了解风险、做好风险管理。

第一，风险是客观存在的。当我们说在生活中会面临各种风险时，实际上，我们是将风险作为一种客观存在的状态来描述的。也就是说，不管我们是否能意识到，风险都是客观存在的，它不以人的主观意志为转移。例如，吸烟会增加人患肺癌的可能性，这种风险从世界上第一支香烟问世起就存在了，但直到很久以后，我们才认识到这一点。然而，未知或暂未察觉的风险，并不会因此丧失其客观实在性。

第二，风险是随机的。风险的发生具有一定的随机性。对于风险带来的损失，我们难以准确预测到它的发生时间及程度。风险在什么时间发生、以什么方式发生、发生在谁身上、风险的严重程度等，都是不确定的。风险的随机性很容易让人有侥幸心理，认为损失不会发生在自己身上，或是即便发生也不会太过严重，从而轻视风险的存在。

第三，风险是无形的。风险作为事件或状态存在，意味着它是无形的，看不见摸不着，我们的感官很难感知到它。正是因为风险的这种无形性，让我们对于风险缺少应对的准备和防范，在损失发生的时候会感到手足无措。

第四，风险可能连环发生。古语有云“祸不单行”，这就是说风险并不孤立存在，一个风险事件的发生往往会引发一连串相关事件，最终导致严重损失或巨大伤害。

我们在生活中所面对的多种多样的风险，依据不同的分类基础，有多种分类方式。按照风险的损害对象来分类，可以分为人身风险、财产风险、责任风险与信用风险；按照风险的起源与影响来分类，可以分为基本风险与特定风险；按照风险所导致的后果来分类，可以分为纯粹风险与投机风险。

二、风险管理

虽然我们无法生活在一个完全没有风险的世界里，但是通过合适的风险管理方式，能够有效降低风险发生的概率，减少风险发生带来的损失。

想要管理风险，首先要了解风险发生的概率有多大、造成的影响有多深，而这两者可以用“频度”“烈度”两个维度来描述。打个比方，就像是在一张风险地图上，为每一种风险找到自己的定位。在风险地图中，用横轴度量风险的频度，越往右，风险发生的概率越高；纵轴表示风险的烈度，越往上，风险发生后的影响越大。

我们可以按照风险发生的频率和潜在损失的高低，将其分为四大类：低频低损、低频高损、高频低损和高频高损，如图6–1所示。

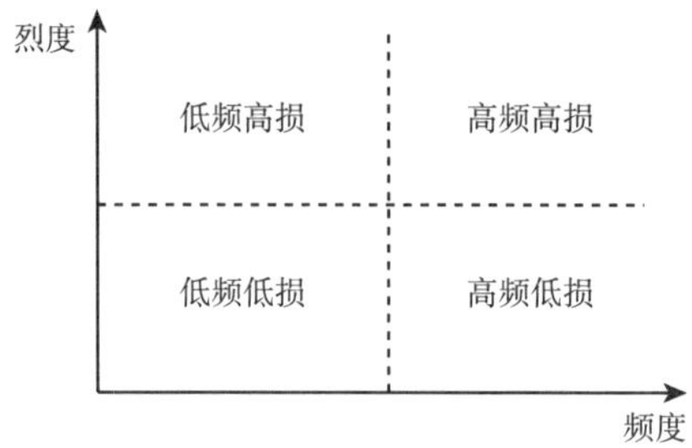

图6–1　风险地图

低频低损的风险，好比把刚买的水果忘在店里没有带回家，这种事件发生的概率不大，但是损失的确也不大。对于这一类的风险，由于损失非常有限，因此大多数人无须特别管理，这种不对风险进行特殊管理，全部由自己承担的方式，我们称为风险自留。

高频高损的风险大多为以身涉险所带来的结果。对这一类的风险，最优的处理办法就是主动远离风险，即风险规避。比如赌博赔钱、打架斗殴受伤、开斗气车车损、闯红灯涉险等就属于高频高损风险，那最好的办法就是不参与，这样就能从根本上杜绝风险。

像小的伤风感冒这一类常常会发生，但损失并不大的风险，就是高频低损风险。根据每个人风险承受能力不同、风险偏好不同，既可以采用风险自留的方式，也可以采用风险转移的方式来应对。不过，从长期来看，两种应对策略所产生的成本相差并不太大。

低频高损的风险就比如马航MH370事件，尽管发生的概率非常小，但往往会造成非常大的经济损失。这一类发生概率低，但潜在损失非常高的风险，就不适宜采用风险规避和风险自留的方式来应对了，而是需要利用风险转移的方式来管理风险。风险转移的主要方式，在本书的下一主题中将详细阐述。

第二节　风险无处不在——人身风险与防范

人身风险是指人们因早逝、疾病、残疾、失业或年老无依无靠而遭受损失的不确定性状态。[①]老年人日常生活中常见的伤害风险、疾病风险和失能风险，都属于人身风险。由于所有的损失最终都是要由个人来承受的，因此，在某种意义上我们可以说，全部的风险损害对象都是个人。

一、伤害风险

● 案例

一天清晨，72岁的王奶奶在厨房准备早餐的时候，因厨房地砖年久磨损异常光滑，加上备餐时洒到地上的少许积水使得地面更为湿滑，王奶奶不小心摔倒在地，导致右腿骨折，疼痛难忍，无法自行站立。邻居听到声响后迅速赶来帮忙，并立即拨打了急救电话。经过医院检查和处理，医生告知王奶

① 孙祁祥.保险学（第七版）[M].北京：北京大学出版社，2021：3-5.

奶需要手术治疗，并且术后需要较长时间的康复训练。

伤害风险是指在日常活动、工作环境或其他情境中，个体面临可能遭受外来的、突发的、非本意的且非由疾病引起的身体损害的风险。这类风险可能源于多种因素，包括但不限于物体打击、机械伤害、交通事故、跌落、火灾、中毒等。伤害风险的结果可能包括但不限于肢体残疾、身体功能障碍，甚至死亡，它们对个人健康、生活质量以及社会经济活动都有深远的影响。

据统计，中老年人日常生活中最常见的伤害主要有以下四大类：跌倒摔伤、交通道路伤害、钝器/锐器伤和动物抓咬致伤，分别占到离退休人群伤害统计总数的52.45%，18.12%，16.85%和6.55%。[①]

大部分的伤害风险都可以通过科学防控减少其发生概率及其所带来的不良后果。对于日常生活中较为常见的伤害风险，尤其是在居住环境中发生的伤害风险，可以通过对居家环境的安全改造来降低风险发生的可能性，如铺设防滑地垫，在卫生间、楼梯等地方安装扶手，确保照明充足避免绊倒。在出行时，选择防滑、合脚的鞋子，增强道路交通安全意识，安全出行。避免跌倒、交通事故等意外伤害的发生。此外，常备紧急联系方式，佩戴医疗警示手环，万一发生意外能迅速获得帮助。通过这些方式，可以有效降低日常生活中遭遇伤害的风险，保障老年生活的安全与质量。

二、疾病风险

● **案例**

68岁的张爷爷，平时身体硬朗，喜欢清晨在公园散步，与邻里朋友谈天说地。去年冬季，随着气温骤降，张爷爷不慎感染了感冒。起初，他并未太在意，认为凭借自己体质好，多喝热水、休息几天就能好转。然而，几天过去，张爷爷的症状非但没有减轻，反而开始出现持续高烧、咳嗽加剧的情况。

① 潘席龙，祖强.颐养有道享平安：风险管控智慧［M］.成都：四川人民出版社，2021：9-16.

家人意识到情况不妙，赶紧带他去医院检查。医生发现，由于张爷爷年纪较大，免疫系统相对弱化，感冒病毒已引起了肺炎的并发症。经过一系列的抗炎、退热治疗，以及密切的医疗监护，张爷爷的病情总算得到了控制，但恢复期比一般年轻人长了许多。

天气变化可能让人感冒，不注意饮食可能会引发胃病，这些都属于疾病的范畴。疾病是一种身体的异常状态，可能由内外多种因素造成，如自身的身体条件、家族遗传，平时的生活习惯和周围的环境等。随着年龄的增长，机体免疫功能下降，疾病带来的影响也在逐步增大。

老年朋友防范疾病风险，首先，在于养成健康生活方式：均衡饮食，多吃蔬果和粗粮，限制高脂高盐；保持适量运动，如散步、太极，增强体质；充足睡眠与良好心态，减少压力。其次，定期体检不可少，监测血压、血糖、血脂等，早发现早治疗。在换季或流感高发期尤其应注意保暖，避免人多拥挤的地方，一旦出现感冒症状应及时就医，不可掉以轻心。最后，遵医嘱合理用药，不随意增减药物，避免药物相互作用的风险。

除了要注意身体疾病的预防，也要多注意心理疾病的防范。因此，建立社交活动，保持心理健康，避免孤独感和抑郁情绪，也是老年朋友需要关注的。最后，家中备有常用医药箱，了解基本急救知识，紧急情况能快速反应。通过这些综合措施，有效降低疾病侵袭的风险，为老年生活筑起健康防线。

三、失能风险

● **案例**

李爷爷今年75岁了，几个月前因高血压导致中风，左侧身体出现了偏瘫，行动变得十分困难，甚至连基本的日常生活都无法自理。现在，李爷爷需要家人24小时的照料，他的日常生活包括穿衣、吃饭、洗漱等都需要家人的帮助。

失能风险是指个人因疾病、意外伤害或随着年龄增长导致身体或心智功能部分或全部丧失，无法进行正常工作或完成日常生活活动的可能性。这种风险直接关联到个人的独立生活能力、经济来源和生活质量，可能给个人及其家庭带来重大的经济和情感负担。失能可以是暂时性的，如手术后的康复期，也可能是永久性的，如严重的肢体损伤或认知功能衰退。随着年龄的增长，失能风险发生的概率也会上升。

失能是老年人体力与脑力的下降和外在环境综合作用的结果，引起老年人失能的危险因素是多种多样的。①因此，老年人防范失能风险，核心在于积极的生活态度与综合性的健康管理。首先，坚持适度运动，如散步、太极，增强肌肉力量与灵活性，减缓身体机能衰退。其次，均衡饮食，摄入足够的营养素，维持适宜体重，预防慢性病。再次，注重脑力锻炼，如读书、下棋，参与社交活动，刺激大脑活力，减缓认知退化。最后，定期进行全面体检，监控血压、血糖等指标，及时治疗基础疾病。

不适合老年人的居住环境和照护，也有可能引起或加重老年人的失能状态，因此，居家环境安全改造和良好的照护也至关重要。最后，心理健康对于失能风险的防控也非常重要。老年朋友需建立积极心态，保持乐观情绪，必要时寻求心理咨询，维护心理健康。

除了做好相应的日常防控，“意外伤害保险”“重疾险”等保险也是管理人身风险的方式之一，相关内容将在下一主题中为大家详细介绍。

第三节　如何守住自己的养老钱
——财产风险与防范

财产风险是指因财产发生贬值、损毁和灭失而使财产的所有（权）人遭受损失的不确定性状态。②这包括盗窃、火灾、自然灾害、投资失败等。财产损失既有直接的，也有间接的。例如，如果一个人的汽车在碰撞事故中受

---

①② 潘席龙，祖强.颐养有道享平安：风险管控智慧［M］.成都：四川人民出版社，2021：58-59.

损，修理费用就是直接损失，而为修理汽车所花费的时间和精力以及可能的误工等，都属于间接损失。

家中的动产、不动产都有可能会遭遇人为和自然灾害两种风险，对老年人而言，财产风险更多时候发生在遭遇诈骗、消费陷阱两方面。本节将选取一些典型案例，为大家详细说明如何预防诈骗等欺诈行为，以及如何规避消费陷阱。

一、预防诈骗等欺诈行为

遭遇诈骗是我们生活中常见的风险之一。随着科技的飞速发展，诈骗手法也日新月异，网络诈骗、电信诈骗、金融诈骗以及新兴的AI诈骗等欺诈行为层出不穷，潜藏在便捷高效的现代生活背后的它们，给广大民众带来了严重的财产损失和心理压力。因此，增强风险防范意识，学会识别各类诈骗行为，掌握有效的预防策略，显得尤为迫切且重要。

（一）金融诈骗的防范

拓展园

庞氏骗局

谈到诈骗就不得不提到典型的“庞氏骗局”，它是由意大利商人查尔斯·庞兹在20世纪初“发明”的。这是一种利用新投资者的钱来向老投资者支付回报，以制造赚钱假象，进而骗取更多投资的金融诈骗方式，是最基础的“金融传销”形式之一。它有三个典型特点：

1. 虚构“好”项目，承诺高收益，引诱投资试水。
2. “借新还旧”，早期守信，及时付息，维持骗局。
3. “拉人头奖励”扩大骗局。

尽管是一百多年前的诈骗套路，但时至今日仍有不少以此为模板的骗局。21世纪初，美国著名金融界经纪人、纳斯达克前主席伯纳德·麦道夫，以高回报“基金投资”的方式，骗取了4800个投资者超过600亿美元的投资额，制造了迄今为止美国历史上金额最大的“庞氏骗局”。最终麦道夫由于资金链断裂被自己的儿子告发，在纽约被判处150年监禁。前些年频频爆雷的P2P骗局，如今防不胜防的互联网诈骗中，都有庞氏骗局的身影。

落入庞氏骗局的原因可能是多方面的，其中不乏投资者自身的弱点：一是被贪婪蒙蔽双眼，被欲望吞噬理智。二是信息不对称，投资人不完全了解投资真相。三是存在侥幸心理。有精明的投资人，也曾经产生过质疑，但依然铤而走险，就是在博弈自己不是“最后那个倒霉蛋”。而当资金链断裂时，骗子都无法控制，何况投资人自己，这无异于将自身置于“待宰羔羊”的危险境地。[①]

● **案例**

天上不会掉“翻番”馅饼

炒股爱好者老沈机缘巧合下认识了名叫“小卫”的“邻居”，他得知小卫是个单亲妈妈，平时靠炒股赚钱，而且收益非常可观。于是，老沈有些心动，几次询问小卫股票的情况。逐渐熟络之后，小卫表示，之所以自己能赚那么多，是因为有专家支招，只要跟着专家，内幕消息唾手可得。之后，小卫给老沈发去了专家助理的微信。

联系上专家助理后，对方表示推荐股票要先收一定数目的“茶水费”，老沈当即照办。随后，助理发了支专家推荐的股票。后面几天里，老沈果然赚到了钱。不久后，助理发给老沈公司配资平台的下载链接，表示只要在平台充值，

① 潘席龙，祖强. 谁也别想骗到我：养老理财智慧［M］. 成都：四川人民出版社. 2021：39-43.

就能获得配资并赚得更多。老沈是看过反诈新闻的，特意要求和助理视频，核对对方的证件和资质，又充了几元钱尝试能否从平台提现。一套操作下来，老沈没发现问题，就觉得这事靠谱了。自此，老沈开始充值，跟着专家在平台上炒股，果然连涨，加上杠杆盈利部分，投入的5000元很快变成了5万元。

可好景不长，专家推荐的股票开始下跌，10倍盈利变成了10倍亏损，老沈的本金全部亏光了。老沈心有不甘，于是继续充值补仓。之后的一段时间里，老沈每天都跟着股市的涨跌“玩心跳”，继续追加资金。等到警方找上门时，老沈已亏掉了60万元却浑然不觉。“炒股本来就有赚有赔的，小卫运气好，赚得多，我不如她也正常。”老沈说。

“小卫也是骗子，他是个小伙子，不是单亲妈妈……”民警把诈骗分子的套路拆解给老沈听。①

近年来，老年群体成为金融诈骗的“重灾区”，骗子常“诱导”老年人投资理财，承诺高收益、无风险、可迅速致富，在非法吸收存款后携款潜逃。通常情况下，骗子会先聊天获取好感，再伪装成“专家”“导师”，发布专业投资资讯，骗取信任，还会在投资群里安排“托儿”使老年投资者放下防备。随后，骗子会再给一点“甜头”，让受骗人对其深信不疑，等投入大额资金后，卷走受骗人所有的钱。对此，建议老年朋友熟悉以下几点防范金融诈骗的小贴士：

保持清醒，不贪图小利。理财要通过正规途径，谨慎对待投资理财，不要轻易相信所谓的专家、荐股大师，不要轻易加入陌生群聊购买股票、基金等。凡是号称“零风险”“稳赚不赔”的，都是诈骗。

使用“四看三思等一夜”法防范。一看融资合法性，二看宣传内容，三看经营模式，四看参与集资主体；一思自己是否真正了解该产品及市场行情，二思产品是否符合市场规律，三思自身经济实力是否具备抗风险能力；遇到相关投资集资类宣传，一定要避免头脑发热，先征求家人和朋友的意见，拖延一晚再决定。

---

① 金融时报．老人“炒股”血亏60万元丝毫不慌，竟然是因为……2022-10-12. https：//mp.weixin.qq.com/s/_unkt5BMC3jJ4pMAwz2juw.

留存证据并及时报警。保存转账记录、收款方身份证信息等证据，投资时签订合同，发现格式条款中有霸王条款的，一定要提出签订补充协议。一旦出现被诈骗的情况，及时向公安机关报案，若公安机关认为不构成犯罪，而是民事纠纷，要及时委托律师提起诉讼，保护自身权益。

（二）网络诈骗的防范

- **案例**

远离直播“温情”骗局

林阿姨打开短视频软件，一个年轻时尚的“弟弟”出现在她眼前。他不仅外表出众，歌唱得也很好，且每天都对林阿姨嘘寒问暖，让她感到十分贴心。林阿姨对此非常感动，因此心甘情愿地为这位“弟弟”打赏。家中摆满她从“帅弟弟”直播间买回来的各种产品，如一部1500元的镶钻手机，当时主播声称“原价6000多元”，是手机厂商与瑞士著名钻石品牌的“联名款”。但在其他电商平台搜索发现，同款手机只需900元就能买到。[①]

不管是刷礼物还是买东西，在直播间打赏的中老年人，在网络主播一句句关心问候中难以自拔。2023年7月，上海市公安局静安分局破获了一起假冒名人社交账号的诈骗案。为了给假“靳东”刷礼物，一些被害人甚至会去扫大街、捡垃圾卖钱。有的老人被骗了20多万元，仍不愿相信家人，拒绝配合警方调查取证，始终对网络上的假“靳东”百般维护。

据诈骗团伙透露，他们在选择行骗目标时，会事先调查被害人的身份信息及家庭背景，特别是针对老年群体。他们利用老年人精神空虚、生活寂寞的境遇，用虚假的关心和温情攻破他们的心理防线。[②]

近年来，一些经历了物质匮乏的老年朋友更容易在网络商场中迷失并随意消费。究其原因，一方面，一些主播夸大宣传商品的功效或价值，标榜商

① 中国青年报.拉住陷入网络“情感虹吸”的长辈（2023-10-13）.https：//news.cctv.cn/2023/10/13/ARTI54rIUsU4RrjPWqRyDdPB231013.shtml.

② 消费日报.老年网友需警惕“流量深坑”（2022-03-16）.https：//m.gmw.cn/2022-03/16/content_1302847555.htm.

品能养生抗癌或拥有巨大收藏价值；另一方面，这背后隐藏着老年人的情感空虚和孤独、渴望受到关注的心理。眼下，不少网络软件将目标人群转移到老年群体，老年人直播、线上交友社区、婚恋相亲App层出不穷，专攻老年人缺少陪伴、网络知识欠缺的痛点，通过“感情牌”“粉丝群”等手段给老年朋友带来精神和财产的双重损失。老年人在短视频直播等网络平台上享受娱乐的同时，也需要注意保护自己，以免成为网络骗局的受害者。以下是一些老年朋友预防网络诈骗的建议：

1. 提高信息辨别能力，对网络“善意”保持警惕

互联网上充斥着大量的信息和广告，老年人不容易分辨哪些是真实可信的信息，哪些是诱导性的宣传。主播常用亲切、热情的话术诱导老年人购买商品或打赏礼物。他们可能假装亏本销售，声称是为观众谋福利。这种心理战术经常让老年观众感到内疚，进而购买商品或打赏礼物。老年人应警惕这些套路，不轻信花言巧语，以保护自己的利益。

2. 关注自身精神情感需求，积极寻求情感出口

“世界上没有无缘无故的爱，也没有无缘无故的恨”，对于老年朋友而言，更应保持良好健康的心理状态，通过培养兴趣爱好、参与正规社区活动，不断充实自己的精神世界。日常遇到心理郁结，多与子女、亲友和社区人员沟通联系，获得有效精神情感支援，降低对网络虚拟世界的依赖度，用阳光的心态拥抱最美“夕阳”。

3. 正确使用电子设备，了解安全上网知识

老年人应关注正规媒体，不随意安装来源不明的软件，不透露个人信息，不轻信未知真假的消息，筑起防骗围墙。遇到不明情况及时咨询子女或身边的专业人士。

（三）电信诈骗的防范

● **案例**

小心电话中的“高仿”

许女士退休在家，突然接到一通视频电话，对方称她网购过某药品，并询问她是否开通了一个名为“百万医疗保险”的项目，每个月要支付近千元的保费。对方还“好心”告诫许女士，如未按期缴费还会影响个人征信。听到这里的许女士心里一下子就慌了，于是赶忙要求“客服”将此项业务关闭。

在接下来的通话中，许女士在“客服”的要求下输入了四位数字的“退保代码”并进行了刷脸认证。然而，她输入的实际上是转账金额，而扫脸验证实际上是“扫脸支付”。最终，九千余元被骗走后，许女士才意识到自己被骗并报警求助。①

除了冒充客服，有些不法分子利用头像、签名等，制作“高仿号”假冒熟人招摇撞骗。例如，今年73岁的张女士接到陌生电话，对方自称是她的外甥，急需用钱。张女士未经核实即前往银行取款，幸得银行工作人员看老人家独自来取款，便主动上前问明缘由，发现不对劲后及时报警，才避免了张女士掉入陷阱。②

此外，还有一些不法分子冒充公检法工作人员，以“配合调查、追回钱款”等各种理由，要求受害人将资金转入所谓指定账户。例如，重庆市的胡先生接到电话，对方自称是“外地公安人员”，表示可以返还被骗钱款，但要求缴纳“司法信誉保证金”到指定账户。在一个月内，诈骗团伙先后冒充公安、检察院、法院等工作人员，从胡先生处骗取了30余万元。③

电信诈骗常常针对老年人，特别是独居的“空巢”老年朋友。“空巢”老年人往往难以确认对方的真实身份，且不易得到亲友的及时提醒。目前，常见的针对老年人的电信诈骗套路有以下五种：

---

① 潘高峰.上海警方提醒：电诈新伎俩来了，瞄准50岁以上中老年（2023-10-19）.https：//m.gmw.cn/2023-10/19/content_1303544194.htm.

② 张天培，沈童睿.帮助老年人远离电信网络诈骗——形成合力织密“防护网”（来信综述）（2021-05-24）.http：//society.people.com.cn/n1/2021/0524/c1008-32111042.html.

③ 深圳市反电信网络诈骗中心.80岁奶奶被诈骗238万！老年人成为首选目标（2023-11-05）.https：//mp.weixin.qq.com/s/FERVSUJZ9_Hx80iWBkAe9g.

1. 冒充公检法人员诈骗

以事主身份信息被盗用涉嫌洗钱等为由，要求事主将资金转入指定账户配合调查。

2. 钓鱼网站诈骗

以银行网银升级为由，要求事主登录假冒银行的钓鱼网站，获取事主银行账户、网银密码及手机交易码等信息。

3. 冒充亲友诈骗

冒充受害人的家人或朋友，虚构突发急病、被绑架或公司经营急需周转资金等事件，联系受害人要求转账。

4. 中奖诈骗

以热播电视节目工作人员的名义向受害人手机发短消息，称其被抽选为幸运观众，将获得巨额奖品，并以需缴纳手续费、保证金或个人所得税等借口实施连环诈骗，诱骗受害人向指定银行账号汇款。

5. 网络购物诈骗

开设虚假购物网站，以系统故障、发送虚假激活网址，或冒充购物网站公司客服，谎称缺货需退款从而获取受害人网络账号、银行卡号、密码及验证码等。

为避免老年朋友遭受电信诈骗，在此提醒您：

一是保持警惕，冷静应对。当接到自称子孙、亲戚、朋友、领导的电话或短信，说遇到危险并提出汇款、转账、垫资等要求时，不要着急，务必通过视频电话或当面核实确认后再作出决定；日常生活中多留一个心眼，接到陌生人的电话，遇到能够说出自己姓名、身份证号码、家庭住址等个人信息的电话、短信，不要轻易相信，一定要先寻求子女帮助或者联系公安机关核实清楚。

二是牢记“三不一多”，即未知链接不点击、陌生来电不轻信、个人信息不透露、转账汇款多核实。有陌生人打电话说退款、连线公安民警或是转移安全账号时，要警惕电信诈骗，凡是涉及自己账户和密码的事情一定要慎重对待，不可轻易告知他人。

三是提升日常电诈应对能力。老年朋友可在子女或社区工作人员的帮助下下载“国家反诈中心App”，点击并开启“来电预警”功能，可准确识别并预警诈骗来电或短信。老年朋友平时要多关注新闻媒体、社区宣传栏、标语等，了解当前多发的各类诈骗手段，提高警惕，加强对诈骗伎俩的识别能力。

（四）AI诈骗的防范

● **案例**

眼见未必真实，AI换脸诈骗怎么防?

6月初，龚伯收到了一通来自在外地经商的所谓“儿子”的电话。他声称自己的生意失败，急需龚伯转100万元给他资金周转。可偏偏儿子的手机刚丢失，所以只能通过一个朋友的微信来联系。接着，这个“儿子”还发来微信视频，看上去非常真实，要求龚伯转账到朋友的账户。

龚伯焦急地拨打儿子的手机，却无人接听。他觉得视频中的声音确实是儿子的，而且微信视频也显示是儿子本人。于是，他放松了警惕，由于年龄大不懂手机转账，决定向熟悉的银行客户经理小邹寻求帮助。

小邹听完龚伯的情况后迅速提高了警惕，并邀请龚伯亲自前来银行实地核实情况。龚伯向小邹展示了“儿子”发送的微信视频。小邹出于谨慎，仍然建议龚伯再次现场拨打儿子的手机核实情况。这一次，儿子终于接听了电话，并否认生意失败，没有要求龚伯转账。确认了龚伯确实是被新型AI换脸诈骗手法骗局所困扰，小邹告知他此事的真相，龚伯连声道谢：“感谢你们保住了我的养老积蓄！”[①]

随着AI技术的发展，各类AI换脸App层出不穷。对于大部分老年朋友，一时间难以分清视频中的人是真人还是AI，是实时视频还是录制视频，往往看到视频便下意识认为是对方本人。如今，深度合成技术的使用门槛已经

① 广州广播电视台.相似度高达80%！广州有阿伯已中招！险被骗走100万（2023-11-05）.https：//mp.weixin.qq.com/s/qDIT1Tr3wqfpJEQnE_YGzw.

降得很低，电商平台提供“换脸”软件服务的商家不在少数。最高人民检察院专门发布相关视频，提出了三点简单易行的防范方法：“电话回拨再确认，视频不可轻易信；私人问题记得问，答不上来不可信；眨眼能破AI面孔，关键时刻要常用。”以下是一些具体防范措施：

1.识别“假脸”并不难

AI拟声、AI换脸包装作伪后的通话，虽能逼真地模仿原始人物的语言和行为，但仍充满破绽。例如，眨眼频率过低、眼睛移动不协调、面部表情不自然、唇形不匹配、语句不连贯等。若在与亲友视频语音沟通中发现上述异常行为，应立即警觉，可让对方用手指或者其他遮挡物在脸前晃动，如果画面出现类似果冻效应或者抽搐，那对方很可能正在使用AI换脸技术。

2.多问几个“小问题”

为了验证对方的身份，老年人可以向其提问一些只有真正的家人或朋友才会知道的私密问题。如果遇到可疑情况，老年人应注意核验对方身份，可先挂断视频电话，再通过见面、回拨电话、询问对方问题等多种方式，从而面对面地交流，更好地判断对方的真实身份。

3.相互提醒共预防

老年朋友应对身边的亲友多加提醒，互相交流，共同应对新型AI骗局。对新兴AI技术不了解的中老年人往往成为诈骗的潜在受害者，老年朋友也要加强对新概念的学习，提高对新概念背后蕴含新风险的警惕之心，视频电话眼见、耳听未必属实；勿与陌生人视频通话，个人信息切不可轻易对外提供，共同增强风险防范意识，保护个人信息安全。

二、规避消费陷阱

除了要时刻保持警惕，防范层出不穷的欺诈手段，我们在日常消费过程中，还要留神种种消费“圈套”。其中，保健食品、保健器材类陷阱和免费旅游陷阱尤为常见，令人防不胜防。面对这些消费“雷区”，老年朋友们需要更加警醒，不可轻易被各种宣传迷了眼。始终牢记提高警惕，捂紧钱袋子；理性消费，是老年朋友们安享幸福生活的保障。

（一）保健食品、保健器材陷阱的规避

● 案例

推销“老年产品”——“专家”售药设下连环计

王女士年纪大了，患有糖尿病，苦寻有效治疗方法。在浏览网页时，她偶然看到一则广告“某某堂‘化糖方’，治疗糖尿病”。王女士打电话咨询，“专家”便向她推荐了“消渴口服液”。并称如果没有疗效，将全额退款。

花了近三千元买了“消渴口服液”服用后，王女士的病情并未好转，于是她又多次拨通了“专家”的电话。每当王女士质疑药物无效的时候，对方就又推荐一种新药，并以“不买新药就前功尽弃”的理由说服王女士。王女士前后买了十几次药，花费数万元。直到服药后身体出现严重不适时，她才发觉上当受骗。报警后，经过公安机关侦查，“专家”等人冒充医生等身份，虚构药品疗效，以拨打电话、微信聊天等方式与不特定人联系，骗取多人钱款共计450余万元。很快，“专家”等人被公安机关刑事拘留。①

面对保健品诈骗时，要相信科学，不要相信诈骗分子所说的有包治百病的“灵丹妙药”。身体不舒服时，要及时去正规医院就医诊治，相信医生。不要从非法渠道购买保健品，保健品不能治愈疾病。

（二）免费旅游陷阱的规避

● 案例

“免费游”变天价，旅游诈骗花样百出

82岁的吴老伯是高校的退休教师，老伴离世后，他热衷健身和旅游。偶然的一次机会，吴老伯参加讲座后，被邀请参加免费的三天两晚旅游，到某旅游景点的“老将军”养生基地。吴老伯与同行的120多位老人抵达“养生

① 金歆.推销“老年产品”——“专家”售药设下连环计（2022-07-21）.http：//health.people.com.cn/n1/2022/0721/c14739-32481375.html.

基地”后，发现那里就是一处酒店。免费旅游期间，老人们白天都被安排游玩景点，晚上听健康讲座，几位据称是国内顶尖的养生医学专家介绍了一种适合老年人服用的“国泰同康”口服胶囊，声称能降血脂血压，还能增强免疫力、抗癌症，又赠送给老人床上用品。第二天晚上，“基地”还安排老人们免费体检和问诊。体检过后，吴老伯被告知患有严重的高血脂疾病，如果不及时治疗会有脑梗心梗的危险。

随后，“医疗专家”建议吴老伯购买“国泰同康”保健品。经不住推销，吴老伯花1.3万余元购买了36瓶“国泰同康”保健品。他还了解到自己是花钱最少的一个，有的老人甚至预支养老金买了10余万元的保健品。回家后，吴老伯越想越不对劲，随即到当地公安局报案。同期，当地公安局相继接到多名老年人的报案。①

表面看似便宜的老年旅行团通常会通过诱导、强制、捆绑消费等手段变相增加费用，实际花费可能更高，且所购产品大多质劣价高。非法营业者往往不具备相应资质，也不提供真实信息，导致事后维权困难重重。不法分子打着“旅游业务”的幌子，用免费旅游、储值投资、消费返利等方式诱骗老年人投资，存在以下三大交易风险：责任主体不易确定、承诺事项难以兑现、口头协议现象普遍。老年消费者需要增强法律意识和证据意识，谨慎选择旅游产品。

老年消费者要提高鉴别能力，培养防骗意识，主动了解常见诈骗形式及防骗知识。具体而言需要注意以下几点：

1. 选择跟团游或自助游时需要选择正规旅行社，避免追求离奇的低价

签订旅游合同，了解行程安排，要求出具正规票据。若商家拒签合同，其中可能藏有“猫腻”。缴纳出境游保证金应选择银行托管方式保障资金安全。

---

① 正义网－检察日报.起底“养生基地”免费旅游骗局（2022-10-14）.http：//szxc.jsjc.gov.cn/wenhua/202210/t20221014_1446351.shtml.

2. 出行前要签订旅游合同

如发现旅行社的合同有明显不合理处，一定要与旅行社协商解决，不可盲目签约。

3. 老年人旅行需做好充分准备

包括签订旅游合同、做好纠纷预案、携带必需药品等。最好去医院做个简单体检，随身携带药品以防患于未然。此外，可以询问旅行社是否持有老年证可以免收门票等相关事项，合理合法地省去一笔费用。

总之，在生活中，我们要时刻牢记“防人之心不可无”这句俗语。无论是预防诈骗还是规避消费陷阱，我们都需要提高警惕，增强自我保护意识。在个人防范的同时，政府和社会各界也在积极加强监管和宣传，与我们共同营造一个安全、诚信的消费环境。

拓展园

除了上述的人身风险与财产风险之外，在我们的生活中还有责任风险与信用风险。

责任风险

责任风险是指因人们的侵权行为（一般指过失行为）造成他人财产损毁或人身伤亡，在法律上必须负有经济赔偿责任的不确定性状态。在当今社会的任何一种法律制度下，任何一个人都应依法对其给他人所造成的损害负赔偿责任。[①]

信用风险

信用风险是指经济交往过程中权利人因义务人不履行义务而产生损失的可能性。[②]

① 孙祁祥. 保险学（第七版）[M]. 北京：北京大学出版社，2021：3-5.

② 池小萍，刘宁. 保险学 [M]. 北京：高等教育出版社，2012：7.

体验与思考

周爷爷有一天接到了自称银行工作人员的电话，对方称他的银行账户因系统升级需要重新验证信息，否则将影响他的养老金发放，并要求他提供银行卡号、密码以及身份证号码等重要个人信息。同时，对方还提出为了保障他的资金安全，建议他将现有存款转移到他们提供的“安全账户”进行暂时保管。请你尝试分析可能存在的风险，并思考应该如何妥善处理和防范此类诈骗行为。

主题七 未雨绸缪 防患未然

本主题将带领大家深入了解保险的定义、功能、分类和原则。我们将介绍社会保险的主要特征、基本原则和作用，以及具有中国特色的普惠人人的社会保险制度。同时，我们还将介绍商业保险的作用，通过具体案例分析，阐释老年人在选择商业保险时应当把握的原则和需要注意的事项。

情景导入

2020年11月，杨女士为70岁的母亲购买了保险金额为30万元的意外伤害保险。保险合同约定，被保险人在意外伤害事故发生之日起180日内因该意外伤害导致身故的，保险公司将按保险金额给付意外身故保险金。

次年5月，杨女士的母亲在家中不小心摔了一跤，导致左股骨颈骨折，更令人悲痛的是，老人在手术治疗后因重症肺炎致呼吸心脏骤停，经抢救无效死亡。

悲伤过后，杨女士想起曾为母亲购买了意外伤害保险，遂向保险公司提出理赔，但保险公司却以老人死亡的直接原因系重症肺炎并非意外摔伤为由拒绝理赔。于是，杨女士具状诉至法院。

法院审理后认为，造成杨女士母亲死亡最直接的、起决定性作用的原因是老人意外摔伤，属于保险承保范围，保险公司应当承担相应保险责任。据此，法院支持了杨女士的诉讼请求，判决被告保险公司支付原告杨女士保险金30万元。[①]

---

① 宁波法治.宁波一老人摔伤后离世，家属理赔意外险却遭拒？法院：近因原则，赔付30万！（2021.10.20）.https：//mp.weixin.qq.com/s/RKaYwKwZ38qkPgl-tIgzaw.

杨女士的经历表明，尽管保险无法避免她母亲不幸事件的发生，但可以及时带来经济上的援助，减轻风险带来的损失。

第一节　保险保什么？——保险的功能及分类

在主题六中，我们认识了风险。防御风险的智慧，有句古话体现得淋漓尽致：

“居安思危，思则有备，有备无患。”——《左传》

为了应对生活中无处不在的风险，提前做好准备，可以采取多种风险管理手段。很多情况下，我们可以选择风险规避或风险自留来处理，但面对一些低频高损的风险，风险自留则会让大多数人感到力不从心。这时，保险作为一种重要的风险管理方式，可以承担起风险补偿的角色。

“保险”这个词，想必大家都不陌生，它原本是指稳妥可靠的保障，随着社会的发展延伸成为一种保障机制，并逐渐成为现代生活中的重要组成部分。那么，我们常说的“保险”，到底保什么呢？

知识窗

什么是保险？

《中华人民共和国保险法》第二条规定，保险是指投保人根据合同约定，向保险人支付保险费，保险人对于合同约定的可能发生的事故因其发生所造成的财产损失承担保险金赔偿责任，或者当被保险人死亡、伤残、疾病或者达到合同约定年龄、期限等条件时承担给付保险金责任的商业保险行为。

一、保险的功能

从开头杨女士的案例中，我们可以得知，保险不仅能为生活提供一层额外的保障，也能在关键时刻为我们提供经济支持，这就是保险的功能。下面，就让我们一起探讨，如何理解保险的功能。

保险的基本功能分为分散风险功能和补偿损失功能。[①]

（一）分散风险功能

打个比方，当某一单位或个人遇到了突如其来的灾害事故或人身意外事件，导致了经济损失，这时候，由个体全部承担这一经济损失是很艰难的。而保险会将这部分损失从个体“搬”到一个大家庭中——也就是所有买了保险的人那里去。这个大家庭中的每个人都会出一点小钱，也就是我们平时交的保险费，并共同承担起这份可能的风险。这样一来，原本可能压垮个体的经济损失就被分散开来，由大家一起均摊，这就体现了保险分散风险的功能，也体现了保险“一人为众，众为一人”的互助特性。

（二）补偿损失功能

保险以集中起来的保险费，为可能发生的意外事件提供经济赔偿，这就是保险的补偿损失功能。这种保障机制使得人们在不幸事件发生时，能够减轻经济压力，维持基本的生活质量。我们常常会听到保险有风险转移功能的说法，就如上例中杨女士的遭遇，保险无法保证她的母亲不发生意外，但保险能在意外发生时提供损失补偿，即转移风险所带来的经济损失。

除了这两大基本功能以外，保险还具有储蓄和投资的功能。许多保险产品，如养老保险、教育保险等，都包含了储蓄和投资的成分。这些保险产品在提供保障的同时，也帮助投资者进行理财，起到资金保值增值的作用。

---

① 魏华林，林宝清. 保险学（第五版）［M］. 北京：高等教育出版社，2023：28.

二、保险的分类

保险公司可以为我们提供的险种有许多，根据不同的标准，我们可以将其分为若干类型。

根据保险标的的不同，保险可以分为人身保险、财产保险和责任保险三大类。[①]其中，人身保险主要是对人的生命和健康提供保障，如医疗保险、人寿保险等；财产保险主要是对非人生命的物质财产提供保障，如汽车保险、房屋保险等；责任保险则是根据法律或合同规定，由于被保险人的疏忽或过失造成他人的财产损失或人身伤害所应负的经济赔偿责任，由保险人负责赔偿。

根据保障期限的不同，保险产品又可以分为长期保险和短期保险。长期保险的保障期限通常超过一年，如养老保险、人寿保险等。而短期保险的保障期限则通常在一年以内，如旅游保险、健康保险等。

保险还有诸多其他的分类方式，例如根据是否以营利为目的，可以分为商业保险和社会保险。

三、保险的基本原则

一份保险合同的主体，由保险人、投保人、被保险人、受益人所构成。[②]**保险人**又称承保人，也就是和我们签合同、收取保费并承担风险的角色，即保险公司。**投保人**则是指消费者，具体指的是与保险人签订保险合同，缴纳保费的人。**被保险人**，即受保险合同保障的人或请求赔偿的标的，这个标的遭遇意外、疾病、伤残或死亡时，保单的**受益人**就会得到赔偿金。

保险基本原则是保险合同当事人双方在订立、变更和履行合同过程中必须遵循的准则。本主题中主要介绍保险的四大原则：保险利益原则、近因原则、损失补偿原则、最大诚信原则。[③]

① 孙祁祥.保险学（第七版）［M］.北京：北京大学出版社，2021：41.

② 孙祁祥.保险学（第七版）［M］.北京：北京大学出版社，2021：47-49.

③ 张月飞，张晓奇.保险学［M］.北京：清华大学出版社，2020：43.

（一）保险利益原则

保险利益原则，又称可保利益原则，是保险基本原则中最基础的原则，也是保险合同有效的前提。保险利益指的是投保人对其所保标的（比如被保险人）具有法律所承认的权益或利害关系。通俗地讲，就是当保险标的遭遇风险之后，会给投保人或受益人带来财务上的损失或困难。在签订合同时，投保人与被保险人之间必须具备保险利益，否则合同是无效的。这一原则的存在可以防止保险变为赌博行为，预防道德风险。

保险利益的构成条件：（1）被法律所认可并受到法律保护的利益；（2）经济上有价的利益，可以用货币来衡量的。

知识窗

法律所承认的权益或者利害关系是指什么呢？

《保险法》第三十一条

投保人对下列人员具有保险利益：

（一）本人；

（二）配偶、子女、父母；

（三）前项以外与投保人有抚养、赡养或者扶养关系的家庭其他成员、近亲属；

（四）与投保人有劳动关系的劳动者。

除前款规定外，被保险人同意投保人为其订立合同的，视为投保人对被保险人具有保险利益。

订立合同时，投保人对被保险人不具有保险利益的，合同无效。

（二）近因原则

近因原则指保险人只有在造成损失的最直接、最有效、起主导或支配作用的原因为保险责任范围内的危险事故时，才承担保险赔偿或给付责任。

回到本主题开头的案例，杨女士母亲在保险期间内因意外摔伤导致骨折并进行治疗，后引起并发症重症肺炎，致呼吸心脏停搏，经抢救无效死亡。从死亡原因表面上看，似乎重症肺炎系本案保险事故发生的原因，但从近因原则分析，重症肺炎系因意外摔伤骨折事故所导致，该病症是老年人骨折后卧床缺乏活动的一种并发症，可见老人意外摔伤是造成本案保险事故发生的最直接的、起决定性作用的原因，对本案保险事故的发生与死亡结果的形成具有直接的因果关系，故杨女士母亲死亡的近因仍为意外摔伤，保险公司应当承担相应保险责任。此案例中，法院判决保险公司赔付的依据就与近因原则有关。

（三）损失补偿原则

损失补偿原则，是指在保险合同生效之后，一旦发生属于保险责任范畴内的损失，被保险人就有权依据合同的相关条款，获得全面且充分的赔偿。保险人的责任仅限于在被保险人实际遭受的损失范围内，且在保险金额限度内提供经济补偿。这种赔偿的目的是弥补被保险人因保险标的受损而失去的经济利益，确保被保险人不会因保险赔偿而获得超过其实际损失的额外利益。

● **案例**

赵某在两家不同的保险公司分别为自己价值10万元的货物购置了金额为10万的保险产品。在保险有效期内，这些货物不幸遭火灾而全部被烧毁。赵某于是向两家保险公司进行索赔。赵某能获得来自两家保险公司共计20万元的赔偿吗？

答案显然是否定的。根据损失补偿原则，被保险人无法因保险赔偿而获得超过其实际损失的额外利益。

（四）最大诚信原则

最大诚信原则是保险基本原则中最重要的原则，它是保险合同关系得以建立和维持的基础。保险合同是诚信合同，合同的建立必须是主体有诚意，合同的履行必须是主体守信用。最大诚信原则的含义可以表述为：保险合同双方在订立和履行保险合同时，必须保证最大限度的诚意和最高度的诚实，双方都应恪守信用，履行合同约定的义务，互不欺骗和隐瞒，否则会影响合同的效力。

● **案例**

张某为王某购买医疗保险时，未告知王某曾被诊断患有高血压的事实。保险期间内，王某因“突发头痛”在医院住院治疗，入院诊断为脑出血和高血压2级。王某出院后，张某向保险公司申请理赔，保险公司发现其未如实告知病情，因此拒绝支付保险金。①

总的来说，保险是一种非常有用的风险管理工具，它不仅能补偿风险所带来的损失，还能辅助我们对未来的生活进行有序合理的规划准备。正确理解保险的功能、分类和基本原则，对于我们选择适合自己的保险产品，以及在面对生活中的挑战时保持从容，具有重要意义。

第二节　普惠人人——我国的社会保障安全网

情景导入

截至2023年底，参加全国基本医疗保险（全国基本医疗保险包含职工基本医疗保险、城乡居民基本医疗保险以及新型农村合作医疗保险）参保人

① 广州老龄.普法|投保时隐瞒高血压 住院理赔遭拒绝（2022.08.09）.https：//mp.weixin.qq.com/s/qzgr69BOF8lJY4J2hgJS7g.

数约13.34亿人，参保覆盖面稳定在95%以上，参保质量持续提升。2023年，基本医疗保险基金（含生育保险）总收入、总支出分别为3.33万亿元、2.81万亿元。2023年，原承担医保脱贫攻坚任务的25个省份通过医疗救助共资助7308.2万人参加基本医疗保险，支出153.8亿元，农村低收入人口和脱贫人口参保率稳定在99%以上。基本医疗保险、大病保险、医疗救助三重制度累计惠及农村低收入人口就医1.86亿人次，减轻医疗费用负担1883.5亿元。[①]

基本医疗保险是我国社会保险的组成部分，社会保险是社会保障制度的核心。

知识窗

社会保障制度是什么？

社会保障制度是国家通过立法而制定的社会保险、社会救助、社会福利和社会优抚等一系列制度的总称，是现代国家最重要的社会经济制度之一，也是保障和改善民生、维护社会公平、增进人民福祉的基本制度保障。其中，我国社会保险制度包括养老保险制度、医疗保险制度、失业保险制度、工伤保险制度和生育保险制度。[②]

我国实施的是“投保资助型”社会保障制度，它分为投保部分与资助部分。[③]投保部分就是社会保险，也就是我们通常所说的“五险一金”制度中的“五险”，即基本养老保险、医疗保险、生育保险、失业保险和工伤保险。“五险”最大的特点是，它们均为国家强制实施，以保障我们的基本生活。

①《2023年医疗保障事业发展统计快报》国家医保局2024年4月11日发布。

② 徐金霞，徐景泰. 财政金融基础知识第5版［M］. 北京：中国财政经济出版社，2017：50-54.

③ 张男星，周晓静，李昊民. 高中财经素养教育（中职版）［M］. 北京：中国财政经济出版社，2020：128-135.

例如，当因某种原因丧失劳动能力，或暂时失去劳动岗位，或造成一些损失的时候，社会保险就可以向我们提供一定的收入或补偿；资助部分则涵盖了社会福利、社会救济、社会优抚及社会互助。如图 7–1 所示。

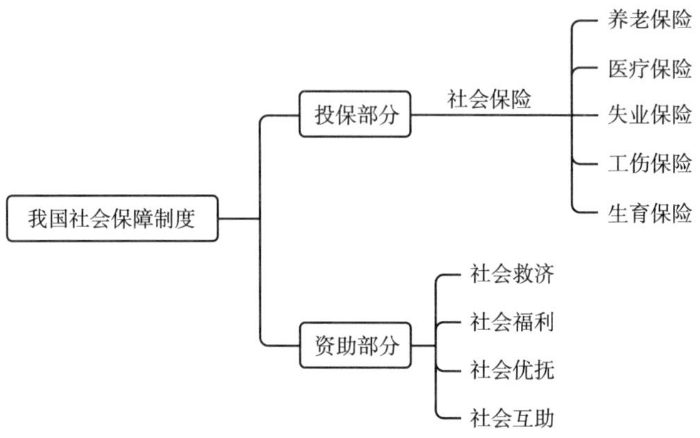

图 7–1　我国的社会保障制度

一、社会保险的特征、基本原则和作用

和我国实行的“投保资助型”社保制度不同，英国、瑞典、澳大利亚等发达国家实行的是“福利国家型”社保制度。尽管各个国家因其不同的国情实行不同的社保制度，但各个国家的社会保险都具有三个最基本的特征：强制性、共济性、普遍性。[①]

（一）强制性

政府依据法律条款，规定符合标准的雇佣单位与劳动者必须加入社会保险体系，履行缴费及相关法律职责。劳动者一旦达到预设的资格门槛，即可依据法规享有社会保险福利。法定范围内所有符合条件的雇佣实体与劳动者均须无例外地参与社会保险。

① 王亚伟. 解码社保——每个人都应了解的社保知识［M］. 北京：中国劳动社会保障出版社，2020：3–7.

（二）共济性

社会保险运作基于互助共济原则，依托大数定律，通过全社会统一筹集和调剂资金，以此均衡各方面的负担，分散潜在风险。广泛的覆盖面积直接增强了抵御各类风险的能力。通常，社会保险的资金来源由政府、用人单位及个人三方面共同分担，并在高层次、大范围内实现社会统筹与互济。

（三）普遍性

不同国家的社会保险覆盖范围有所差异，有的惠及全民，有的则局限于劳动群体。国家构建社会保险体系的根本宗旨，普遍在于确保不论是全体公民还是所有工作者，在面临年老、失业、疾病、工伤、死亡等各类风险时，都能从国家或社会获得一定的经济援助与服务支持，以此维系个人及其家庭的基本生存需求，进而推动社会和谐稳定地向前发展。

现象思考

福利国家型社保制度与投保资助型社保制度有什么不同？可能会存在哪些不足？

二、我国社会保险的发展

社保制度的建设是一个不断完善、不断优化的过程。新中国成立以来，我国社保制度的发展经历了多个重要阶段。如图7–2所示。[①]

① 丁少群，新中国社会保险制度变迁与展望［M］. 成都：西南财经大学出版社，2020：4.

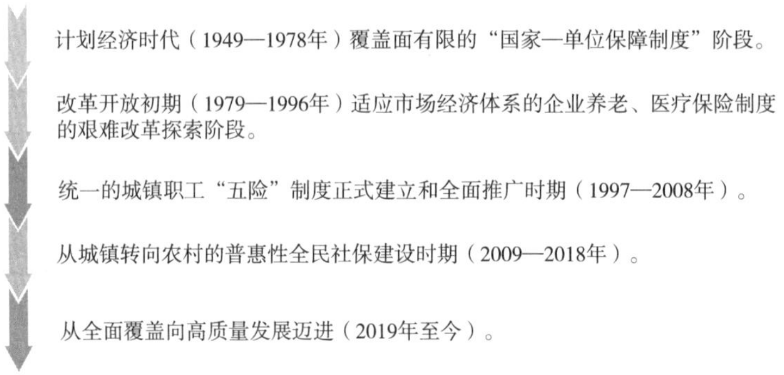

图7-2　我国社保制度发展历程

自1984年进行社会保障制度改革以来，我国建立了较为健全的社会保障制度体系。近十年，我国社会保障体系建设进入快车道，建成了世界上规模最大的社会保障体系，为人民创造美好生活奠定了坚实基础。[①]

三、老年社会福利以及主要形式

（一）社会福利

当然，幸福老年生活的有力保障远不止老年朋友每月领取的养老金。医疗保险、长期护理保险、社区服务等，都为老年人现在和未来生活的方方面面量身打造了舒适生活方案。

老年社会保障主要包括养老金、医疗保险、长期护理保险等。其中，养老金是保障的核心，它为老年人提供了稳定的经济支持，保障他们的基本生活。医疗保险则减轻了老年人在医疗方面的经济压力，保障了他们的健康权益。长期护理保险则针对老年人需要长期照顾的情况，提供了经济和人力支持。

此外，老年社会福利亦是老年社会保障中重要的一环。随着人口老龄化的加速，全社会对老年社会福利的关注热度不断攀升。为了回应这一趋势，

① 李心萍，罗珊珊，常钦，等.健全社会保障体系（2022.10.22）.https：//www.gov.cn/xinwen/2022-10/22/content_5720802.htm?eqid=adeb97d100005d84000000026486e67d.

国家建立并不断完善老年人福利制度，根据经济社会发展水平和老年人的实际需要，着力提升老年人所能享有的社会福利待遇。

老年社会福利是指国家和社会通过社会化的福利设施和有关福利津贴，满足老年人的生活服务需要并促使其生活质量不断得到改善的一种社会政策。具体阐述如下：

一是从责任主体上讲，国家（通过政府有关职能部门，主要是民政部）和社会（通过社会福利事业的社会团体）是老人社会福利的责任主体。

二是从享受对象上看，以“三无”老人为主，同时也包括所有老人。这里的三无老人，指的是无家可归、无依无靠、无生活来源的孤寡老人。

三是从服务提供方式上，既包括社会救济意义上的物质保障，也包括社会福利意义上的社会服务。

四是在社会服务的性质上，体现出经济福利性。①

（二）主要形式

中国的老年人福利主要有三种形式：

1.收养性福利

收养性的福利设施包括养老院、托老院、老年公寓和福利院等。收养性福利的主要职能是收养“三无”老人。在经济条件比较好的地区，也开始出现了自费收养，主要收养一些由其单位或亲属承担费用的老人。

2.娱乐学习性福利

娱乐学习性福利，面向所有老年人开放，其主要职能是为老年人提供各种文化娱乐服务，主要包括老年大学、老年活动中心等。同时，根据不同地区的不同情况，可以组织老年人参加郊游等休闲娱乐活动。

3.保健服务性福利

保健服务性福利，面向全社会的老年人，主要是为老年人提供一些生活和健康方面的服务，服务设施主要包括老年康复中心、老年医院、老年咨询中心、老年交友中心等。

---

① 陈友华.养老知识详解［M］.上海交通大学出版社，2022：42.

拓展园

长期护理保险

长期护理保险是指为因年老、疾病或伤残而需要长期照顾的被保险人提供护理服务费补偿的健康保险。长期护理保险也可以分为社会保险和商业保险。其保险范围分为医护人员看护、中级看护、照顾式看护和家中看护四个等级。

2020年9月16日，国家医保局会同财政部印发《关于扩大长期护理保险制度试点的指导意见》（以下简称《意见》），进一步扩大社保“第六险”——长期护理保险的试点范围，目前涉及此项制度试点的城市已达49个。

长期护理保险，是以互助共济方式筹集资金、为长期失能人员的基本生活照料和与之密切相关的医疗护理提供服务或资金保障的社会保险制度。此次公布的《意见》明确规定了以下问题：在待遇享受上，失能状态持续6个月以上的参保人员，依申请并通过失能评估认定的，方可按规定享受相应待遇；在支付范围上，保险基金主要用于购买和支付协议机构和人员提供的基本护理服务费用等。

长期护理保险目前仍在探索改进，试点阶段从职工基本医疗保险参保人群起步，重点解决重度失能人员的基本护理保障需求。在试点城市的中老年朋友可以向当地社保局咨询，有条件的可积极参与投保。

除了以上几种主要形式，老年社会福利还包括了其他多种形式，例如，专属老年人的交通补贴、优待待遇、为老年人提供服务的社区建设等。这些服务都在为老年朋友提供更好的生活环境，帮助大家保持积极的生活态度和健康的生活方式。

第三节　多重保障——商业保险

有了社会保险，还需要商业保险吗?

社会保险和商业保险在运作原理上相同，都能够使人们在遭受风险损失时获得补偿。但两者也有明显的不同，主要区别如表7-1所示。

表7-1　　社会保险与商业保险的区别[①]

类别	社会保险	商业保险
经营主体	人力资源和社会保障部授权的社会保险机构	商业保险公司
行为依据	依法实施的政府行为	依合同实施的民事行为
实施方式	强制实施，凡是社会保险法律法规规定范围内的社会成员，必须参加	大多数险种在法律上没有强制实施的规定，贯彻平等互利、协商一致、自愿订立的原则
适用原则	“社会公平”原则	“个人公平”原则
保险功能	通过社会保险金的支付保障社会成员的基本生活需要，即生存需要，保障水平较低	在保险金额范围内对保险事故所致损害进行保险金的给付和赔偿
保险负担	保险费通常是个人、企业和政府三方共同负担	收费标准一般较高

社会保险就如同一个全民基本安全网，每年花少量钱就可以得到基本保障，这种保障关乎每个人的生存底线。而商业保险则扮演着更为精细和量身定制的角色，它允许个人和家庭依据自身的风险敞口、财务实力以及对生活安全边际的需求，有选择地投入一定金额来获取更为全面细致的风险保障，无论是针对人身安全、健康状况，还是对私有财产的保护。

① 张月飞，张晓奇.保险学［M］.清华大学出版社，2020：37-38.

一、商业保险的功能和作用

回顾一下第一节中提到的保险基本功能，商业保险作为保险大家庭的一员，同样具备分散风险和补偿损失的基本功能。商业保险的保障范围广泛，涵盖了财产、人身、责任等多个方面，为个人和企业提供了多元化、全面的风险保护伞。因此，除了两大基本功能以外，商业保险还有补充社保、资金储蓄、传承财富等作用。

一是补充社保。社保作为一项全民福利制度，具有带病投保、保证续保、长期有效等优点，为大众提供了基础保障。商业保险能在社保的基础上锦上添花。商业保险能够提高赔付比例，增加保障程度，弥补社保报销额度之外的自费部分提供更全面的保障，防止因病返贫、因病致贫的情况发生。在选择商业保险时，应根据个人和家庭的实际需求进行选择，以达到更好的保障效果。

二是资金储蓄。商业保险还扮演着资金储蓄的角色。不同于纯粹的储蓄账户，商业保险可以通过强制性的保费缴纳，帮助投保人按期积累一定资金，为子女教育、创业启动乃至退休后的养老金等长远目标提供坚实的经济支持。

三是传承财富。对于有财富传承需求的家庭而言，通过合理配置商业保险，可以实现财富的定向传承，也可以对接信托，实现有效规避风险和人性化传承。

二、商业保险的主要类别

商业保险是保险公司为保险消费者提供的各种保险保障和服务。根据保险产品属性和功能的不同，保险产品分为两大类：一类是财产保险产品；另一类是人身保险产品。

狭义的财产保险即财产损失保险，是以有形的物质财产为保险标的，以补偿这些财产损失为目的的保险。[①]根据所承保的各种物质财产的不同特性，

① 钟明.保险学［M］.上海财经大学出版社，2015：93.

财产损失保险又可分为火灾保险、货物运输保险、运输工具保险及工程保险等几类险种。生活中，最为我们所熟知的“车险”就属于财产损失保险中的机动车辆保险。

本节中，我们将重点介绍人身保险产品。人身保险是以人的寿命和身体为保险标的的保险。按保险标的来分，人身保险产品可分为人寿保险、人身意外伤害保险和健康保险三大类。

（一）人寿保险

人寿保险是以被保险人的死亡或生存作为保险事故的人身保险业务。投保人向保险人缴纳一定数量的保险费，当被保险人在保险期限内死亡或生存到保险合同约定年龄或者期限时，由保险人向被保险人或者受益人给付保险金。[①]

● **案例**

A先生是一名中年企业家，有良好的经济条件和美满的家庭。他为自己投保了某保险公司的人寿保险。2023年，A先生因病不幸身故，留下妻子和两个未成年的孩子。正当家庭面临失去顶梁柱的巨大悲痛和经济压力时，家属想起A先生生前投保的人寿保险，向保险公司发起理赔申请。人寿保险的及时赔付犹如雪中送炭，成为了林先生对家人爱的延续，守护他们渡过了最艰难的时期。

（二）人身意外伤害保险

人身意外伤害保险是指在保险期限内发生意外事故致使被保险人死亡或残废，由保险人按照保险合同的规定向被保险人或者受益人给付保险金的保险。

● **案例**

C女士为自己投保了一份人身意外伤害保险。保险期内，她因意外受伤入院治疗2周，出院后，经鉴定构成10级伤残。根据保险单中内容的约定，保险公司对C女士提出的理赔申请予以赔付。

① 钟明.保险学［M］.上海财经大学出版社，2015：112-113.

（三）健康保险

健康保险是以人的身体作为保险标的，在保险期限内因疾病、生育或意外事故导致医疗费用和收入损失时，由保险公司予以补偿或给付保险金的人身保险。按保障内容分类，健康保险可分为医疗保险、疾病保险、残疾收入保险。[①]

● **案例**

W爷爷最近因为感冒加重前往某定点医院门诊就医，各项检查和医药费一共花费了1200元。得益于他既参加了社会基本医疗保险，又购买了报销型的商业医疗保险，按照医保政策和投保保险公司规定，社会基本医疗保险先为其报销了588元，后通过理赔申请，由商业医疗保险报销了490元，最终他只需自己负担122元。

三、购买商业保险的两大误区

误区一：买椟还珠——重收益轻保障

● **案例**

2011年，温州发生“7•23”两动车追尾事故，造成大量人员伤亡。事故后，多家保险公司完成了对“7•23”事故出险客户的赔付。其中有1名身故客户受益人给付赔款仅为3.4万元，赔付金额为何如此之低？

原来，这位身故客户购买的是一款分红保险，三年所交保费约3万元，而最终获得的赔款仅比其三年所交保费多出了几千元。[②]

市面上不乏这类保障功能极低的分红险产品，选择此类产品的客户也不少。大家在购买保险时，往往被收益所吸引，选择了分红险，却忽略了保障

① 钟明.保险学［M］.上海财经大学出版社，2015：124.

② 高薇.“轻保障重投资”让人担忧 买保险应回归本质（2011.07.29）.https：//www.chinanews.com.cn/fortune/2011/07-29/3220188.shtml.

内容。事实上，保险并非专门的理财产品，收益难以与理财产品相媲美。过于看重收益，则是偏离了保险的本质——保障。

误区二：爱TA就为TA买保险——先为孩子买足保险

● **案例**

小李和太太都在私企工作，小李一年收入30万元，太太一年收入10万元，他们的房贷一年需还15万元，包括育儿在内的日常消费每年需10万元。夫妇俩购买保险的开销预算有限，不舍得花钱为自己买保险，将预算都花在了1岁的宝宝身上，为他买了3份保险。

小李一家“先为孩子买足保障”是不少家庭购买保险时存在的误区。不少家庭都因为孩子的降生，为他配置大量的保险，为孩子提供非常完备的保障。但家庭经济“顶梁柱”却往往无险傍身。殊不知，相比为孩子买多份保险，最应该配置保险的其实是父母们自己，即收入能力越强的人越需要为其提供保障。

回到我们的案例，小李的收入是30万元，太太的收入是10万元，孩子目前只有消费没有收入。对于小李一家来说，最主要的风险在于，一旦小李发生意外无法继续工作，家庭收支将入不敷出。如果他们家庭投入保险的开销预算是有限的，那么需要保障优先级最高的其实就是小李。因为一旦小李发生不测，对家庭财务带来的负面影响是最严重的，其次是他的太太，而他们的孩子，对于保障需求的优先级是最靠后的。

四、选择商业保险的原则和注意事项

都说保险处处是“坑”，实际上，这是由于产品设计不匹配对应人群需求所导致的。因此，在选择商业保险时，了解并遵循一定的注意事项尤为关键。要确保所选择的保险方案既符合我们的需求，又能有效地为我们提供风险保障。

以下是一些选择保险时需要注意的关键要点。

第一，明确保险需求。在选择保险前，首先要分析个人及家庭的风险状况，包括身体健康、职业特点、家庭责任、财产状况等，明确所需保障类型，如重疾险、意外险、医疗险、寿险、财产险、教育金保险等。比如，对于老年人来说，意外险、医疗保险和长期护理保险可能更为重要；而对于年轻人来说，寿险和意外险可能是更好的选择。

● **案例**

刘阿姨为家里的小孙子买了份保险，前一段时间孙子住院，刘阿姨就想找保险公司理赔，但却没有获得任何赔偿。刘阿姨感到非常生气，认为保险都是骗人的。事实上，刘阿姨当时为孙子买的是意外险，而孙子这次是生病住院，不同险种的保险责任不一样，因此无法赔偿。在购买保险前，一定要明确自身需求，使保险能够提供有效的风险保障。

第二，选择适合的险种。先保障后理财，优先考虑保障型保险产品，确保基本的风险得到有效覆盖后再考虑投资型保险。

第三，确认保险额度与保费。根据个人财务状况和风险承受能力预估投保的保费预算以及选择适当的保额，确保保险成本在可控范围的同时，提供的保障足够应对潜在风险。切记，预算不宜过高，不要因保费开支影响生活质量。

第四，选择信誉良好的保险公司。考察保险公司的信用等级、偿付能力、服务质量和历史表现，确保公司有能力在出险时给予充分赔付。

第五，咨询专业人士。如有疑问，可以寻求独立保险经纪人或保险顾问的专业意见，他们能够提供更为详尽的产品解读和个性化建议。

第六，仔细阅读保险合同。保险合同的核心部分就是保险条款，务必耐下心来逐条仔细阅读这些条款，尤其关注保险责任、除外责任、犹豫期、赔付条件、续保政策、退保规则等重要信息。对于一些专业术语或复杂条款，如果有疑问，应向保险公司或代理人咨询，以避免在需要理赔时产生纠纷。

第七，如实健康告知。在购买健康类保险时，必须严格遵守前文所说的最大诚信原则，对于保险公司询问的所有健康问题都要真实作答，隐瞒健康状况可能导致日后理赔受阻。

投保人故意不履行如实告知义务的，保险人对于合同解除前发生的保险事故，不承担赔偿或者给付保险金的责任，并不退还保险费。投保人因重大过失未履行如实告知义务，对保险事故的发生有严重影响的，保险人对于合同解除前发生的保险事故，不承担赔偿或者给付保险金的责任，退还保险费。

第八，利用犹豫期权益。了解保险产品的犹豫期及其权益，在犹豫期内可以无理由退保，最大限度保护消费者的权益。而一旦在犹豫期之后再想退保，就会有损失。

第九，进行保单管理。妥善保管保单合同原件，并告知家人；定期整理并备份电子版文件；牢记缴费日期，设置提醒以免脱保；适时更新个人信息，如联系方式、受益人变更等；密切关注保险条款变动，确保保障权益不受损；定期审视保单，根据人生阶段和风险状况调整保障需求；遇到理赔时，及时通知保险公司并按要求提交材料。

随着人均寿命延长，养老需求呈现多元化趋势，老年朋友可以根据自身情况，防患于未然，合理利用保险实现更为周全的保障布局。通过遵循以上注意事项，老年朋友在选择商业保险时能够做出更理智、更贴合自身需求的决策，从而实现有效的风险管理。

体验与思考

李伯伯有一个幸福的六口之家，老伴、女儿、女婿和两个孙辈（一个5岁、一个2岁）。李伯伯和老伴今年刚退休，有社保，女儿和女婿年收入在40万元左右，自购房产，每年需还房贷15万元，有存款30万元。为了给全家一个安心稳健的生活环境，李伯伯计划帮助女儿、女婿共同做好财务规划，他委托某保险公司工作人员为其制订一套综合的风险管理方案。请你尝试给出建议。

主题八

不幸遭遇了诈骗　怎么办

如前文所述，风险无处不在。随着互联网和自媒体的发展，关于诈骗案件的报道屡见不鲜。很多人虽然知道诈骗的危害，但仍然陷入了骗局，成为诈骗受害者。在不幸遭遇诈骗后，正确的处理方式有助于我们降低损失，而不合理的处理方式，不仅无法降低损失，还有可能给当事人带来更大的伤害。本主题将带领大家了解不幸遭遇诈骗后，受害者的典型行为反应以及他们的心路历程，详细介绍在风险发生之后，如何分别从行为上应对、心理上调适双管齐下，对遭遇诈骗后产生的财物、身心健康的风险进行管控。

情景导入

退休的徐阿姨乐观、热情、充满活力，老两口退休金充裕，又遇动迁获安置房及补偿若干，人人羡慕。平日里徐阿姨除了采买日常菜品，闲暇时间充裕，深受老姐妹们的羡慕。热心的她一直乐于助人，有次在买菜时偶遇一位困难的年轻人，倾力相助。年轻人非常感谢她，并给她介绍了一个“小门路”，赚赚买菜钱。徐阿姨非常开心，果然是好人有好报，先后经过年轻人这里赚了好几万元，过年给孙子包了个大红包，全家喜气洋洋。

半年后，徐阿姨发现回款越来越慢，遂质问年轻人。年轻人声泪俱下，甚至下跪祈求阿姨原谅，称自己运作的“小门路”遇到了麻烦，亏空不算还欠了债，惹到不好惹的人，没有10万元还债他自己就要被债主上门打杀。善良的徐阿姨心生怜悯，宽慰年轻人并决定伸出援手，毅然拿出自己股票账户里的钱借给了年轻人。此后，每当年轻人遇到麻烦时，徐阿姨都慷慨解囊。

直到有一天，徐阿姨发现一直对她嘘寒问暖的年轻人，仿佛很久不联系了，且付出的大额钱款只有极小额的归还，总计竟有90多万元尚未归还，她开始心绪不宁，坐立不安。

这时家人也发现了徐阿姨的异常，追问得知实情，判断徐阿姨可能受骗。但徐阿姨坚信自己并未被骗，还责怪家人“狠心，没情没意，冤枉年轻人”。在家人的要求和陪同下，徐阿姨才不情不愿去报警。警方初步推测徐阿姨可能遭遇了诈骗，但她对此怒不可遏，认为警察妄下结论。徐阿姨不顾众人劝阻，偷偷去问小伙子，祈求小伙子把钱赶紧还给她，不要被其他人误会成骗子。结果小伙子讥笑她被骗还帮人数钱，她这才意识到自己“可能”真的被骗了。

第一节　遭遇诈骗后的典型反应

遭遇诈骗后，人们的反应可能因个体差异、诈骗的严重程度以及个人应对能力等因素而有所不同，以下是一些典型的反应。

一、典型的“三不”反应

（一）不承认

有些人可能会选择否认或逃避现实，他们可能不愿意面对自己被骗的事实，或者试图通过其他方式来弥补损失，例如继续投资或寻求其他不切实际的解决方案。这种反应主要是多种原因叠加，例如羞愧、自尊心，或者是因为他们不愿意让别人知道自己被欺骗了。

● **案例**

退休老师李奶奶接到了一个自称是银行工作人员的电话。对方声称她的银行账户存在异常，需要立即核实信息。李奶奶因为对银行的信任，便按照对方的指示提供了个人信息和银行卡号。随后，她的银行账户被盗刷了一大笔钱。尽管她的家人劝她报警，但李奶奶却选择否认自己被骗了，因为她觉得这会让她显得不够谨慎。

这种否认受骗的反应在心理学上被称为“否认防御机制”，是一种应对焦虑和痛苦的心理策略。然而，这种否认并不会解决问题，反而可能会让受害者错过寻求帮助和支持的机会，进一步加剧自己的困境。

因此，对于诈骗受害者来说，面对现实、承认自己的受骗经历是非常重要的。只有这样，他们才能采取必要的措施来减少损失，寻求帮助和支持，并提高自己的防范能力，避免再次受到类似的骗局影响。

（二）不作声

当老年人遭遇诈骗后，有些人可能会选择保持沉默，不愿意与他人分享。这种反应也是因为羞愧、自尊心或者不知所措造成的。

● **案例**

看了电视上的一段保健品广告，王大娘心动了，背着老伴和儿女分批以不同的金额，在3个月内用数万元钱换来一堆没有任何药用价值的保健品。发现被骗后，王大娘特别自责，觉得自己精明一辈子，老了老了被鹰啄了眼；她不敢和家人说，觉得愧对老伴，好几年的退休金就这么没了；更不敢和老姐妹、和别人说，怕被指责说自己不够警惕，被别人嘲笑，抬不起头。这件事，就当吃哑巴亏。

尽管部分受骗者不愿意与家人或朋友说自己被骗的经历，但还是建议他们能够向信任的家人或朋友倾诉，或者寻求专业的帮助。因为家人可以提供支持、安慰和帮助，帮助老年人采取适当的措施；报警或咨询当地的诈骗防范机构，可以获取更多信息和支持。总之，老年人遭遇诈骗后的沉默可能是出于多种原因，亲属应理解并尊重他们的感受，同时鼓励他们寻求专业的帮助和支持，可以更好地帮助他们。

（三）不停说

也有一部分受骗者与上面的“不作声”正好相反，他们可能变成“祥林嫂”模式，不停地诉说。这是因为，被骗会使一部分人产生心理创伤，受骗的经历或场景经常不受控地闪现在他们的头脑中，因此，他们可能会不断回想被骗的经历，或者是因为内心深处的痛苦而无法释怀。也有的人不断谈论被骗的经历，是因为这是他们寻求安慰和支持的方式，他们希望得到家人、朋友或社区的理解和关心。

● **案例**

秦奶奶在赶大集时被“江湖郎中”所谓的偏方骗了5000多元后，心里愤愤不平，见人就会一直念叨着自己被骗的遭遇，咒骂那“该死的骗子”，激动时，甚至唾沫横飞。时间一长，周围人一看到秦奶奶，就互相提醒“‘祥林嫂’又来了，赶紧躲‘雨’吧”，纷纷躲得远远的。

遭受诈骗后，有的人会选择吃哑巴亏不说出来，但内心会反复咀嚼这段不好的回忆，反而会延长身心恢复的时间。相反，如果能够说出来，是一种很好的宣泄与应对方法。但是，如果诉说的对象和方式选择不对，也可能像秦奶奶一样，适得其反，受到二次伤害。所以，和谁说，要有意识地进行选择，不要独自承受这一切。可以与信任的朋友、家人诉说你的经历，获取更多建议和支持；还可以寻求专业帮助，如专业的心理咨询师或社会工作者，他们可以帮助您处理情绪问题，提供有效的应对策略。

二、报案与追责

也有很多人会第一时间选择向警方报案，以追究诈骗者的法律责任。他们会注意搜集、保留相关证据，会提供相关信息，协助警方进行调查和抓捕工作。在不幸遭遇诈骗后，正确的处理方式有助于我们降低损失，而不合理的处理方式，不仅无法降低损失，还有可能给当事人带来更大的伤害。

（一）报案

这是一种比较正确的处理方式，但通常也是无奈之举，一般是在确信靠自己无法追回资金的前提下才会报案，但是由于公安机关规定不涉及经济纠纷不予立案，只有涉及人数多、报案不断增加、网络舆情大范围报道时公安机关才会立案调查。

（二）诉讼

到法院进行诉讼是很多老年投资人不愿意做的处理方式，原因是诉讼周期一般比较长，成本比较高，而且官司输赢还不确定，即使赢了资金也不一定能够拿回来，有些老年投资人损失的资金还不够诉讼成本。

（三）合理维权

很多老年人遭遇诈骗时处理方式不合理，或者过于极端。这里特别提请老年朋友注意三点：一是不要隐瞒。老年人由于情感孤独，和子女的联系较少，交流不足，出现理财受骗时往往不敢告诉子女，导致失去收集证据或诉讼最佳时期。二是要合理维权。有的老年人不符合相关规定，虚构事实，散布谣言，甚至出现辱骂信访工作人员等情况，导致很多老年人由受害者变成违法者。三是要珍惜生命。有些老年投资人资金遭受损失时，在各种维权无门后采取自杀这种极端的处理方式，这种方式既是对自己生命的不负责，也是对家人不负责，更会产生严重的社会不良影响。

第二节　遭遇诈骗后的心路历程

遭遇诈骗及金融陷阱，会给当事人带来较大甚至巨大的心理冲击。因为诈骗会给我们造成较为强烈的丧失感和挫败感，很多受害者痛苦不已，深陷于懊悔和自责中，失去了往日的欢笑，甚至可能会因为一时无法面对造成更深层、更严重的精神和生理伤害，损失惨重。除了诉诸法律与及时财物止损，我们也要做好心理上的调适，帮助我们更顺利地度过这段艰难的岁月。

一、受害者的心路历程

遭受诈骗后，面临着财产、情感、关系、自尊、地位等的丧失，很多人会经历否认、愤怒、讨价还价、沮丧、接受等五个阶段。

（一）否认阶段

这是大多数人面对被骗时的第一反应。自己被骗，但内心依然拒绝承认，常常希望这只是一场噩梦，试图逃避，这是由于遭遇诈骗所带来的巨大冲击，导致人们无法接受这一残酷的事实。

（二）愤怒阶段

当受害者意识到无法逃避时，他们会感到愤怒，试图寻找发泄口。愤怒的原因可能是对自己、他人或命运的不满和无助。

（三）讨价还价阶段

愤怒之后，受害者会开始想办法挽回损失，寻求补偿或寻找替代品。也有受害者想要“挽回损失”的心态被诈骗分子利用，被引诱进新陷阱继而损失更多。

（四）沮丧阶段

当受害者意识到无法改变事实时，他们会感到极度的失落和无助，难以自拔。

（五）接受阶段

经过了以上全部或部分阶段后，经过时间和经验的沉淀，当逐渐认识到遭遇诈骗的既成事实并接受它时，受害者开始重新调整自己的生活，并试图找到新的目标和意义。

二、受害者家属可以做什么

家人、好友的理解与支持，对帮助受害者身心和财物及时止损、重启正常生活是非常重要的。可以试着从以下几个方面为受害者提供重要的支持。

（一）倾听理解，提供情感支持

受骗可能会让人感到沮丧、愤怒、羞愧或无助，还会感到对自身和对外周世界特别困惑，失去了信任感和控制感。这是他们的困难时刻，作为家人，您可以提供情感上的支持，让他们知道您在他们身边。

（二）提供信息，帮助采取行动

协助他们采取必要的行动。包括报案、联系银行、更改密码、冻结账户等。

（三）寻找资源，鼓励专业介入

如果有必要，鼓励他们咨询专业人士，如律师、心理医生或金融顾问。每个人的反应和需求都不同，可以根据具体情况和需求来提供支持。

第三节　遭遇诈骗后的心理调适

遭遇诈骗已是不幸，如何避免后续可能造成的更多、更严重的次生伤害？如何调整心态、重新振作、让身心和生活重回正轨呢？我们可以有针对性、有策略地去调试与努力，缩短到达接受阶段的时间，减少在过程中的经济、精神和关系损耗，找回那个有力量的自己。

一、正视现实，坦然面对

在遭遇诈骗初期，受害者倾向于否认和逃避现实。这是因为面临巨大损失的人，往往难以承受，也难以处理随之而来的自卑、自责、内疚、悔恨等负面情绪。

很多人被骗之后，都会责备自己，认为是自己很差劲，没有能力。其实，这与能力没有必然关系。因为骗子都是有备而来，他们往往是团队合作、套路多样、充分利用人性的弱点，很难被识破。

发现自己被骗后，止损的第一步，便是正视这段经历，报警并正视“我被骗了”的现实，与自己达成共识——接受“事情已经发生，是既成事实，无法改变”。但是未来是我可以改变的，这样才能更加理智地做出下一步行动。

所以，被骗后，一定要静下心来，正视它，面对它，才能解决它。接受了遭遇诈骗这样的现实，其实也就开始了心理复原最关键的第一步。这个阶段，我们应该给予自己足够的理解，允许自己有时间适应和接受丧失的现实。

二、接纳情绪，自我调节

遭受诈骗后，可能会感到愤怒；可能感到羞愧；可能会感到失落；可能会感觉自责……这些愤怒、沮丧、羞愧、焦虑、自责、内疚、失落、无助、自卑、困惑、耻辱、迷茫等的感觉，其实都是受挫后的正常反应，所以不需要责怪自己。

但如果一直沉浸在负面情绪中走不出来，也会对我们的精神状态和生理机能造成伤害。所以，接纳我们的真实的情绪后，我们还可以掌握一些情绪调节的技巧进行自我调节，帮助我们度过这个特殊的时期。

三、正常作息，生活规律

因为要处理报警取证、协助调查、经济事务、家庭事项等诸多事情，正常的工作和生活安排会被打乱；同时也因为情绪的原因，很多人也会茶饭不思、睡眠不足、缺乏活力，身体抵抗力下降导致病痛扰身，精神不济导致更加忙中出错，工作生活一团乱麻。饮食、睡眠不足或不规律，会打乱身体的生物钟，导致激素分泌紊乱，进而影响心理健康。

所以，寻找适合自己的作息规律，保持平衡，是维持内心平和的关键。我们可以通过制订合理的作息计划，确保固定的睡眠时间、形成良好的饮食习惯和锻炼计划、重拾兴趣爱好，来帮助我们维持内心的平和。

四、保持良好社交，寻求亲友支持

被骗后，会有很长的一段时间，心里非常不好受。所以在一段时间里就会封闭自己，不和外界交流，甚至和家人也保持距离。如果不及时干预和改善，持续数月或数年，不但会干扰日常机能，还可能会患上更严重的心理问题甚至精神障碍。

知识窗

社会支持系统，实际上就是指我们周围的人和人际关系，这些人可以在我们需要的时候给予我们支持、理解和鼓励。这个系统包括了家人、朋友、同事、邻居等。

在这个系统里，有人愿意倾听我们的烦恼、分享我们的喜悦，我们不再孤单；在这个系统里，我们可以分享问题和挑战，获得理解和支持，我们的压力得以疏解；在这个系统里，有人陪伴我们共同面对生活中的压力，使我们更能应对困境。

所以，我们要保持社交，建立属于自己的社会支持系统。社会支持系统就像是一把温暖的遮阳伞，保护着我们免受孤独和压力的侵袭。当我们遇到挫折、失落或困难时，社会支持系统中的人会给予我们鼓励、建议和支持，帮助我们更好地应对逆境；而且，有一个稳定的社会支持系统也意味着更容易有更好的身体健康，因为人际关系的质量与心血管健康、免疫系统功能等有关。

五、认知重建，拓展人生

有一位受骗者分享他的经历，曾作这样的总结：我们被骗几十万，或许对有些人来说是全部的家当，甚至还有负债。可是我们的身体还是健康的，“留得青山在不愁没柴烧”，只要我们继续努力，失去的东西迟早有一天能够重新得到。

经过一段时间的身体、心理和认知的调整，我们可以开始寻找新的方向和重新建立自我。可以尝试一些新的兴趣爱好，认识新的朋友和圈子，阅读一些新的书籍，培养新的思维模式，寻找新的目标和方向。在教训中学会成长，不要犯同样的错误。

六、智慧自助，专业资源

如果事情发生后，难以接受和应对，已经严重威胁到自己和他人的身体健康甚至生命质量的话，或者3—6个月后，感觉自己的情况还是严重影响正常作息和生活，建议咨询专业的心理咨询师。因为，寻求社会支持和专业帮助也是非常重要、智慧的应对策略。

可以预约一位专业的心理咨询师，寻求专业建议。专业的心理咨询师可以给予必要的心理疏导，从而放下受骗的伤痛，重新树立积极心态，重新建立信任，促进我们的心理成长和复原过程。

拓展园

以下是一些心理危机干预与公益心理咨询热线的信息。

（021）962525

上海市心理热线，是一条由政府支持、市卫健委、市教委联合指导，上海市精神卫生中心、上海市疾病预防控制精神卫生分中心、上海市健康促进中心、各区精神卫生中心等多家专业机构共同组建和实施的公益热线。

这条热线为7×24小时全天候的服务模式，具有专业心理咨询资质的志愿者们轮流守护在电话这头，为来电者提供免费心理服务。通过热线的方式，为公众的心理健康保驾护航。作为便捷、安全、暖心的心理疏导和关怀通道，这条“心灵防火墙”受到了公众和政府的广泛认可。

其他全国性心理热线

青少年心理咨询热线：12355

妇女儿童心理咨询热线：12338

心理卫生热线：12320

体验与思考

邀请你一起体验：画出自己的社会支持系统，分别写出内层（家人、好友）、中间层（亲人、朋友等）和外层（律师、警察等）的姓名及联系方式。然后，拿起手机，联系下你的系统里的人，聊一聊最近的事儿。

邀请你一起思考：除了文中所说的方法，你还有哪些妙招，可以帮助我们调适心理的不适？

主题九

为什么有些独生子女不能继承父母的全部财产

无论是对富裕家庭还是对普通家庭而言，财富传承都是一个重要而复杂的问题。通俗来讲，财富传承是有产者（通常是些资产比较雄厚的人）未雨绸缪，提前规划，通过写遗嘱、建立基金、设立信托等方式将个人名下财产（包括动产、不动产）、公司股权等传承给自己的后代或者指定的人。财富传承关乎家族的稳定及未来，财富传承规划问题已引发空前的关注，本主题将带领大家一起探讨如何将家庭物质财富安全地传承给自己的后代。

情景导入

国画大师许麟庐21亿元遗产判归遗孀，6子女卷入该案

许麟庐，我国著名国画家、齐白石弟子。1936年，许麟庐与王龄文女士结为夫妻，后育有4子4女，除长女许美、三女许嫦已经去世外，长子许化杰、二子许化儒、三子许化夷、四子许化迟、二女许丽、四女许娥均健在。2011年8月9日晚，许麟庐在北京去世，留下72件字画和3把紫砂壶，总估价约为21亿元。第二年7月，三子许化夷将95岁高龄的母亲及两位兄长诉至法院，要求法院依法分割其父亲留下的遗产。2013年3月5日，北京市第二中级人民法院（以下简称市二中院）第一次开庭审理此案，法院将许麟庐的所有子女都追加进来。2014年10月13日，市二中院作出一审判决，认定遗嘱有效，判决全部遗产由王龄文继承。许化夷和许化杰不服提起上诉。2015年9月25日，北京市高级人民法院以一审程序存在瑕疵、事实需要进一步查清为由撤销一审判决，发回市二中院重审。据了解，在遗产纠纷期间，许化夷认为姐姐许娥在接受媒体采访时说“许化夷造假造得好”，诋毁其名誉，遂将姐姐诉至法院。2014年，一审法院判决许娥赔偿许化夷精神损害抚慰金一万元。2016年7月，历时4年的国画大师许麟庐遗产案在北京市二中院宣判，法院认定遗嘱有效，判决全部遗产由许麟庐的夫人王龄文所有。[①]

第一节　物质财富是什么

一、财富和遗产

准确地讲，财富并不是个法律概念。英国著名经济学家戴维.W.皮尔斯主编的《现代经济词典》中对财富（Wealth）下的定义是：任何有市场价值并且可用来交换货币或商品的东西都可被看作是财富。它包括实物与实物资产、金融资产，以及可以产生收入的个人技能。当这些东西可以在市场上换取商品或货币时，它们被认为是财富。本章仅限于讨论物质财富。

二、什么是遗产？公民个人遗产的范围包括哪些？

遗产是自然人死亡时遗留的个人合法财产。合法财产不仅仅是指看得见摸得着的实际财物，也包含其他财产性权利，比如著作权、专利权中的财产性权利。依照原《中华人民共和国继承法》（原继承法的内容基本已经被移植入民法典）的相关规定，公民可以继承的遗产范围包括以下种类：（1）公民的收入；（2）公民的房屋、储蓄和生活用品；（3）公民的林木、牲畜和家禽；（4）公民的文物、图书资料；（5）法律允许公民所有的生产资料；

① 国画大师许麟庐21亿遗产判归遗孀 6子女卷入该案（2016-07-30）. https：//news.cctv.com/2016/07/30/ARTIvhIcPUjDSPDUnCJkAHKb160730.shtml.

（6）公民的著作权、专利权中的财产权利；（7）公民的其他合法财产。遗产既然是指自然人死亡时遗留的个人合法财产，非法途径获得的“不义之财”就不属于可以继承的范畴了。

遗产继承是财富传承的主要手段之一，但并非唯一手段。遗产是自然人死亡时遗留的个人合法财产，继承的对象一定是遗产，而财富传承的对象包含遗产，但又不限于遗产。财富所有者可以在自己生前阶段选择运用特定的传承工具将财富传给自己的后代，财富的传承方式取决于财富拥有者对财富传承工具的选择。

● **案例**

海归留学生张总经营了一家自己的高科技公司。他在45岁的时候，给自己买了两份保费各为2000万元、保险金额8000万元的人寿保单，分别指定自己的妻子和母亲作为唯一受益人；又买了一份保费5000万元、保额1.5亿元的人寿保单，将该保单做成人寿保险金信托，指定信托公司为保险受益人，委托保险公司管理保险金，并指定其九岁的儿子为保险金信托受益人，信托公司按照他的安排向其儿子分配信托财产；在55岁的时候，他又立下一份书面遗嘱，对自己名下的个人财产如何继承做出了处理。张总购买的三份保单都不是遗产继承（因为他仍然健在），但都属于典型的财富传承管理。只有他55岁立下的那份书面遗嘱是遗产继承手段。

第二节　财富传承

一、财富传承的主要形式

遗嘱、信托和保险是当前财富传承的三种主要形式。

遗嘱是指人生前在法律允许的范围内，按照法律规定的方式对其遗产或其他事务所作的个人处理，并于立遗嘱人死亡时发生效力的法律行为。依照我国民法典的规定，自然人可以依照民法典的规定立遗嘱处分个人财产，并可以指定遗嘱执行人。自然人可以立遗嘱将个人财产指定由法定继承人中的一人或者数人继承。自然人可以立遗嘱将个人财产赠与国家、集体或者法定继承人以外的组织、个人。

自然人立遗嘱的方式可以有自书遗嘱、代书遗嘱、打印遗嘱、录音录像遗嘱以及危急情况下的口头遗嘱等形式。自书遗嘱由遗嘱人亲笔书写、签名，注明年、月、日。其他几种形式订立的遗嘱应当有两个以上见证人在场见证，并由立遗嘱人、代书人、见证人签名，注明年、月、日。危急情况消除后，遗嘱人能够以书面或者录音录像形式立遗嘱的，所立的口头遗嘱无效。公证遗嘱由遗嘱人经公证机构办理，但公证程序并不是遗嘱的必经程序，立遗嘱人可根据自身的需要选择是否去公证机关公证。

自然人立遗嘱也不是随心所欲的。民法典规定，遗嘱应当为缺乏劳动能力又没有生活来源的继承人保留必要的遗产份额。无民事行为能力人或者限制民事行为能力人所立的遗嘱无效。遗嘱必须表示遗嘱人的真实意思，受欺诈、胁迫所立的遗嘱无效。伪造的遗嘱无效。遗嘱被篡改的，篡改的内容无效。无效遗嘱处分的遗产将按照民法典的规定适用法定继承方式确定继承人和继承份额。

● **案例**

甲乙祖孙二人在青岛，父亲丙在北京。祖父甲去世后，丙认为自己是甲的独子，甲把青岛的祖遗房产的产权证也交给了他，他是该房产的唯一继承人当属无疑。不料，与祖父同住的其孙子乙则出示一份代书遗嘱，该遗嘱有护士及亲友等3人作证，遗嘱显示：甲指定祖遗房产由孙子乙继承。后经调查，甲病危时，神志不太清，乙曾请公证处去医院办理公证遗嘱，公证员看到病人的情况后拒绝了。公证员走后，亲友问甲：把房产给孙子行吗？甲点了点头。于是就请人写了代书遗嘱，指定房产由孙子乙继承。这份代书遗嘱是否有效？

遗嘱要具备法律效力首先立遗嘱人的意思表示必须真实。案例中甲已到了病危阶段，神志不清，亲友问他把房子给孙子行吗？甲只是点了点头，并无具体的语言表示。且公证员来到医院看到病人的情况后拒绝遗嘱公证，也说明立遗嘱人当时已不具备立遗嘱的意思表示能力。再者，孙子也不在法定继承人的范畴之内。这份遗嘱是无效遗嘱，所涉房屋按照民法典的规定处理。

根据北京青年报的一份报道，北京市第二中级人民法院近几年审理的涉遗嘱继承纠纷案件数量呈不断上升趋势，在该院调研的相关案件中，有近20%的遗嘱最终被认定无效。其中，公证遗嘱无效比例仅为4%，而录像遗嘱和口头遗嘱的无效比例高达100%。法官介绍，因法定形式要件不符合被认定无效的遗嘱占比近七成。最常见的“陷阱”就是遗嘱不符合形式要件。现实中，由于部分老年人文化程度有限、法律认识不足等因素，相当数量的遗嘱不符合法定遗嘱形式要件。有的自书遗嘱没有签字，仅有人名章，难以对其真实性予以认定；有的代书遗嘱见证人仅有1人，或者出现见证人系利害关系人等情况；有的打印遗嘱未在每一页上注明年、月、日。

第二类陷阱是遗嘱真假难辨。对于自书和代书遗嘱，近半数案件中，对方当事人会就遗嘱的真实性提出否认性抗辩，但由于缺乏足够且适格的比对样本，常常无法对遗嘱文字、签名、捺印的真实性、同一性进行鉴定，从而导致难以查证遗嘱真实性。第三类陷阱是遗嘱内容失范。遗嘱作为“处理身后事”的带有所有权确认性质的法律文书，其内容应清晰明确、严谨规范，但实践中，因内容失范导致遗嘱无法认定的案件不在少数。有的载体不够严肃规范，仅附带几句对财产分配的话语，如体现在字条或日记中的片段遗嘱；有的对于遗产的分配语焉不详，存在多种解释；有的对遗产内容指向不明，无法确定遗产范围；有的用词模糊，仅设定了遗产由谁管理使用，未对所有权归属做出明确指定；有的存在认识错误，实际处分了他人的财产；有的对继承遗产设定了诸多条件和限制等。第四类陷阱是遗嘱人行为能力存疑。实践中，订立遗嘱的群体多为老年人，部分立遗嘱时已处弥留之际，部分自身患有疾病，反对方多以立遗嘱人年事已高，身体状态不好主张其没有民事行为能力。认定公民是否丧失或部分丧失民事行为能力需要经过严格的医学鉴定和相应的法定特别程序。至发生继承纠纷时，因鉴定时间跨度过大，往往难以对遗嘱人立遗嘱时的民事行为能力进行明确判断，故遗嘱人有无民事行为能力常成为遗嘱效力认定的前置争议问题。[①]

老年朋友们立遗嘱要学会“避坑”。根据自身实际情况稳妥选择遗嘱类型，降低遗嘱无效风险。在遗嘱被认定无效的案件中，公证遗嘱被认定无效比例最低。打印遗嘱和录像遗嘱作为《中华人民共和国民法典》新增遗嘱类型具有方便快捷的优势，在老人书写能力受限的情况下可优先选择适用，但应注意满足关于见证人、遗嘱日期等形式要件的要求。随着经济社会发展，以专业律师事务所、遗嘱库为代表的遗嘱专业服务机构日渐增多，当事人可通过接受咨询、见证、登记、保管等一体化规范服务，保障遗产按立遗嘱人的自主意愿得到妥善管理和顺利分配。

对于大多数老百姓而言，信托可能有些陌生。信托是一种理财方式，简单来说，信托就是把私人财产委托给信托机构，由信托机构按照委托人的意愿，以信托机构的名义，为委托人指定的受益人利益或者特定目的，经营管理和处置财产。信托在欧美国家已经成为私人财富传承规划管理中最为重要的工具。尽管我国的信托法早在20多年前就已生效，但迄今为止，真正了解熟悉这部法律的普通民众仍然是少数。和财富传承有关的信托主要是指家族信托。家族信托是指个人或家族将其财产委托给信托机构代为管理处置，以实现财富传承、资产保护的目标，本质上是一种私人财富管理方案。与一般信托理财计划不同，家族信托主要目的是财富传承而非投资。家族信托以定制化服务为主，包含多种形式，如保险金信托、遗嘱信托等。

李总是一名成功人士，几十年的打拼过程中，他积累了不少个人财富。但令夫妻俩比较头疼的是唯一的儿子不成器，很难接手家族企业。李总最大的希望就是家族财富可以永续传承，儿子及家族后代的生活得以保障。李总的担忧可以通过设立家族信托来解决。我国《信托法》第十五条规定，“设立信托后，委托人不是唯一受益人的，信托财产不作为其遗产或清算财产。”

---

① 北京二中院调研案件显示近两成遗嘱被认定无效 录像遗嘱无效比例最高 立遗嘱应避开哪些“陷阱”_腾讯新闻（2023-10-26）. https: //new.qq.com/rain/a/20231026A06JV000/.

这一条规定明确指出一经设立家族信托，该等信托资产从法律角度独立于李总其他资产，假如委托人死亡，该资产不作为委托人的遗产，而应当按照信托合同的约定，向受益人分配信托利益，并在家族信托终止时将剩余的信托财产分配给委托人指定的信托受益人。以此确保了信托财产将会按照李总的意愿进行分配。通过设立家族信托，一方面可以保障儿子衣食无忧，将这部分财产独立于儿子婚后的夫妻共同财产，李总可以通过“事件触发”的形式设定个性化分配条款给予儿子以及未来儿媳“婚配喜金”“生育奖励金”等，以实现长辈对晚辈的关怀与祝福；另一方面，这样的财富安排可以有效地防范独子未来婚姻问题所导致的财富外流的风险。再者，家族信托可以设置未出生的后代作为受益人，这也是家族信托与保险的不同之处。试想，如果李总儿子将来添丁进口，新出生的晚辈直系血亲可被追加成为受益人，按照李总提前约定的分配条款享受一定的生活年金和其他教育津贴。

● **案例**

2018年12月5日，香港第一船王许爱周的儿子许世勋在香港病逝，享年97岁。因其儿媳是港姐、知名演员李嘉欣，他的去世备受人们关注。然而，人们更加关注的是许世勋选择的家族财富传承方式。据港媒报道，许世勋在世时，便早已安排好名下的巨额财产。他设立了一个总资产超过200亿港元的家族信托基金，并将自己和儿子许晋亨居住的两套豪宅，以及名下其他多处豪宅和资产放入其中。同时，任何人都无权支配信托基金，而许家每个人每个月能从中领取一笔生活费，其中许晋亨和李嘉欣夫妇每个月可以领200万港元。许世勋以家族信托的方式安排遗产，引发了外界无数猜测。据说，许世勋不放心把巨额财产交给儿子打理。换一个角度来看，这正体现了“父母之爱子，则为之计深远”。许世勋没有将财产直接交给儿子许晋亨，而是设立家族信托，不仅可以保证唯一的儿子一辈子衣食无忧，过体面的生活，还可以防止家族内部出现所谓的“遗产争夺”大战。

保险是实现财富代际传承的另一种方式。财富传承不仅仅是将财产直接转移给继承人，还需要综合考虑家庭成员的个体需求和整体利益，保险可以作为一种灵活的工具，用来解决传承过程中的各种风险和不确定性。例如，通过购买人身保险，父母可以确保无论何时身故，继承人都能够获得相应的遗产，并且可以更加合理地安排个人收入和家庭财务支出。此外，保险还可以用于支付遗产税等相关费用，减轻继承人的经济负担。保险产品中的一些终身保险或万能保险，可以提供终身保障，并积累现金价值，形成一种长期的储蓄和积累。这种现金价值可以作为财富传承的一部分，通过保险公司提供的各种选择，实现财富的有序传递。通过这种方式，家族财富不仅可以传递给继承人，还可以为后代提供更多的机会和选择，实现财富的持续增长。

2022年11月，胡润百富、中信保诚人寿联合发布了《2022中国高净值人群家族传承报告》，数据显示，拥有1000万元人民币家庭净资产的“高净值家庭”数量达到206万户；拥有亿元人民币家庭净资产的“超高净值家庭”数量达到13万户。① 数据显示，在财富传承的方式中，购买保险是首选，有53.4%的参调者表示，在选择财富传承方式时，他们会购买保险，比如养老险、对接信托的传承类保险等。

和传统的遗嘱继承方式相比，人身保险在财富传承中具有以下明显的优势。首先是成本低廉，通过人身保险进行财富传承，受益人领取身故保险金的时候基本不需要承担费用，即便将来遗产税开征，保险赔付金也属于免征遗产税的范畴，而遗嘱继承当中经常有很多费用是不可避免的，如律师费、公证费、遗嘱执行费等，还包括将来可能会开征的遗产税。其次，是杠杆增值，人寿保险往往都带有比较高的杠杆比例，保险金额往往是保费的若干倍，投保人年龄越轻，这个杠杆比例将越高。最后，通过人身保险传承财富还具有保密性高的优势。保险公司在将来给付受益人身故保险金的时候只会按照保险合同的约定通知受益人或者他的监护人，而不会去知会其他继承人。而用遗嘱继承的方式来分配遗产，立遗嘱人去世后，众多继承人之间很有可能会对簿公堂，如前述画家许麟庐遗产继承纠纷案。现在各大保险公司提供的人身保险产品纷繁复杂，种类多样，保险费可以是几百元几千元，也

① 资料来源：2022中国高净值人群家族传承报告|家族|胡润_手机网易网.（2023-01-31）.https：//m.163.com/dy/article/HSCCEQ98051998SC.html.

可以是几十万元甚至上亿元。因此，人身保险不仅适合高净值人士，也适合普通大众。

二、法定继承人的范围及继承顺序

2020年5月28日，十三届全国人大三次会议表决通过了《中华人民共和国民法典》（以下简称《民法典》），这部法律自2021年1月1日起施行。《民法典》将之前的民事单行法如《民法通则》《物权法》《婚姻法》《合同法》《继承法》等整合到同一部法典当中，成为调整我国民事法律关系的基本法律。《民法典》设第六编继承调整继承法律关系。该编包含四章：第一章是有关继承的一般规定，第二章是法定继承，第三章是遗嘱继承和遗赠，第四章是遗产的处理。

根据《民法典》的相关规定，自然人可以立遗嘱将个人财产指定由法定继承人中的一人或者数人继承，也可以立遗嘱将个人财产赠与国家、集体或者法定继承人以外的组织、个人，前者我们称之为遗嘱继承，后者则称之为遗赠。遗嘱继承指定的继承人通常需在法定继承人的范围内。关于遗嘱继承和法定继承两者之间的关系，民法典在第六编第四章中作出了明确的规定。有下列情形之一的，遗产中的有关部分按照法定继承办理：遗嘱继承人放弃继承或者受遗赠人放弃受遗赠；遗嘱继承人丧失继承权或者受遗赠人丧失受遗赠权；遗嘱继承人、受遗赠人先于遗嘱人死亡或者终止；遗嘱无效部分所涉及的遗产；遗嘱未处分的遗产。也就是说，民法典首先尊重立遗嘱人的意思表示，只是在遗嘱出现法律效力问题或遗嘱继承人出现特定情况之下，才适用法定继承。

法定继承人的范围及继承顺序是由民法典在第六篇第二章中予以明确规定的。法定继承人包括被继承人的配偶、子女、父母，以及兄弟姐妹、祖父母、外祖父母。其中，配偶、子女、父母为法定继承的第一顺序，兄弟姐妹、祖父母、外祖父母为法定继承的第二顺序。继承开始后，由第一顺序继承人继承，第二顺序继承人不继承；没有第一顺序继承人继承的，由第二顺序继承人继承。子女，包括婚生子女、非婚生子女、养子女和有扶养关系的继子女；父母，包括生父母、养父母和有扶养关系的继父母；兄弟姐妹，包括同父母的兄弟姐妹、同父异母或者同母异父的兄弟姐妹、养兄弟姐妹、有扶养关系的继兄弟姐妹。

● **案例**

张某与邓某某是夫妻关系，有三个子女——女儿张甲、长子张某生、次子张某福，均已成年。婚后在张某名下有一套70平方米的房产。在2000年8月25日邓某某与单位签订购房协议，在计算了邓某某和张某的工龄和级别后按每平方米900元的价格购买了一套60平方米的房产，该房产的房款由长子张某生出资并由其居住。2000年9月4日张某去世，没有留下遗嘱。2000年12月24日房产主管部门核发了那套60平米房产的产权证，并登记在邓某某名下。2010年4月2日在张某名下那套70平米的房产因涉及拆迁获得了70万元的补偿款，暂由邓某某和张甲保管。2010年9月3日张某生、张某福以邓某某、张甲为被告要求分割70万元补偿款。起诉时张某的父母还健在。2010年11月15日邓某某以公证的方式订立遗嘱明确自己名下的财产由女儿张甲继承。2010年12月22日，张甲代理邓某某以张某生为被告要求其腾房。

本案中，张某没有留下有效的遗嘱，因此，有关他的遗产继承适用法定继承的相关规定。我们知道，法定继承人分两个顺序，第一顺序继承人为：配偶、子女、父母，第二顺序继承人为：兄弟姐妹、祖父母、外祖父母。所以，张某的继承人依照法定继承的顺序就应该是邓某某、张甲、张某生、张某福还有张某的父母。很显然，张某的父母也是法定继承人，张某生、张某福在起诉时没有把他们列入继承人显然是错误的。在案例中，这70万的补偿款应该如何分呢？其实这70万并不都是张某的遗产，其中一半儿是邓某某的个人财产，所以6个继承人要分的是70万元的一半，而六个继承人在分配的份额上一般是均等的，每个继承人的继承比例为$1/2 \times 1/6=1/12$，当事人邓某某在全部财产中所占的份额应当用邓某某个人的一半加上其继承的1/12即为7/12。因此，这70万元的补偿款就应当按照邓某某7/12、张甲1/12、张某生1/12、张某福1/12、张某父亲1/12、张某母亲1/12的比例进行分割。当然，由于邓某某在张某去世前一直与其共同居住、照顾其生活，依法可以再要求多分一些。

三、家庭财富传承过程中的法律风险和政策风险

● **案例**

为什么有些独生子女不能继承父母的全部财产？小李是父母唯一的孩子。父母所住的房屋是二人婚内共同财产，父母早年在三亚还投资买过一套养老房。小李尚未成家，也就一直住在家里。某一日，李父突遭车祸离世，一家人陷入巨大的悲痛之中。小李的爷爷奶奶尚健在。李父还有两个哥哥、一个妹妹。小李的父亲出车祸走掉以后，遗产并没有分割。没过两年，小李的母亲也得了绝症，撒手人寰。彼时，小李的姥姥尚在人世，姥姥曾经育有三女。小李的父亲和母亲生前都没有留下遗嘱。小李可以独自继承父母遗留给他的全部遗产吗？

这个问题的答案是不可以的。如果父母没有留有遗嘱，适用法定继承的话，独生子女很难百分之百地继承父母全部的遗产。以本案来看，小李的父亲去世的时候，和妻子共同拥有的财产当中分出一半作为他的个人遗产，由李父的继承人来继承。李父的第一顺位继承人包括：小李、小李的母亲、小李的爷爷和奶奶，四个继承人各自继承小李父亲1/4的遗产。李父的遗产中有一半要离开小李所在的家庭。小李的爷爷和奶奶继承走的一半遗产将来由爷爷奶奶各自的第一顺序继承人继承，这样就会导致小李父亲的部分遗产将来会交给小李的两个伯伯和一个姑姑。而小李的母亲病逝的时候，小李的姥姥尚健在，李母的遗产将由小李和姥姥平分。姥姥将来百年之后将由自己另外的两个女儿作为第一顺序继承人继承，这样，小李母亲的部分遗产将转入自己的姐妹手中。

上述案例中，独生子女没法继承父母全部遗产的情况，在现实中比比皆是。有时候，在普通民众眼中看来是“天经地义”的一些事情，却未必和国家法律的规定相一致。不管是富裕人群还是普通百姓，都会面临着财富传承的问题。如何尽可能地降低财富传承过程中的风险，减少税费，是每个家庭都会关注的话题。从目前情况来看，大多数普通家庭是在用法定继承、遗嘱继承的方式传承财富，少数富裕家庭综合运用保险、信托和继承的方式。这几种传承财富的方式都伴随着一些法律风险和政策上的风险。

以法定继承方式来传承财富，将有可能遭遇以下风险。依据《民法典》的相关规定，夫妻二人依照法定继承获得的财产属于夫妻共同财产，若继承人的配偶在继承遗产不久后就提出离婚要求，则继承人所继承的财产很可能就要分出一半给离婚的配偶。只要有已婚的子女，就有因为继承后子女离婚产生的被继承人遗产大幅减损的风险。避免出现这样的问题的应对策略是以遗嘱继承取代法定继承，在遗嘱中写明继承的财产属于自己的子女的个人财产，或生前就安排以保险与信托等工具将遗产指定留给子女。如果继承人是父母而不是子女，也就是说子女先于父母身故，这种情况之下，父母将作为第一顺序继承人，继承身故子女的遗产。而父母可能年事已高，不久也将去世，父母去世后，父母的遗产将由他们的第一顺序继承人继承，实际上会造成某个身故子女的遗产辗转落入自己的兄弟姐妹之手，而这可能会违背身故子女更希望自己的遗产能够照顾自己的配偶及自己的子女的愿望。这种情况的应对策略仍然是以遗嘱继承取代法定继承，估算足以供父母养老所需的财产部分给父母，其他部分指定只给自己的配偶及子女。

另外，法定继承的原则是同一顺序继承人继承遗产的份额应当均等，而被继承人的遗产可能由众多的资产组成，现金、房屋、珠宝首饰、古董字画古玩、汽车、企业股份、各类债券、其他金融资产等，法定继承份额相等的原则无法避免众多继承人都想要继承增值潜力高的遗产所引起的纷争。避免这类风险的应对策略仍然是用遗嘱继承的方式列明某些具体的遗产种类由哪些继承人继承，以及继承多少份额。

虽然遗嘱继承可以用遗嘱的内容来决定继承的对象与份额，可规避法定继承的上述风险，但遗嘱继承本身也会面临一些风险需要有效应对。首先是遗嘱的效力问题。订立遗嘱必须符合一定的法律要件，如自书遗嘱必须由立遗嘱人亲笔书写、签名，注明年、月、日；代书遗嘱应当有两个以上见证人在场见证，由其中一人代书，注明年、月、日，并由代书人、其他见证人和遗嘱人签名；录音遗嘱应当有两个以上见证人在场见证，继承人和与其有利害关系人不能当见证人；不符合上述遗嘱设立要件的遗嘱无效。无行为能力人或者限制行为能力人所立的遗嘱无效；遗嘱必须表示立遗嘱人的真实意思，受胁迫、欺骗所立的遗嘱无效，伪造的遗嘱无效，篡改的内容无效。实践中，很多老人到了临终阶段才想起来还没有立遗嘱，或者是在病床上被子女们催促着去立遗嘱，这时候立遗嘱人是否还具备相应的意思表示能力，立下的遗嘱效力如何，都有可能成为日后在法庭上争讼的焦点。

此外，遗嘱继承人放弃继承、丧失继承权、先于立遗嘱人死亡、遗嘱无效部分所涉及的遗产、遗嘱未处分的遗产，如遗嘱设立后新增加的财产，或遗嘱未写明但属于被继承人的财产，都将按法定继承办理。如果指定遗产权利归属人、处分的遗产范围与遗产权利、所附义务内容与效力、遗嘱执行人不清，都可能导致遗嘱全部或部分无法执行，比如列入遗嘱中但产权不清，无法确定是被继承人个人的财产；在遗嘱设立中列明但立遗嘱人身故前已经处分的财产；婚姻存续期间以共同财产订立的遗嘱，存在的配偶可以要求一半的权利等等。避免这类风险的应对策略是定期检查遗嘱的内容和效力，请律师等专业人员把关遗嘱的内容，以后订立的遗嘱取代先前的遗嘱。

选择生前赠与财产的方式由产权人在自己尚健在的时候按照自己的意志向后代传承财富是个相对比较安全的做法，可以避免遗产的纷争，同时也能兼顾保密性。但生前赠与财富的方式也会面临子女将来婚变的风险。因为若是口头的赠与，将被视为受赠人夫妻的共同财产。未来在二人离婚时，配偶将有权分走一半。针对这种风险的应对策略是通过订立书面赠与合同，明确受赠人是自己一方的子女。当然，生前赠予财富还会面临子女不善于管理财富、挥霍家产的问题。如果赠与人的财富管理能力远高于受赠人，就没有必要在生前提前赠与。如果担心自己百年之后，财富转移到后代有被挥霍的风险时，可以设立分年限额赠与，或设立家族信托设定受益人的受益条件（受益人取得的财产每年不得超过一定限额）等方式来应对。

再回到前述独生子女无法继承父母全部遗产的案例上。我们通常认为的独生子女肯定能够百分百继承父母全部的遗产，在法定继承的过程中是很难实现的，除非父母在过世的时候，除了孩子，没有其他任何第一顺序继承人。因此，如果父母希望独生子女能够完全继承遗产，最好的解决办法就是立下遗嘱。在许多人的心目中，很多人认为立遗嘱是晦气的、不吉利的，但事实上，立遗嘱能够对处理身后事、避免遗产纠纷等起到重要的作用，立遗嘱既可以充分按照自己的意志处分财产，也可以避免子女、亲属因为争遗产而出现家庭不和谐的问题。

除了上述案例中的父母亲先于他们的长辈死亡这种情形以外，以下几种情况也会影响到独生子女无法继承父母的全部遗产。第一种情形，父母留有遗嘱或遗赠扶养协议将遗产赠与外人。遗产是父母生前的个人合法财产，所以父母对遗产有完全处置权，这也是为什么法律规定遗嘱继承、遗赠扶养协议优先于法定继承的原因。如果遗嘱中明确将遗产赠与法定继承人以外的人，那么，就算是独生子女，也只能继承遗赠未处置的遗产。第二种情形，父母一方过世后另一方再婚，根据《民法典》规定，第一顺序继承人包括父母、配偶和子女，如果父母一方过世后另一方再婚，就算再婚后没有生下孩子，继父（母）同样可以作为第一顺序继承人继承再婚一方的财产。第三种情形，父母过世未留遗嘱且子女已经结婚。假如父母过世未留遗嘱，而身为独生子女已结婚的，那么，根据我国法律规定，在夫妻关系存续期间，夫妻大部分的“收入”都属于夫妻共同财产，其中就包括从父母那里继承来的遗产。但有一个例外，那就是父母过世时留下遗嘱特别约定，遗产由自己的子女继承，与其配偶无关。

体验与思考

万先生是一位成功的企业主，每年企业能带来千万元的利润，万先生和太太唯一的儿子已经结婚，儿媳为万家生了一个小孙子。万先生的企业股权，老两口与儿子各占1/3，此外家中3~4套别墅也写在了儿子名下。儿子到意大利学设计，对自家企业经营一窍不通，房产也无心管理，从目前状况来看，儿子完全缺乏将资产打理好的能力。万先生老两口的担忧是儿媳家的服装生意日渐艰难，银行贷款很难批下来。儿媳欲借3000万元高利贷来盘活企业，老两口对此非常焦虑，担心自己传给儿子的资产将来要为儿媳抵债，那么未来的生活就无法得到保证。

你能为万先生老夫妻提供怎样的财富传承方案呢？

主题十 如何应对“霸王条款”

生活中，我们大量遇到各类“霸王条款”，如何有效应对霸王条款？我们需要学习和掌握一些基础的财经法律法规知识。本主题将带领大家一起了解当前我国主要的一些财经领域的法律法规，利用法律法规保护自己。

情景导入

2021年10月，媒体曝贾女士在上海“加拿大鹅”专门店，购买了一件价格为11400元的羽绒服，发现衣服的商标绣错了，并且缝线粗糙，线头缠绕，而且口袋内布料没包边，面料也有阵阵刺鼻的味道。贾女士想退了这件“羽绒服界的爱马仕”，结果却被告知，由于购衣时签过《更换条款》，所以衣服不能退。此后有媒体针对此事咨询了其重庆和北京门店，均表示“退不了”。其中，重庆门店工作人员表示，这是中国区通用条款。“加拿大鹅”中国大陆门店不得退货冲上热搜，直到12月1日上午，“加拿大鹅”才发布声明，称在符合相关法律规定的情况下，所有中国大陆地区专门店售卖的产品可以退货退款。[①]

---

① 聂书江.人民财评：“加拿大鹅”，切不可忘了从商初心.（2021-12-01）. http：//opinion.people.com.cn/n1/2021/1201/c1003-32296943.html.

第一节　财经法律法规介绍

一、《中华人民共和国民法典》“合同编”——契约社会的守护神

● **案例**

西安市民马先生向西部网“民生热线”栏目发帖反映，自己与一家装修公司未签订书面合同，但装修公司的工作人员邵某先期收取了5000元订金以及物业押金，之后由于装修方案未能确定，要求退回已经支付的费用，却被装修公司以种种理由推脱。“没有签订装修合同，既不退订金，也不给退押金，难道只能吃哑巴亏吗？”和装修公司没签合同，房子也没施工，不退订金合理吗？遇到装修纠纷如何维权？

律师的评论：马先生首先需要确定或者提供相应证据证明，邵某有权代表涉案装修公司进行招揽业务并收取装修款项，例如名片、聊天记录、通话录音或者工作证明等基本证据，通过这些基本证据向装修公司核实并进行交涉，提出退款要求，否则马先生只能向邵某进行追索。如果邵某不是装修公司员工或者和装修公司不存在委托授权的业务代理关系，甚至根本不存在这个装修公司，则马先生有权全额追回款项并追究邵某不当得利，甚至涉嫌诈骗犯罪的责任。[①]

何为合同？依照《民法典》的规定，合同是民事主体之间设立、变更、终止民事法律关系的协议。依法成立的合同，受法律保护。当事人订立合同，可以采用书面形式、口头形式或者其他形式。书面形式是合同书、信件、电报、电传、传真等可以有形地表现所载内容的形式。以电子数据交换、电子邮件等方式能够有形地表现所载内容，并可以随时调取查用的数据电文，视为书面形式。合同的内容由当事人约定，一般包括下列条款：（一）当事人

① 辛超.热线律师说丨未签订装修合同 已支付的订金能不能退？（2022-11-22）. http：//news.cnwest.com/bwyc/a/2022/11/22/21076415.html?utm_source=UfqiNews.

的姓名或者名称和住所；（二）标的；（三）数量；（四）质量；（五）价款或者报酬；（六）履行期限、地点和方式；（七）违约责任；（八）解决争议的方法。现代社会是契约社会，许多商业行为靠当事人自愿签订合同、履行合同来实现。一旦合同生效，当事人应一秉诚意，忠实、诚信地履行约定，违约要承担相应的责任。1999年开始生效的《中华人民共和国合同法》如今已被《民法典》第三编合同代替。老年朋友们应主动学习掌握一些必备的合同法知识。

常见的合同种类有：买卖合同，供用电、水、气、热力合同，赠与合同，借款合同，保证合同，租赁合同，保理合同，承揽合同，建设工程合同，运输合同，保管合同，仓储合同，委托合同，行业服务合同，行纪合同，中介合同，合伙合同等。

● **案例**

安心公寓系甲公司在某村集体土地上开发建设的小产权房，目前无法办理产权证。张某、郑某非该村村民。张某承揽了安心公寓17号楼的施工工程，由于甲公司欠付其工程款，双方协商后于2011年用安心公寓14号楼4单元202室房屋抵偿其工程款，且双方签订了房屋买卖合同。涉案房屋于2011年交付，一直由张某居住使用。2012年，张某的朋友郑某为办理购车贷款，与张某口头约定将上述房屋的买卖合同变更至郑某名下，由郑某持新的房屋买卖合同办理购车相关手续。郑某承诺待其还完贷款再将合同变更回张某名下。二人于2012年10月到甲公司办理了变更合同的业务，且甲公司收回了其与张某因抵偿工程款所签订的房屋买卖合同。后郑某一直未协助张某将上述房屋买卖合同变更回张某名下。故张某以郑某为被告，以甲公司为第三人，诉至槐荫法院，请求确认其与郑某之间约定的房屋买卖协议无效，确认郑某与甲公司之间签订的房屋买卖合同无效。郑某未作答辩。[1]

本案的争议焦点是：张某与郑某、郑某与甲公司之间的房屋买卖合同

① 槐法案例丨“假卖房”后买方未依约“归还”，房屋买卖合同被判无效.（2024-01-16）.https：//m.thepaper.cn/baijiahao_26049523.

是否有效？济南市槐荫区法院经审理认为，《中华人民共和国土地管理法》（2004年修正）第八条规定："城市市区的土地属于国家所有。农村和城市郊区的土地，除由法律规定属于国家所有的以外，属于农民集体所有；宅基地和自留地、自留山，属于农民集体所有。"第六十三条规定："农民集体所有的土地的使用权不得出让、转让或者出租用于非农业建设；但是，符合土地利用总体规划并依法取得建设用地的企业，因破产、兼并等情形致使土地使用权依法发生转移的除外。"本案经审理查明，涉案房屋所在的安心公寓系在某村的集体土地上建设的房屋，目前无法办理产权证。按照房地一体的原则，集体土地上所建房屋的性质与土地性质应保持一致，故涉案房屋的所有权应属于该村的村民，涉案房屋仅能在村集体成员内部流转。但张某和郑某均非该村的村民，其不具备购买涉案房屋的资格。另外，依照《最高人民法院关于适用〈中华人民共和国民法典〉时间效力的若干规定》第一条规定，《民法典》施行前的法律事实引起的民事纠纷案件，适用当时的法律、司法解释的规定，但是法律、司法解释另有规定的除外。《中华人民共和国民法通则》第五十五条规定："民事法律行为应当具备下列条件：（一）行为人具有相应的民事行为能力；（二）意思表示真实；（三）不违反法律或者社会公共利益。"《中华人民共和国合同法》第五十二条第五项规定："有下列情形之一的，合同无效：（五）违反法律、行政法规的强制性规定。"张某与郑某之间达成的房屋买卖协议，以及郑某与甲公司之间签订的房屋买卖合同，并无真实的房屋买卖意思表示，双方之间不存在真实的房屋买卖合同关系，且违反了法律强制性规定，依照上述法律规定均应无效。故张某申请确认其与郑某之间约定的房屋买卖协议，以及郑某与甲公司之间签订的房屋买卖合同无效的诉讼请求，于法有据，本院予以支持。

最终，槐荫区法院依法判决张某与郑某之间约定的房屋买卖协议无效，郑某与甲公司签订的《房屋买卖合同》无效。判决作出后，双方均服判息诉，现该判决已生效。

二、《民法典》物权编——让恒产者更有恒心

物权法律制度“上涉国本，下系民生”，是民事法律的重要组成部分。物权编作为民法典草案的首编，重要性不言而喻。物权法律制度是民法的重要组成部分，是确认财产、利用财产和保护财产的基本法。

● **案例**

李某与某公司签订《商品房预售合同》，购买了该公司开发房屋，并与某物业公司签订《前期物业管理服务协议》，约定：该物业公司为李某提供包括小区共用部位及设施设备管理、环境卫生管理、安全管理、消防管理、交通秩序及车辆停放、房屋装修装饰管理等物业服务，并明确了物业管理服务的质量、物业服务费标准及逾期交费违约金。李某入住后，认为某物业公司服务质量未能达到合同约定，至今未按时交付物业费，经物业公司催收无果，故引起诉讼，要求支付所欠物业费及违约金。[①]

法院经审理后认为，李某与某公司签订的《前期物业管理服务协议》系当事人真实意思表示，不违反法律、行政法规的强制性规定，当事人应当遵循诚信原则，全面履行自己的义务。物业公司已履行《前期物业管理服务协议》的主要义务。李某自入住后未按约定履行交付物业费的义务，构成违约，应承担继续履行支付物业费的责任。但某物业公司提供的物业服务确实存在瑕疵，在一定程度上未全面履行合同义务并实现业主安居乐业的合同目的。鉴于双方约定的违约金过高，加之某物业公司也因未全面履行合同义务而存在违约，故对违约金之诉求不予支持。

《中华人民共和国民法典》第九百四十四条规定，业主应当按照约定向物业服务人支付物业费。物业服务人已经按照约定和有关规定提供服务的，业主不得以未接受或者无须接受相关物业服务为由拒绝支付物业费。业主违反约定逾期不支付物业费的，物业服务人可以催告其在合理期限内支付；合

① 以案释法丨民法典以案释法优秀案例——物业服务合同纠纷案–湖北法治网.（2023–05–11）. http：//www.124.gov.cn/yasf/202305/t4617896.shtml.

理期限届满仍不支付的，物业服务人可以提起诉讼或者申请仲裁。物业服务人不得采取停止供电、供水、供热、供燃气等方式催缴物业费。当李某对物业服务质量不满时，应当以积极的方式来主张相关权利，而非以拖延或拒绝交费等消极的方式作为解决问题的手段，上述方式不仅不能解决服务质量问题，反而可能使小区物业服务质量快速下降。

三、公司法——经营企业的游戏规则

公司，是指依照《中华人民共和国公司法》在中华人民共和国境内设立的有限责任公司和股份有限公司。公司是企业法人，有独立的法人财产，享有法人财产权。公司以其全部财产对公司的债务承担责任。有限责任公司的股东以其认缴的出资额为限对公司承担责任；股份有限公司的股东以其认购的股份为限对公司承担责任。公司股东对公司依法享有资产收益、参与重大决策和选择管理者等权利。设立公司应当依法制定公司章程。公司章程对公司、股东、董事、监事、高级管理人员具有约束力。按照《公司法》的要求，无论是有限责任公司还是股份有限公司，均需要建立公司的管理机构，如股东会、股东大会、董事会、执行董事、监事会等等。

- **案例**

湖南株洲三位老人合伙创业注册公司开饭店，相约挣钱买房车去旅行。86岁的余爷爷煎蛋饺、78岁的马爷爷包水饺、77岁的魏爷爷负责煮水饺。开个饭店、逐梦房车旅游、有了闲钱还去敬老院献爱心，三位年龄相加为241岁的“宝藏爷爷”用打破常规的心态来开创新的生活，让不少年轻人羡慕不已。很多人没有想到，年龄、梦想、创业、奋斗，这些大都贴给年轻人的标签，有一天会发生在三位老人身上。①

随着现代社会经济的发展，老年人退休后二次创业，已经屡见不鲜。公司法要求股东必须是完全民事行为能力人，也即18周岁以上的成年人，但

① “241岁”的老年合伙人，用自己的方式定义晚年有多酷-现代快报网.（2021-12-17）. https：//www.xdkb.net/p1/js/20211217/240052.html.

是对年龄的上限未作要求，年龄不是限制老年人创业的阻碍。但老年人再次创业，要理性看待和面对风险，因为创业未必能成功。在创业前应该对自己进行充分的评估，如果风险太大，则可以选择在做好充分准备之后再进行，不要因为创业而使自己的后半生的幸福生活遭遇严重挫折。另外，在选择合作股东的时候一定要擦亮自己的眼睛，“三观”一致的人在一起做事业，才有可能获得成功。不要将自己的证件借与他人去开设公司，哪怕是自己的朋友或者自己的晚辈，因为你不知道自己将来会面临怎样的法律风险。

四、税法——税收是一切公共权力的源泉

税收对国家至为重要。从法律角度来讲，一个国家在一定时期内、一定体制下以法定形式规定的各种税收法律、法规的总和，称为税法体系。按照税法的基本内容和效力的不同，可分为税收基本法和税收普通法。按照税法的职能作用的不同，可分为税收实体法和税收程序法。按照税法征收对象的不同，可分为四种：流转税税法，所得税税法，财产、行为税税法，资源税税法。按照主权国家行使税收管辖权的不同，可分为国内税法、国际税法、外国税法等。

流转税类包括增值税、消费税、营业税和关税。所得税类包括企业所得税和个人所得税。资源税类包括资源税、土地增值税和城镇土地使用税。财产和行为税类包括房产税、车船税、印花税和契税。特定目的税类包括固定资产投资方向调节税、筵席税、城市维护建设税、车辆购置税、耕地占用税和烟叶税。

● **案例**

2020年12月，浙江省杭州市税务局稽查局查明，网络主播黄薇（网名：薇娅）在2019—2020年，通过隐匿个人收入、虚构业务转换收入性质、虚假申报等方式偷逃税款6.43亿元，其他少缴税款0.6亿元，依法对黄薇作出税务行政处理处罚决定，追缴税款、加收滞纳金并处罚款共计13.41亿元。国家税务总局坚决支持杭州市税务部门依法严肃处理黄薇偷逃税案件。同时，要求各级税务机关对各种偷逃税行为，坚持依法严查严处，坚决维护国

家税法权威，促进社会公平正义；要求认真落实好各项税费优惠政策，持续优化税费服务，促进新经济新业态在发展中规范，在规范中发展。[①]

第二节　如何应对霸王条款

一、产品质量法——让“三无”产品无所遁形

我国的《产品质量法》将产品责任和对产品质量的监督管理融为一体，是产品责任法和产品质量管理法合一的一部法律，其内容表现出了公法和私法相互融合。政府的干预和介入成为《产品质量法》立法主要的指导思想，其主要体现在我国《产品质量法》中关于产品质量的监督和法律制裁部分，政府在尊重生产者、销售者的自主经营的前提下，从保护消费者的利益、提高产品质量水平和维护社会整体利益的角度出发，对生产者、销售者的产品质量进行监督。《产品质量法》第3章对生产者、销售者的产品质量义务做出明确规定。进一步明确了各级政府在产品质量工作中的职责，建立了企业产品质量约束机制，加强了行政执法机关的执法手段，特别是对生产、销售违法产品的行为加大了法律制裁的力度。

二、消费者权益保护法——每一个消费者的护身之剑

● **案例**

2024年3月4日，一则关于“女子买茅台验真伪被死亡威胁”的视频在网络上疯传，引起了广泛关注。据视频中所述，在陕西西安，一名女子购买了两瓶茅台，出于谨慎，她想要验证酒的真伪。然而，这一举动却遭到了店家的强烈反对，甚至受到了死亡威胁。店家嚣张地表示：“你敢打

---

① 邱丽芳.国家税务总局坚决支持依法严肃查处黄薇偷逃税案件–新华网.（2021–12–20）. http：//www.news.cn/2021–12/20/c_1128181992.htm.

315，我就叫人来照死里弄你”。此事一经曝光，便在网络上掀起了轩然大波。网友们纷纷表示愤怒和谴责，认为店家的行为已经严重侵犯了消费者的权益，更是对法律的公然挑衅。随着舆论的持续发酵，辖区派出所的民警也对此事作出了回应，表示警方和市场监管部门已经介入调查，将会依法处理此事。[①]

全国人大常委会1993年10月31日通过了《中华人民共和国消费者权益保护法》（以下简称《消费者权益保护法》），并于1994年1月1日开始实行。《消费者权益保护法》的颁布与施行，是我国第一次以立法的形式全面确认消费者的权利。对保护消费者的权益，规范经营者的行为，维护社会经济秩序，促进社会主义市场经济健康发展具有十分重要的意义。

《消费者权益保护法》重点关注了不公平格式条款对消费者带来的侵害。其中第二十六条规定：经营者在经营活动中使用格式条款的，应当以显著方式提请消费者注意商品或者服务的数量和质量、价款或者费用、履行期限和方式、安全注意事项和风险警示、售后服务、民事责任等与消费者有重大利害关系的内容，并按照消费者的要求予以说明。经营者不得以格式条款、通知、声明、店堂告示等方式，作出排除或者限制消费者权利、减轻或者免除经营者责任、加重消费者责任等对消费者不公平、不合理的规定，不得利用格式条款并借助技术手段强制交易。格式条款、通知、声明、店堂告示等含有前款所列内容的，其内容无效。

所谓格式条款，是当事人为了重复使用而预先拟定，并在订立合同时未与对方协商的条款。一些经营者利用其优势地位，在制定格式条款时只强调权利，有意识地逃避法定义务，甚至将不公平条款强加给消费者。新消法对于经营者以不公平格式条款损害消费者权益的行为进行了进一步规制，对保护消费者的权益不受侵害有切实的保护作用。[②]

① 女子买茅台验真伪遭死亡威胁，店员：敢举报照死里弄你.（2024-03-04）.https://m.thepaper.cn/baijiahao_26545004.

② 资料来源：中国消费者协会官网。

● 案例

张先生和米老师是一对夫妻，两人有一子名为小明。在结婚纪念日当天，张先生预订了某酒店的座位，想要和妻子、儿子一同共进晚餐。而米老师从网上订做了一条符合自己审美的裙子，准备在纪念日当天穿，另外还购买了一款特价售卖的包，打算上班时候背。然而，当米老师收到快递后才发现自己和裙子并不相配，其颜色和款式都没有达到理想效果，背包背起来也显得十分老气。米老师便联系客服人员想要将两者退了，但是都遭到了拒绝。裙子商家声称自己是按照米老师提供的尺寸定做，这件衣服尺寸非常大，不能退还。而出售背包的商家告诉米老师该包为特价商品，在网购页面中便显示：一经购买，概不退还。张先生和米老师带着小明来到预订的餐厅吃饭。因为在网购上面发生了不愉快，米老师心中有气，并没有吃多少东西，三人在餐厅内消费了488元，在结账时却被店员告知本餐厅他们预订的座位最低消费标准为500元，张先生不想多做纠缠，再拿了一瓶饮料后凑足500元消费便离开了。随后，二人来到超市闲逛，准备结账的时候，却不想小明偷偷将一瓶饮料藏了起来准备带走，在过超市检查时被检测仪查到了，被超市一方认定为偷盗。米老师打算给小明的饮料付钱时，却被告知该超市“偷一罚十”，米老师应当支付10倍的价格。米老师觉得一天下来真是倒霉，于是便按要求支付了十倍的价钱带着小明和张先生一起回家了。

这起虚构的案例中有很多都涉嫌霸王条款。米老师通过网购的方式购买了一款特价包并定做了一条裙子，其中裙子属于该条款中消费者定做的情形，其具有明显的个人审美特点，并非由商家设计批量生产，而是按照特定的喜好和尺寸来定做发货，不应属于可以无理由退换的范围之内。但特价出售的包并不属于七天无理由退换的例外情形，可以先退给商家并要求返还购物款。没有法律的规定下，由商家自行划定的规定，其中含有“减轻或免除经营者责任、加重消费者责任、限制消费者权利”的内容，属于法律禁止行为，其内容无效。在本案中，餐馆里的“最低消费”，属于限制消费者消费标准的行为；而超市中的“偷一罚十”也属于在法律未规定的情况下，商家自发地加重消费的责任，都是无效条款，也可以视为商家的“霸王条款”，不应得到法律的支持。在明确自己的权益受到侵害后，消费者可以先与经营者进行协商，双方合意解决问题。在协商不成时，可以通过拨打12315投诉电话进行投诉，也可以在网上登录315网站来反映自己遇到的维权难题。同时，消费者还可以选择前往市场监管部门进行投诉或者通过向法院提起民事诉讼来解决问题。面临商家的“霸王条款”，我们应当注意保存好证据，并据理力争，依照法律规定，通过合法方式来维护自己的合法权益。

体验与思考

2019年，家住天津的王先生在当地一家品牌专卖店内以1.9万元的价格购买了某国外知名品牌的一款电脑。在随后的生活和工作中，他便利用这台电脑进行着自己的工作，并将一些工作文件存在了这台电脑上。2022年4月，当王先生准备使用这台笔记本电脑时发现电脑出现了故障，于是他便带着电脑来到了当地一家该品牌售后维修点进行维修。经过售后维修点的工作人员检查后，王先生的这台电脑的故障原因在于主板损坏，按照售后维修的办法，他们需要将这台电脑的主板进行更换。但此时，王先生的这台电脑已经超过了保险上的维修期，为了尽快将电脑维修好，王先生便在工作人员的建议下同意更换主板，并支付了5330元的维修费。两天后，当王先生从售后维修点取回自己的电脑，并对电脑进行检查时发现，电脑里面存的文件和数据都已经不见了。在询问后了解到，电脑内的数据和文件等都会存储在主板上，主板在经过更换后，原先的数据和文档依然在旧主板内，新主板是不存在这些内容的。在了解到这些后，王先生便想要从店员手中索要回自己的旧主板，但这时却遇到了阻拦。该品牌公司当时的一项条款中写明：如果该公司换回受保障设备，则原始产品将成为该公司的财产，而更换产品成为您的财产。也就是说，王先生原先的那块旧主板的所有权发生变更，成为该公司的财产，若想要索回，那么便需要再次支付5330元才能重新拥有。王先生在购买该电脑时是连同机内主板一起购买的，而维修时更换新主板也是花了钱的，花的钱也是用来支付维修费和更换主板时所需的费用。现在电脑修好了，结果他却拿不回自己的旧主板，王先生越想越觉得不对劲，认为自己被该公司的“霸王条款”坑了。

你觉得王先生有权利要回自己的旧主板吗？

主题十一 产权与百姓权益

产权（俗称“财产权”），通常包括所有权、债权，也包括知识产权及继承权。个人财产权直接关系到公民的生存权的问题。我国《宪法》规定公民的合法的私有财产不受侵犯。国家依照法律规定保护公民的私有财产权。本主题主要围绕所有权、债权、知识产权这三种类型的财产权展开（继承权在主题八中详细讲述），带领老年朋友们认识和理解日常生活中与你我财产权利相关的一些问题。同时通过对知识产权的介绍，了解知识产权保护工作对我国培育新质生产力和促进经济高质量发展的意义。

第一节 财产是谁的

情景导入

再婚夫妻买房只写了继子名字，房子是谁的？[①]

26年前，各有婚史的张先生和周女士相识相爱并组成家庭，但数年后他们产生了矛盾甚至对簿公堂，作为原告的张先生诉称，婚后不久，他出资40余万元，周女士出资8万元，共同购买了一处位于浦东新区上南路的店铺，用于经营快餐店。当时他非常信任周女士，且自己由于工作原因常去外

① 胡玲宾，程峰. 半路夫妻买房只写了继子名字，房子是谁的？[N]. 上海老年报，2023-10-05（4）.

地，所以购买的店铺及产权登记等手续都由周女士办理，此后将房屋对外出租时，出租手续和收取租金等事宜均由周女士一人操办。周女士将该房产的产权全部登记在自己与前夫所生的儿子小周名下。但是自2003年起，周女士对他逐渐冷漠，缺少关心，张先生认为周女士的做法不合情理，要求将房产的产权收回。周女士认为，既然是婚姻期间而且张先生也了解此事，因此现在要回是不合理的。

法院认为，该房产属于夫妻双方共同出资购买的，由于各种因素，将房产产权只登记在未成年子女名下，且该产权购买时小周并未出资，并无证据证明张先生、周女士做出过将房产赠予小周的意思表示，结合店铺的实际情况，作出一审判决，认定店铺产权属于三人共同拥有。

需要指出的是，正因为在张先生举证充分的情况下，即拿出充分证据证明，出资40万元购房的款项系周先生个人婚前财产，法院才能做出这样的认定。实践中，要完成这样的举证并不容易，很多案子如果原告举证不充分，法院还是会倾向以登记权人作为所有权人的认定。

生活中与案例类似的情况时有发生，财产权利如何界定、一项财产的“共有人”之间所有权量上分配即所占的份额是多少，如何保障都将直接关系到我们老百姓的切身利益。

一、所有权是一种核心权利

财产所有权是指所有权人依法对自己的财产享有占有、使用、收益和处分的权利。国家保护公民合法的收入、储蓄、房屋和其他合法财产的所有权。

二、个人财产主要包括哪些

根据我国《民法典》的相关规定，私人对其合法的收入、房屋、生活用品、生产工具、原材料等不动产和动产享有所有权。个人财产主要包括以下六个方面。

（1）合法收入。合法收入是指公民在法律允许的范围内，用自己的劳动或其他方法所取得的收入。如工资、奖金、稿费、利息、入股分红、接受赠送等。

（2）房屋。主要指公民用于生活居住的房屋。

（3）储蓄。储蓄是指公民存入银行或信用社的货币。对公民的储蓄除司法机关办案需要可依法查询外，其他任何单位和个人都不得查询。银行和信用社有保密的职责。

（4）生活用品。如衣服、粮食、餐具、交通工具等。

（5）文物。如书法、绘画、陶瓷、古籍等具有一定价值的物品。

（6）图书资料。如各种书籍、报刊、图表等。

（7）林木、牲畜和法律允许公民所有的生产资料以及其他合法财产。如拖拉机、机床等。

● **案例**①

原告朱某的祖辈居住在位于 × 市 × 街 × 号的房屋，曾为商人。日军侵略 × 市时，原告祖父举家迁至乡村。临行前，原告祖父吩咐雇员将家中大量不便携带的古钱币埋藏于宅中。当原告祖父重返 × 市时，雇员已下落不明并与其失联，遂不知自家大量古钱币埋藏于家宅何处。时间转瞬来到 2007 年，该地块被列入拆迁范围。拆迁前，原告向拆迁办及当地居委会反映，其宅基下有祖父埋藏的大量古钱币。2009 年 10 月，拆迁工人在原告祖宅范围内发现了深埋地下的古钱币，当时就遭市民拾捡和哄抢，之后被博物馆挖掘清理并收藏。× 市公安局及文物局发出通告追缴文物。经鉴定，上述钱币属一般可移动文物，为晚清钱币，有一定历史和文化价值。原告朱某要求博物馆归还未果，遂向法院起诉，请求判令被告博物馆返还涉案的 13 口袋古钱币。法院经审理认为，发掘出古钱币的地址应在原告祖传房屋宅基地范围。在拆迁前，原告就多次向拆迁办、居委会有关人员反映其祖父在宅基地下埋藏铜币。在没有发掘出古钱币的地址应在原告祖宅基地范围。在拆迁

① 案例来源：【学习民法典】所有权——所有权和对所有权的限制_澎湃号·政务_澎湃新闻 –The Paper 2021–07–23. http：www.zhihu.com/question/431714749.

前，原告就多次反映，在没有发掘前就明确埋藏物是铜币，并最后得到验证，这种预知充分证明了发掘出的古钱币是由原告祖父埋藏。原告祖父曾经商，具备拥有本案所涉大量古钱币的条件。故认定涉案古钱币为被朱某祖父埋藏有事实依据。私人可以成为文物的所有权人。且朱某对其祖父的财产依法亦享有继承的权利，故涉案文物为祖传文物，属有主物。法院最终判决博物馆返还古钱币给朱某。

案例启示

我国法律规定文物属于限制流通的特殊商品，但并不禁止公民个人合法拥有。根据《文物保护法》第6条规定：属于集体所有和私人所有的纪念建筑物、古建筑和祖传文物，其所有权受法律保护。《文物保护法》第5条也将中华人民共和国境内地下遗存的文物一般推定为“属于国家所有”。此案例的判决充分说明对于个人合法财产所有权的保护。

第二节　借钱要谨慎

债权是一种典型的相对权。债权是指因为合同、侵权行为、无因管理、不当得利以及其他的法律规定等，权利人请求特定的义务人为或者不为一定行为的权利。例如，我们民间借贷中的债主对欠债人享有的收回借款及请求得到合理利息的权利。

一、赠与还是借钱

● **案例**

李大爷在刚退休后经人介绍认识了张阿姨，不久后双方谈起了黄昏恋，在两人交往期间，李大爷曾银行转账给张阿姨50万元用于张阿姨儿子购买婚房，分手后李大爷要求张阿姨归还该笔借款，可张阿姨认为该笔钱款属于赠与，李大爷提供了当时的微信留言记录，非常清晰地表明为借给张阿姨用于购买儿子婚房。而张阿姨未能提供证明该笔款项为李大爷赠与意愿的证据。法院遂判决支持了李大爷的诉讼请求。

案例启示

本案例的教训提示所有债权人，为避免后续产生纠纷，应当及时取得和妥善保存好借钱给他人的借据、契约、短信与微信交流记录、资金转移明细、见证人陈述、音视频记录等各类证据。

二、亲人借钱也要留证据吗

● **案例**

年近八十的老人赵某芝，因儿子儿媳陈某、赵某杰盖新房急需用钱，于是将自己的农村房屋出售，所得四万五千元借给儿子儿媳使用。同时，该村村民刘某曾向老人赵某芝借了六千元，刘某还款时交给了赵某芝的儿子陈某。现赵某芝一人居住在养老院中，没有了生活来源，儿子儿媳也未尽到赡养义务。老人就要求儿子儿媳归还卖房款四万五千元和刘某的还款六千元，儿子儿媳却以老人没有借条和代收钱款的证据为由，拒绝归还。赵某芝遂向法院起诉儿子儿媳陈某、赵某杰，并提供了录音作为证据。该录音中陈某承认未向老人归还卖房款四万五千元，但对刘某的六千元还款表示不知情。

案情处理结果：一审法院认为，录音材料中陈某承认了欠款四万五千元，该事实应当予以认定；并指出从公序良俗角度来讲不能将父母对儿女的资助认定为理所当然的赠与，在父母未明确表示赠予的情况下，应视为以帮助为目的的临时性资金出借，子女应负有偿还义务。因此，判定被告陈某、赵某杰对该款项向老人归还。就刘某的还款六千元，由于现有的证据无法证明，老人的该项主张无法得以支持。最终法院判定：（1）被告陈某、赵某杰于本判决生效之日起立即返还赵某芝借款四万五千元；（2）驳回赵某芝的其他诉讼请求。[1]

案例启示

生活中我们看到老年朋友通常都较缺乏证据意识，这也是老年朋友维权受阻的一大“难点”。在民间借钱纠纷中，特别是家庭内部成员之间，往往因为没有借钱证据而导致维权困境。所以，老年朋友在借钱出去的时候，应该让对方打个借条，也可以录音，今后万一发生纠纷，就有了维权的证据。

三、被人欠钱不还怎么办？

（一）合法催讨欠款

如通过双方认可的长辈、朋友等中间人催收，也可以委托律师等，可以双方协商，可以书面通知、短信、电话沟通或上门催收，但要注意一些细节，要在合理的时间段内进行，不得在法定禁止的时间或场所进行催收。催收债务要合法合规，否则钱没要到，还可能违法。

（二）避免暴力催收

暴力催收通常涉及使用非法手段进行债务追讨，以下是一些常见的暴力催收标准。

频繁骚扰：对借款人或其家人、亲友进行短信、电话轰炸，频繁电话骚扰，或在早上8点以前或晚上9点以后进行电话催收。

恐吓威胁：在欠款人的家里堵门、泼墨汁、言行恐吓借款人或其家人等。

诽谤及名誉侵犯：未经允许在互联网公布负债人的隐私资料，或在公众领域中直接辱骂、制作并张贴抨击债务人的海报等行为。

非法拘禁和殴打：对进行各种人身攻击和口头侮辱、拘禁、殴打等行

① 案例来源：经济日报-中国经济网 老年人遇到这些纠纷要注意！全国老年维权十大典型案例发布 2020-07-30. http://www.ce.cn/xwzx/gnsz/gdxw/202007/30/t20200730_35429775.shtml.

为，这不仅属于暴力催收，还构成严重的犯罪行为。

通过以上案例与分析，咱们老年朋友一定要认识到，借钱容易收钱难，钱一旦借了出去，就可能会有要不回的风险，当然这并不是说家人或朋友有困难就不能借钱，而是在借钱出去之前先要做个客观的评估与判断，还要结合自己的能力量力而行。

第三节　了解身边的知识产权

随着我国经济由高速发展转向高质量发展，创新驱动就是创新成为引领发展的第一动力，[①] 保护知识产权就是保护创新。[②] 知识产权保护工作不仅有助于提升商业生态、构建开放型经济新体制，也有助于保障国家自主创新的关键技术安全、防范与化解巨大风险，甚至关系到我们每个人生活中的幸福体验。只有对知识产权实行严格管理，才能更有效地净化市场消费环境，确保消费者的合法权益受到保护。本节将深入介绍知识产权，帮助老年朋友们打开了解知识产权保护的“大门”。

情景导入

已退休的山东大爷李其成因在自家车库中成功研发出多项发明，而走红网络。就在大众网海报 · 新闻报道之后，不到一年的时间里，他又推出了数项环保新发明。目前，李大爷共计向有关部门提交了八个专利申请，其中包括废热回收利用的热交换器、利用太阳能产生热风的设备、小型燃料烘干

① 中华人民共和国科学技术部. 中共中央 国务院印发《国家创新驱动发展战略纲要》[EB/OL].（2016-05-19）[2024-04-08]. https：//www.most.gov.cn/satp/kjzc/zh/202201/t20220119_179063.html.

② 中华人民共和国中央人民政府网. 习近平：全面加强知识产权保护工作 激发创新活力推动构建新发展格局 [EB/OL].（2021-01-31）[2024-04-08]. https：//www.gov.cn/xinwen/2021-01/31/content_5583920.html.

机、以及高效散热烟道等六项已经成功获得了专利证书。

63 岁的李其成在自家车库里专注于研究发明。他日复一日地绘制图纸、进行试验，一连串的创新成果让他的退休生活越过越精彩。“这一年全部的合作、转让等加起来，大约有五六十万元。”“硬核大爷”李其成说，他搞发明原本只是为了个人爱好，没想到这么多企业来找他合作，而退休后的发明，作为一种知识成果，还能带来了收益，这也是他没想到的。①

一、什么是知识产权？

知识产权是一种无形产权，它是指智力创造性劳动取得的成果，并且是由智力劳动者对其成果依法享有的一种权利。② 根据《民法典》的规定，民事主体依法享有知识产权。知识产权是权利人依法就下列客体享有的专有的权利：作品；发明、实用新型、外观设计；商标；地理标志；商业秘密；集成电路布图设计；植物新品种；法律规定的其他客体。

二、保护知识产权有什么意义？

知识产权是指公民、法人或其他组织对其智力劳动成果、商业或其他特立相关客体等所享有的占有、使用、处分和收益的权利，是受法律保护的智力财产权。随着知识驱动逐步主导经济发展，这一无形财产权的重要性将日益凸显。

（一）保护知识产权才能激励科技创新

保护知识产权就是保护创新，保护创新就是服务加快发展新质生产力。知识产权与创新直接相关、关系最为紧密。在大国科技竞争、国家战略发展

① 海报新闻.陈洋洋，孙靓.山东“硬核大爷”退休后在车库搞发明获6项国家专利，一年“挣”了五六十万元［EB/OL］.（2022-9-21）［2024-05-06］. https：//baijiahao.baidu.com/s?id=1744574908614271618&wfr=spider&for=pc.

② 中国政府网. 什么是知识产权［EB/OL］.［2024-04-08］. https：//www.gov.cn/test/2005-06/24/content_9321.html.

和国家安全保障中，知识产权都至关重要。知识产权可以赋能和整合其他生产要素，具有乘数和倍增效应，对发展新质生产力具有重要作用。

（二）保护知识产权才能促进经济开放

巩固创新成果的保障措施，塑造顶级的商务环境，为全球各地的创新实体提供服务，不仅能给“走进中国”的外资公司有足够的信心保证，同样能提升“走向世界”的中国公司的核心竞争能力，更有效地促进我国全方位对外开放的新局面形成。

以上初步介绍了知识产权的概要，接下来我们具体了解一下与老年朋友相对有关的专利权、著作权和商业秘密权这三种知识产权。

三、专利权只是年轻人的“专利”吗

显然不是。生活中像情境导入的主角——山东“硬核大爷”那样，在退休后仍取得多项发明获得国家专利权的现象并非个例。

（一）退休后申请专利是职务发明还是非职务发明

这是有些老年朋友比较关注的关于专利权的问题之一。《专利法实施细则》第十二条，专利法第六条所称执行本单位的任务所完成的职务发明创造，是指：

（1）在本职工作中作出的发明创造；

（2）履行本单位交付的本职工作之外的任务所作出的发明创造；

（3）退休、调离原单位后或者劳动、人事关系终止后一年内作出的，与其在原单位承担的本职工作或者原单位分配的任务有关的发明创造。

只要退休没被返聘，有文件证明退休日期，超过一年就可以认为是非职务发明。

（二）专利权怎么申请（见图11-1）

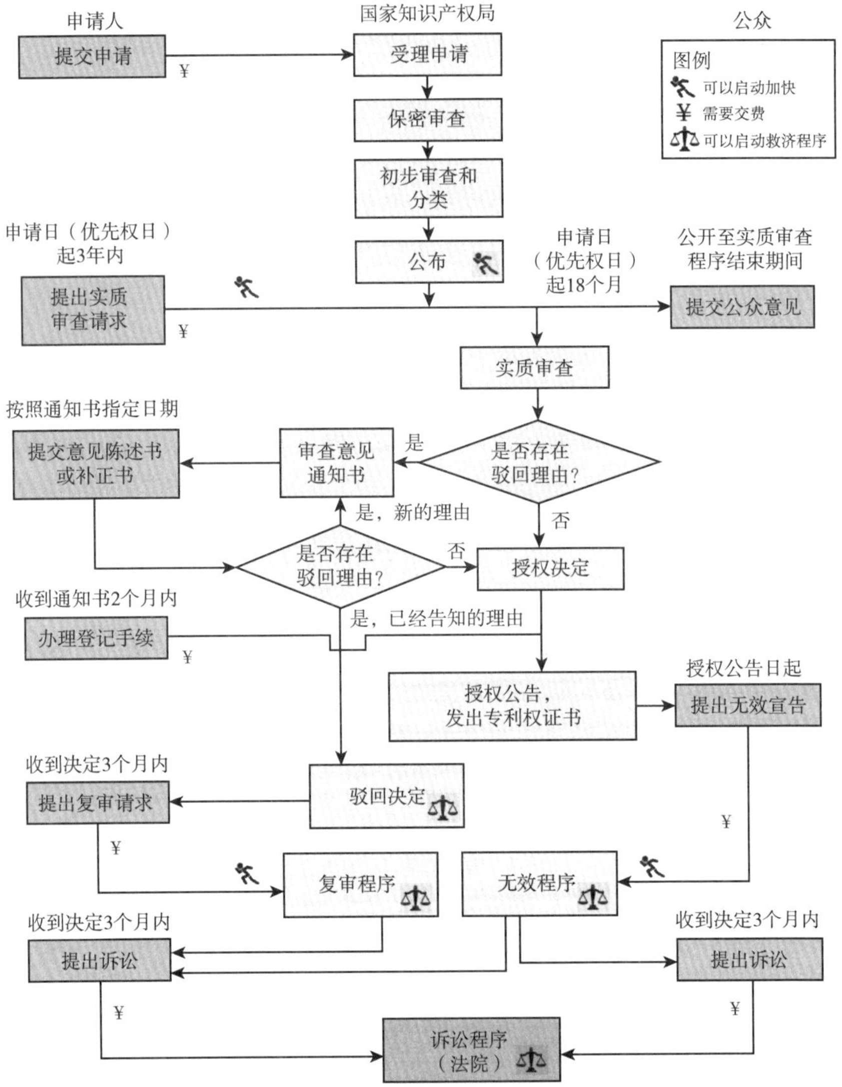

图11-1　国家知识产权局发明专利生命周期[①]

① 杭州亿万通双创服务平台—图解 |《国家知识产权局专利生命周期图》! 带您轻松了解专利的那些事 .2018-10-17. http://www.emtown.com.cn/News/Info/a58d7e79-35a3-419c-8cff-7b694a9d0b3e.

知识窗

1.专利权是指国家根据发明人或设计人的申请，以向社会公开发明创造的内容，并根据法定程序在一定期限内授予发明人或设计人的一种排他性权利。[①]以法律形式赋予发明人或设计人在一定时期内对其原创技术成果的独占权，用法规来确保其技术成果不被侵占。如果其他人或者公司希望使用这个独创的发明，就必须向发明者支付许可费或者版权税。

2.专利权通常分为三个主要类型：

（1）发明专利：用于保护新的技术发明或产品，包括机械、电子、化学等领域中的新发明，以及对现有技术的改进或创新。

（2）实用新型专利：是指对产品的形状、构造或者其结合所提出的适于实用的新的技术方案。在当前专利法的框架下，相较于发明专利，实用新型专利在创新程度和技术深度上要求相对较低，但却有较强的实际应用性，因此常被称作是小型发明或是具有小覆盖面的专利。它在专利申请中数量最多，覆盖的行业和领域也是最广的。

（3）外观设计专利：用于保护产品外观设计的独特性和美观性，例如产品的形状、纹理、图案等，而不涉及其功能或结构。

拓展园

中国专利法的发展

在专利保护领域，我国自1984年制定专利法，专利法的颁布为创新者提供了一种保护自己创造的新技术、新产品或新方法的机制。这种保护能够激励企业和个人投入更多的时间、精力和资源

① 罗杰·谢科特，约翰·托卫斯. 专利法原理［M］. 余仲儒，译. 北京：知识产权出版社，2016：11-15.

进行研发活动，从而促进科技进步和经济发展。进入21世纪，为适应中国加入世界贸易组织（WTO）以及国内经济社会发展的需要，中国于2008年对专利法进行了全面修订，此次修订对专利申请、审查、保护范围、专利侵权行为等方面作出了较大调整和完善。《中华人民共和国专利法实施细则》（2023年第三次修订）也已于2024年1月20日起实施，进一步加强了对知识产权的保护，促进专利转化运用，支持全面创新。

目前，专利法在促进创新成果的形成、转化和保护方面的作用越来越明显，激发了企业和全社会的技术研发和创新的热情，为发展新质生产力提供有力的法律保障。

四、把他人文章“读”成视频，是著作权侵权吗？[①]

他人写的原创文章成“爆款”，有的博主却“拿来主义”，直接把文字内容转化成视频，让人分不清谁才是原创作者。新业态下，原创、改编、抄袭的标准如何界定？直接转变他人的作品形态，算不算抄袭？构不构成著作权侵权？

● **案例**

李某与戴某是某知名社交平台的博主，二人主营领域都是糖尿病防治。李某有十几万粉丝，戴某有数万粉丝。

2022年4月，李某撰写了《不会吃，不敢吃？新确诊的糖友该怎么吃》一文，并发布在网络社交平台。

① 岑祺，张逸忛，陆奕越，等. 把他人文章“读”成视频，算不算抄袭？［N］. 上海老年报，2023-11-16.

5月，李某发现，戴某发布了视频作品《糖尿病可不是这也不能吃，那也不能吃，越不吃身体越不行，尤其刚成为糖友的人，不要走弯路》，该视频的文字表达内容与李某的文章完全一致。即戴某把李某的文章读了一遍，并拍摄剪辑成了一个视频作品。

李某自觉自己的著作权受到戴某的侵害，因此向黄浦区人民法院（以下称之为“黄浦法院”）提起诉讼。

戴某认为，李某在文章中也使用了他人文章的表述，其文章不具有独创性，不应当受到著作权法的保护。

法院判决：黄浦法院经审理认为，原告李某的文章中，虽然有部分内容与其他文章相似，但多为事实的陈述或观点上的借鉴。从整体上看，原告的文章仍是原告创作完成，体现了原告的选择与判断，是具有独创性的作品，不属于对他人的抄袭。

而被告戴某将李某的文章内容转化成视频，仅是作品机械形态的转换，该视频不能体现戴某的智力成果，不具有独创性。

据此，法院判决被告戴某构成著作权侵权，向原告李某赔偿经济损失11000元，并在其社交平台首页公开发表声明以赔礼道歉。

案例启示

值得警示的是：在“人人都是自媒体”的今天，自媒体主理人的法律意识也亟须跟上。

（一）“拿来主义”不可取，投机取巧非长久之计

通过传播热门作品以吸引流量，持续增加粉丝再进行直播带货，该模式已成为当下自媒体行业的惯常做法。我们在浏览社交平台时也会发现，同一热点内容时常对应多个作品，有的作品是文章，有的则是视频，以至于公众有时无法判断谁是原创作者，“拿来主义”之风有愈演愈烈之势。这种风气会打击原创作者的积极性，进而损害整个互联网的创作环境。

“涨粉”需凭真本事，“爆款”应当是原创作品或者是经原著作权人同意的改编作品。窃取他人劳动成果，将承担相应的法律后果，投机取巧的经营模式终究不是长久之计。

（二）观点、思想可借鉴，但直接将文章变成视频仍构成侵权

著作权不保护思想，著作权也不应限制科学观点的推广。本案中，关于糖尿病防治问题的一些表述，如“按照蔬菜、肉类、主食的顺序进食”“多吃深绿色蔬菜、橘红色蔬菜、紫红色蔬菜”，应属于科学、思想范畴，进行借鉴不属于侵权。

作品必须有基于作者思考的取舍，足以体现作品的独创性。如果作品只是将文字转化为图片或者视频等，只是对作品外在展现形式做点变化，没有体现创造性智力成果，不具有独创性，应当被认定为抄袭，构成著作权侵权。

（三）网络社交平台应当为原创作者保驾护航

网络社交平台是保护原创作者权益的第一道屏障。自媒体博主一旦发现自己被侵权，最便捷的方式应当是向网络社交平台投诉。目前，各大网络社交平台均公开发布投诉渠道，积极致力于维护原创作者的知识产权。建议各网络社交平台可加大技术投入，通过人工智能等手段，判断较为明显的侵权投诉，尽快化解矛盾纠纷，最大程度减少权利人的损失。

拓展园

各国对作权保护的内容会有所不同，即使同一国家，在不同时期，著作权保护的内容也会有一定的差异。根据中国《著作权法》的规定，著作权保护的对象包括计算机软件、文字、音乐、戏剧、美术、摄影作品、电影作品、设计图与模型、建筑作品、地图、示意图等。

著作权人享有的权利首先包括了使用、收益、转让权等财产上的权利。此外著作权还兼具有人身权的属性，著作权人享有在其作品上署名、保持其作品的完整性等权利，著作权通常有一定的保护期限，保护期限的长短取决于不同国家的法律规定和国际公约的约定。一般来说，著作权的保护期限从作者死亡后的一定年限开始计算，通常为作者死亡后50年或70年。

五、退休人员还要保守商业秘密吗

商业秘密权是指市场经营者（包括自然人、法人和非法人组织）在法定范围内自由支配商业秘密并排除他人侵害的权利。商业秘密权归属于知识产权这一大类之下，具有知识产权特性，是对创新成果实施保护的一种权利。

● **案例**①

在2007年9月1日，王某加入某企业，担任质量检测与设计的职位，与公司签订了正式的劳动合同书，同时双方还约定了竞业禁止事项，该协议自劳动合同解除或终止之日起五年内有效。到了2011年6月份，尽管王某已到退休的年龄，但企业决定仍继续聘用他。2014年2月28日，王某正式退职。此后在2015年4月8日，王某因要求公司支付其竞业限制补偿金而将公司告上法庭。

王某声称自己从公司离职之后便没再就业，按照与公司签定的防止竞争协定，公司有义务支付给他补偿金。而公司则辩解称，王某到了法定的退休年龄，该协议就不再有效。

两审观点一致，虽然王某在2011年6月办理了离退休手续，但这并不影响他退休后继续从事工作并获得应有的酬劳这一合法利益。王某退休后仍在原单位从事之前的职务，劳动合同生效期间所签订的不竞争协议仍有效。王

① 谢炳城.员工退休，竞业限制是否继续有效？山东高法 案号：（2016）苏民申4066号［EB/OL］.（2020-12-18）［2024-05-06］. https：//zhuanlan.zhihu.com/p/337872639.

某已遵守了协议，用人单位理应如约补偿王某。最后法庭判决公司需向王某支付总计七万七千余元的竞业限制补偿金。

案例启示

老年朋友在退休之后仍然要遵循法律规定和协议约定保守商业秘密。

通常情况下，员工一旦与前雇主之间的劳动关系解除或结束，再就业时常常会加盟其他从事相似职能的企业，便有较大风险将前雇主的商业机密外泄，从而给前雇主带来损失。非竞争条款的设立，即为预防此种情形出现，核心目的在于防护企业商业机密不受侵害。所以，劳动者与前雇主结束合同关系后，不论其是否处在法定工作年龄内，均存在可能泄露商业机密的风险。因此，对那些退休人员而言，非竞争协议依旧有效且应予以执行。

此案中，尽管王某已离职，但他与企业签订的不竞争协定对彼此仍然有效，王某自离岗之日起即在家中未从事任何工作，遵守了所承诺的不竞争条款，企业理应依法支付王某相应的经济补偿。当然,该协议约定期限为五年,因超过最长两年的法定期限,超出部分自动无效。

将商业机密纳入知识产权保护体系内，有利于建构一个公平、守信的营商环境，实现民法底层规则与市场经济基本需求的紧密融合。

体验与思考

魏阿姨退休后经常和好姐妹一起出去游玩，这不，春天到了，大家又一起商量准备下个月去新疆旅行15天，可是这次其中一位好姐妹刘阿姨提出不参加了，刘阿姨说是手头一时没有这么多备用金，但有一笔定期存款再过4个月就要到期了，现在取出来又太可惜。魏阿姨一听立即就把刚从银行取出的3万块钱现金给了刘阿姨，刘阿姨说要打个欠条，可魏阿姨说大家都是这么多年的好姐妹了，信得过，再说哪好意思呢。

结合本主题相关内容，您觉得魏阿姨这样做这样合适吗？如果是您，会怎么做呢？

主题十二 “看得见的手”和“看不见的手”

改革开放以来，我国逐步引入市场机制，1992年进一步把社会主义市场经济体制确立为经济体制改革的目标，明确了发展中国特色社会主义经济就是发展社会主义市场经济。[①]实践证明，经济体制改革的不断深化，中国经济飞速发展，创造了增长奇迹。本主题从身边的快递服务、菜市场等熟知的场景入手，和老年朋友们一起开启了解我国社会主义市场经济特点之旅，从而进一步增强大家坚定走中国特色社会主义道路的自信。

第一节 快递服务哪家强

如今，我们购物非常方便，即使不出门，只要点开手机，就可以直接下单购买全国各地的商品，并能随时随地了解物流信息，等着快递员送货上门，买的商品不称心还能七天无理由退换，还选择快递员上门取件服务，真是太方便了！本小节从熟悉的快递服务业展开，带领老年朋友们了解我国公有制经济与非公有经济并存的基本经济制度。

① 张卓元. 人民日报大家手笔：实现社会主义与市场经济有机结合［EB/OL］.（2016-11-21）［2024-04-08］. http：//opinion.people.com.cn/n1/2016/1121/c1003-28882323.html.

情景导入

小包裹，大作为[①]

近年来，快递业持续探索新业态、应用新技术，更好满足人民群众对美好生活的向往。身体不适急用药，怎么办？“即时物流”蓬勃兴起，小时级配送服务已从餐饮扩展到各类商品。取送物件、代买跑腿等个性化需求，如今也“都不是事儿”。在智慧物流园和无人仓库，有智能系统和机器人对包裹进行安检、分拣，准确高效的作业进一步缩短了快递的在途时间。快递“跑得快”又“跑得好”，给了城乡居民实实在在的获得感。

快递业既探索新业态，也开拓新天地。一边是“快递进村”，每天有上亿件包裹在我国农村地区进出流动，电商、物流产业链深深扎根广袤乡村，充分助力工业品下乡、农产品进城。一边是“快递出海”，中国快递企业拓展海外业务，建设海外物流仓、物流网，签署合作协议，培养物流专业人才……务实的努力，促进了国际贸易，让各类“中国制造”走进外国消费者家庭，同时也带动了当地物流业的发展和供应链的完善，让更多人体验到中国快递业的高效与便捷。

快递业一头连着供给端，一头连着消费端，有力承载着经济发展与民生福祉。

一、生活有快递真便利

● 案例

场景一：天气预报说过几天大范围降温，苏州的张阿姨不禁担心起在北京上大学的儿子，腿脚不便的她赶紧在手机里找了家快递公司的小程序下单一小时内上门取件服务，快递员很快就来了，张阿姨一想到儿子很快就能收

① 案例来源：人民日报：生活有快递，真便利 2024-03-18 中华人民共和国国家邮政局官网. https://www.spb.gov.cn/gjyzj/c100015/c100016/202403/e1661d8f27d04473ad46b70f88901252.shtml.

到她买的羽绒服和加绒牛仔裤，就心安了。

场景二：李大爷的女儿今年春节期间因生意忙没有回家来过年，可是女儿很喜欢吃李大爷亲手做的腊肠和咸鱼，李大爷装了满满一箱腊肠和咸鱼快递给女儿，心里才感觉踏实一些。

场景三：“爸爸，看到我放在桌子上的书了吗？”老魏的女儿刚出门就打来了电话，“嗯嗯，就在桌上呢”老魏说道，“可是我一会儿还得陪你妈去医院啊，我抽不出时间送给你啊。”女儿安慰老魏说道：“我已经叫了闪送，马上就上门来取书啦。”老魏这下心定了，女儿的书能及时送达，陪老伴去医院也不耽搁。

案例分析

上面几个场景是不是感觉很熟悉，不就是你我身边经常发生的故事吗？自1993年中国首家民营快递——申通快递成立以来，民营快递已走过30年历史。2023年12月，上海社会科学院发布的《中国民营快递30年发展总结与未来趋势展望》指出，中国民营快递大致经历了1990—2005年从零起步模式探索、2006—2015年与电商平台深度合作下加快建设、2016—2021年价格战下竞争格局重构、2022年以来数字化转型这四个阶段。我国已连续十年蝉联全球快递量第一大国。其中，截至2022年底，我国民营快递的市场份额已经超过90%，并呈现以多家民营快递企业为主的市场竞争格局。这使得今天的我们寄送、购物，能享受到方便快速、价格低廉和种类多样的快递服务。

二、使命必达的中国邮政

● **案例**

画面一：责任担当。重要的文件和资料为何必须选择中国邮政呢？始终肩负着人民邮政为人民的社会责任，中国邮政保密性、安全性、责任担当无疑在众多快递公司中是最高的，无论拥挤的城市街区，还是疏落偏远乡村，它都不计成本地前往，把诸如录取通知书这类重要文件及时递送到每个考生手里。

中国邮政作为“国家队”，在重要文件，证件，票据等寄送业务上更具安全能级。比如法律文书，邮政能做到5天投递3次，如果依然投递不到的话，可以退回法院，视同送达。再比如解除劳动合同通知书、催收钱款等，只要在寄单上写明内容，就算对方拒收也不会对解除合同通知书等的生效产生影响。另外，对于银行承兑汇票等部分票据，一旦寄件丢失，中国邮政EMS可以启动挂失补办流程。甚至补办不了的一些文件，EMS出具的丢失证明同样具有特定的法律效力。

画面二：虽远必达。中国邮政提供两种主要业务，一种是“邮政小包”，主要通过陆路运输运转，因此速度相对慢一些，但它“虽远必达，虽慢必到”。另一种是“EMS”（邮政特快专递），速度较快。

画面三：价格低廉。只需支付很少的费用，中国邮政就能365天为你服务，把挂号信寄送到中国境内的任何地方。

画面四：勇于改革。早在1980年和1984年，中国邮政就分别开办了国际、国内特快专递业务，成为中国大陆地区首家开创快递服务的企业。如今，历经改革和市场竞争磨炼的中国邮政，在2023年《财富》世界500强排行榜单中排名第86位，且自2020年首次跃居百强以来，中国邮政已经连续四年跻身百强。[①]中国邮政也是《财富》杂志2023年度最受赞赏的中国公司行业明星榜，只有行业综合得分最高的5家公司才能进入榜单，而中国邮政赫然登榜！在国家邮政局组织第三方机构对2021年第一季度快递服务满意度进行的调查结果显示，中国邮政EMS服务满意度排名位列第二梯队，排名非常靠前。[②]

案例分析

《邮政法》里的第一条就规定：国家保障中华人民共和国境内的邮政普

① 顺丰、京东物流领先，10家快递企业最新满意度排名出炉！2021-04-28 澎湃新闻·澎湃号·媒体https：//www.thepaper.cn/newsDetail_forward_12442454.

② 国家邮政局关于2021年第一季度快递服务满意度调查和时限准时率测试结果的通告2021-04-28中华人民共和国国家邮政局官网.https：//www.spb.gov.cn.

遍服务，保护公民的通信自由和通信秘密。

通过上述两个案例我们看到作为非公有制经济的民营快递公司提供了更多灵活便捷的快递形式的选择，作为公有制经济的中国邮政则发挥着“托底”全覆盖和机要安全等职能作用，两者之间相辅相成，共同发展。

三、公有制经济与非公有制经济

我国坚持公有制为主体、多种所有制经济共同发展的基本经济制度，毫不动摇鼓励、支持、引导非公有制经济发展，激发非公有制经济活力和创造力。

（一）公有制经济

公有制经济是指国有经济、集体经济以及混合所有制经济中的国有成分和集体成分。在社会主义市场经济体制下，公有制经济的主体地位和国有经济的主导作用的确立主要依靠公有制经济自身在竞争中的优势。公有制的实现形式，具体指的是公有资产的组织形式和经营方式。在我国社会主义的现阶段，公有制经济不仅包括国有经济和集体经济，还包括混合所有制经济中的国有成分和集体成分。如农村土地是集体所有，也就是所有村民的共同财产，是公有制的一种形式。

（二）非公有制经济

相较于公有制经济而言，非公有制经济是中国现阶段除了公有制经济形式以外的所有经济形式，同样是社会主义市场经济的重要组成部分，具体包括：个体经济、私营经济、港澳台投资经济、外商投资经济以及混合所有制经济中的非国有成分和非集体成分。

（三）公有制经济与非公有制经济协同发展

在社会主义初级阶段，要促进公有制经济与非公有制经济优势互补、共同发展。国有企业主要分布在关系国民经济命脉、国家安全和国计民生的重要行业与关键领域。民营企业等非公有制经济则在支撑经济增长、促进创新、扩大就业、增加税收等方面发挥重要作用。多种所有制经济共同发展，有利于调动不同经济主体的积极性和创造性，激发社会主义市场经济活力，推动中国经济可持续高质量发展。

第二节　瞧这一家子

春分时节，阡陌田野，江南水乡主打生态农业与旅游观光于一体的农业综合发展模式。盛夏之际，秀美村庄，深山老区利用独特地理气候与农业科技研发，形成区域联合，分户种植的特色产业发展格局。随着脱贫攻坚战的全面胜利，各地政府大力推进乡村全面振兴，发展特色农业等举措成了农民们致富增收、实现共同富裕的新动能，“小”土地上种出了大收益。本小节从赵大爷一家忙碌的一天开始，带领老年朋友们了解我国按劳分配为主体、多种分配方式并存的收入分配制度。

情景导入

“小”土地，大收益

地处山区的某市，由于耕地面积少，一直把重心放在区域菌菇特色农业发展上，不断提升特色产业规模、质量和效益。发展特色农业不仅增加了农民收入，还为乡村振兴提供了有力支撑。当地农村居民可支配收入连续多年位居该省前列！当地农村居民可支配收入连续多年居全省前列！

一、勤劳致富的赵大爷一家

● 案例

赵大爷是当地村里的菌菇种植大户，每年收入很是不错，瞧，赵大爷又开心地在照料他的宝贝蘑菇。

而此刻，赵大爷的小女儿正在田间地头直播，介绍自制香菇干：“我叫小莉……”赵大爷的小女儿经营一家土特产网店，但这一天销量就有几千公斤。

赵大爷的大儿子赵大宝发明了一项让香菇增收的新技术，他还发明了种植猴头菇的新技术，他转让了这项猴头菇种植新技术，获得了一大笔资金收入，赵大宝打算用这笔资金投入自家菌菇的精细化生产。

赵大爷的二儿子赵二宝建起了加工厂，得到当地政府部门的大力支持，赵二宝的企业今年出口创汇几千万元。他有意向拓宽投资领域，激励乡亲们一起参与商品出口赚取外汇，帮助大家实现收入增长和共同富裕。

案例分析

从上述案例，深刻感受到了赵大爷一家通过努力奋斗，一年下来取得可喜的收获。赵大爷一家辛苦劳动在土地上种植菌菇取得的种植收入，属于公有制度下的按劳分配取得的收入。赵大爷女儿小莉直播网店收入属于个体经营者的收入，属于按个体劳动者的劳动成果分配。而赵大爷大儿子赵大宝转让专利技术所取得的收入属于按生产要素分配中的按技术要素分配。二儿子赵二宝的收入则属于私营企业主个人所得，是按资本要素分配。

在政府部门对当地产业的扶持和振兴政策下，赵大爷一家通过直播卖货、技术创新、办厂创业等形式，实现了收入的大幅增加。

二、按劳分配与按生产要素分配

（一）按劳分配

按劳分配是在公有制前提下，对社会总产品作各项必要的社会扣除以后，按照个人提供给社会的劳动的数量和质量分配个人消费品。党的二十大报告指出坚持多劳多得，鼓励勤劳致富。按劳分配所产生的收入有：农民承包集体土地获得的收入，国企、公务员工资等。

（二）按生产要素分配

按生产要素分配是指生产要素所有者凭借要素所有权，从生产要素使用者那里获得报酬的经济行为。生产要素主要包括：劳动力、土地、资本、技术、数据等。[①]按要素分配所产生的收入主要有：按土地要素分配的土地流转收入；按资本要素分配的银行利息、股息、债券、基金，房产、汽车租赁等收入；按劳动力要素分配的私企、外企员工的工资；按技术要素分配的企业员工的专利收入、技术入股的形式获取利润分红；按数据要素分配的信息提供者对生产经营的贡献获得的收入。

党的二十大报告强调"要完善分配制度，坚持按劳分配为主体、多种分配方式并存，坚持多劳多得，鼓励勤劳致富，促进机会公平，增加低收入者收入，扩大中等收入群体，规范收入分配秩序，规范财富积累机制。"[②]进入新时代，实现共同富裕成为现实奋斗理想，分配制度是社会主义基本经济制度的主要内容，也是促进共同富裕的基础性制度。

第三节 "菜篮子"的故事

菜市场是一座城市的底色与缩影，是体现老百姓美好生活的重要载体。上海是国内拥有最多菜市场的城市[③]。"小菜场"是上海话的说法，上海小菜场经历了马路菜场、室内菜场、超市型菜场、生鲜电商等阶段与形态；还经

① 中央机构编制委员会办公室．中共中央 国务院关于构建更加完善的要素市场化配置体制机制的意见［EB/OL］.（2020-04-10）［2024-04-08］. http：//www.scopsr.gov.cn/xwzx/szyw/202004/t20200410_374261.html.

② 习近平．高举中国特色社会主义伟大旗帜 为全面建设社会主义现代化国家而团结奋斗——在中国共产党第二十次全国代表大会上的报告［R/OL］.（2022-10-16）［2024-04-08］. https：//www.gov.cn/xinwen/2022-10/25/content_5721685.html.

③ 南方周末．朱圆，王卓颖．世界上找不到一模一样的两个菜市场［EB/OL］.（2022-06-20）［2024-05-06］. https：//new.qq.com/rain/a/20220620A054B900.

历了“合作化”“统购统销”“双轨制”和“租赁经营”的体制转型，小菜场的“前世今生”折射出时代的变迁，也诉说着中国社会逐渐从计划经济向市场经济、从物资短缺向丰裕社会、从社会管理向社会治理转变的满载“人间烟火”的“菜篮子”故事。

情景导入

小菜场，大变迁

场景1：80多岁的陈阿根，回想起上世纪五六十年代自己小时候的日子，他爱吃糖和肉，但即便那时家里条件还算不错，想吃上一顿肉也不容易。当时的菜场品种很少，买肉、买豆制品都要凭票购买。家里肉票要是用完了，陈阿根就只能等到下个月才能吃上肉了。

场景2：20世纪七八十年代，实行统购统销，蔬菜由上海市蔬菜公司批发给各菜场，猪肉由上海副食品公司批发，河鱼海鲜由上海水产公司批发，豆制品和咸菜豆芽由各区豆制品加工厂和咸菜加工场生产批发，而小菜场是末端。玲子当年就在菜场当营业员，每天5点开秤。当时马路菜场无遮无挡，摊头由铁皮柜台和白铁管撑起的雨篷组成，雨下大了雨棚遮不住，顾客得打着雨伞买菜。

场景3：20世纪80年代中期，粮油购销市场首先被国家放开，计划外的农副产品可以自由买卖。1988年“菜篮子工程”建设被提了出来，省长亲自抓“米袋子”，市长直接抓“菜篮子”。曾因“一刀准、一口清”的出色能力荣获过上海市“新长征突击手”称号的菜场营业员老钱，后升任副食品公司的领导岗位。在“双轨制”时期，他曾带着采购员，全国各地的跑，采购南北干货特产。随着“双轨制”和市场机制的引入，逐渐告别了物资短缺，票证也随后渐渐退出了历史舞台。

场景4：20世纪90年代，小王从安徽到上海做起了卖菜生意，他记得当时所在的马路菜场满地污泥，直到2000年兴起了大棚菜市场，小王立即租了摊位，菜市场环境改善了很多，但一到暑天，大棚里又闷又热，且气味难闻。再往后，菜市场进行了标准化改造，环境更好了，曾经的小王，现在的老王生意也更旺了。现如今，大卖场、生鲜超市、网上买菜等新形式不断迭代涌现，副食品供应已进入多元时代，老百姓的选择也更多样了。

案例分析

小菜场关系到老百姓的每日三餐，往往也反映出当地的文明程度和民生温度。几十年间小菜场的演变，折射出老百姓的生活蒸蒸日上。

计划经济时代，我们采取的是统购统销制度，当时买菜只有菜市场单一的渠道，而且要凭票排队购买。改革开放后，物质不断丰富，老百姓的生活水平不断提高，菜场也不断发生变化。私营摊位多了起来，原有的国营摊位慢慢不见了，菜的品类增加了，价格反而逐渐降了。

随着社会的不断进步，小菜场也在变迁，菜场里食品的价格、来源和质检信息越来越公开透明。现在传统菜场不断探索向标准化、智慧化、邻里化升级，环境变得越来越干净美丽，升级后的小菜场经常成为网红打卡地，居民买菜的幸福感得到极大提升，小菜场圈出社区居民 15 分钟生活圈的新美好，成为民生融合的新路径。

小菜场的大变迁，正是我国从计划经济向社会主义市场经济转型过程在农贸市集的一个缩影。新时代，加快完善社会主义市场经济体制，关键就在于处理好政府与市场的关系，让有效市场和有为政府更好地有机结合，构建高水平社会主义市场经济体制，带领人民为实现共同富裕而奋斗。

一、“看不见的手”与“看得见的手”

“看不见的手”是一个比喻，指市场的一种特征或性质。英国经济学家亚当·斯密在《国富论》中指出：在经济活动中，每个人的自利行为，除了促成自己的好处，还造就其他人的利益。市场由于具有盲目性也会有失灵的时候。

“看得见的手”出自英国经济学家凯恩斯的《就业·利息和货币通论》一书，一般是指政府的宏观调控和管理，也称“有形之手”，是“看不见的手”的对称提法。国家进行宏观调控和管理是为了补救市场运行中的缺陷，但必须尊重市场规律。

二、市场经济体制及其特征

市场经济体制，是指一个国家的一切经济活动都以市场为中心，市场机制是推动生产要素流动，实现资源合理配置和按比例生产的基本机制。

（一）市场经济体制特征

1. 市场主体具有自主性

制造企业对其经营活动拥有独立的自主权，自行决策和执行，自负盈亏。同样，消费者是否购买、在哪里选购、以及按何种价格和条件购买完全基于个人的选择。

2. 市场主体之间是平等的

市场交易双方本着自愿原则，遵循等价交换原则，不得强买强卖。

3. 市场主体之间的关系主要是竞争关系

所有市场主体之间的互动无不是为了追求经济利益最大化。

4. 市场主体竞争的残酷性

在市场竞争激烈的环境下，适者生存，优胜劣汰。一部分企业成长了，另一些企业则宣告破产。

5. 市场客体的商品化

所有的资源分配与生产要素流动都通过市场来配置，商品形态不再局限于实体产品，同时资本、劳动、科技、信息和土地等各种生产因素也转化为了商品。

（二）市场失灵

市场机制除了上述特点之外，也会有失灵的时候。

1. 自发性

由于市场中的生产者和经营者个体，不可能全面了解社会的信息，导致他们在决策时，通常只会根据市场上商品的售价高低、利润厚薄来确定自己的生产与营销方向，显然带有一定的盲目性，容易导致市场价格波动，有时还会导致资源浪费。

2. 盲目性

由于市场中的生产者和经营者个体，不可能全面了解社会的信息，导致他们在决策时，通常只会根据市场上商品的售价高低、利润厚薄来确定自己的生产与营销方向，显然带有一定的盲目性，容易导致市场价格波动，有时还会导致资源浪费。

3. 滞后性

市场调节是一种事后调节，每个参与者只有在某种商品价格上涨或下跌后才作出扩大或减少这种商品产、供的决定，有一定的时间差。

4. 有限性

市场不能解决收入不公平的问题，往往易造成贫富分化。因此需要政府通过合理的税收和收入分配政策，建立和完善合理的社会保险机制，促进社会的公平正义。

三、政府的宏观调控

为了弥补“市场失灵”，政府在经济活动中，同样发挥着重要的作用，中国还属于发展中国家，政府在国家发展中起到了至关重要的作用。一方面，市场尚未发育完善，市场机制尚未健全，仅靠市场自身能力难以发挥最大效能，因此需要政府推进，大力改善营商环境。另一方面，那些公共回报显著而利润有限的领域，例如基础设施等很难吸引民间资本投入，需要政府扶持、驱动来实现迅速成长，才能取得较快的经济发展。当然，在执行宏观调控和管理职能时，要注重有为政府与有效市场的有机结合，只有这样才能持续激发市场经济在宏观调控中的活力。

拓展园

社会主义市场经济是一个伟大的创造[①]

习近平总书记指出：“在社会主义条件下发展市场经济，是我们党的一个伟大创举。我国经济发展获得巨大成功的一个关键因素，就是我们既发挥了市场经济的长处，又发挥了社会主义制度的优越性。”我国社会主义市场经济体制的建立、发展和完善的过程，是中国共产党领导人民不懈探索，不断推进改革开放，实现共同富裕，走中国式现代化道路的过程。习近平总书记指出：“提出建立社会主义市场经济体制的改革目标，这是我们党在建设中国特色社会主义过程中的一个重大理论和实践创新，解决了世界上其他社会主义国家长期没有解决的一个重大问题。”

体验与思考

亲爱的各位老年朋友，除了身边的快递行业的迅猛发展、小菜场的时代变迁，还有哪些变化影响着我们的生活，带来更多生活上的便利与美好呢？

① 蒋永穆. 为什么说社会主义市场经济是一个伟大的创造［EB/OL］.（2022-01-31）［2024-04-08］. https：//mp.weixin.qq.com/s/DD5m72mdTJrOPH61F-7pQQ.

主题十三
“一带一路”给我们带来了什么

本主题将逐步引导大家深入了解国际贸易与对外开放的关系、中国对外开放的政策与原则。我们将详细介绍中国在拥抱“全球化”过程中提出的“一带一路”倡议为促进世界各国的互联互通、命运与共所起到的积极作用。同时，我们还将介绍基本的国际经济制度与经济交往体制，中国正在发挥积极作用的各类国际经济组织以及未来的发展目标。

情景导入

从常见的进口奶粉、咖啡、零食，到尼泊尔的羊绒围巾、叙利亚的玫瑰精油、泰国的无火香薰、巴基斯坦的骆驼皮灯，越来越多具有世界各个国家和地区特色的商品进入到了中国人的商场和生活。与此同时，从服装、玩具、到年轻人手里的手机、家里新装的空调，大量的“中国制造”也走进了世界各国人民的生活。

在马尔代夫，跨海大桥连通岛屿；在黑山，高速公路穿越群山；在老挝，中老铁路沿线草木葱茏；在卡塔尔，中国建设的足球场馆成为世界杯的主赛场。

“对外开放”不仅仅是新闻里的一个名词，更是围绕我们的生活，为美好生活带来更好体验的“机遇”，是我们与世界沟通的桥梁。

第一节　对外开放的政策与原则

“从长远看，经济全球化仍是历史潮流，各国分工合作、互利共赢是长期趋势。我们要站在历史正确的一边，坚持深化改革、扩大开放，加强科技领域开放合作，推动建设开放型世界经济，推动构建人类命运共同体。”

——出自2020年7月21日习近平总书记在企业家座谈会上的讲话。①

一、对外开放政策

中国坚持对外开放的基本国策，奉行互利共赢的开放战略，推动高质量共建一带一路，推进全球发展倡议，推动构建全球发展共同体。支持多边贸易体制，推动建设开放型世界经济，推动经济全球化朝着更加开放、包容、普惠、平衡、共赢的方向发展。

（一）“对外开放”是国策

1978年9月13日至20日，邓小平在视察本溪、大庆、哈尔滨、长春、沈阳、鞍山、唐山、天津等地所发表的一系列重要谈话，史称“北方谈话”，也正是在这次谈话中，第一次提出了“对外开放”的概念。而在党的二十大报告中，再次强调了对外开放作为我国基本国策的重要地位。

通过施行更加积极主动的开放战略，构建高标准的面向全球的自由贸易区网络，加快推进自由贸易试验区、海南自由贸易港建设等多种主动向前的举措，“一带一路”倡议成为了深受欢迎的国际公共产品和国际合作平台。在“一带一路”倡议提出到现在，我国已经成为140多个国家和地区的主要贸易伙伴，货物贸易总额居世界第一，吸引外资和对外投资居世界前列，形

① 资料来源：新华网.习近平主持召开企业家座谈会并发表重要讲话［EB/OL］.（2020-07-22）［2024-04-07］. https：//www.gd.gov.cn/gdywdt/ttxw/content/post_3049539.html.

成更大范围、更宽领域、更深层次对外开放格局。[①]

（二）对外开放政策的历史沿革

对外开放作为我国的一项基本国策，对我国的经济发展产生了重要影响，也随着我国的经济发展和世界格局变化，经历了几个不同的发展阶段。

第一阶段是从1978—2000年，以十一届三中全会召开和设立深圳等经济特区为标志，对外开放航船正式扬帆起航。也可以根据开放的程度划分为1992年前的改革开放初期和1992年邓小平同志视察南方后对外开放进一步扩大两个时期，从沿海特区率先开放，到沿江、沿边和内陆中心城市全面推进开放。

第二阶段是从2001—2012年，以成功加入世界贸易组织为标志，中国的对外开放走入从遵守到参与制定规则的新阶段。我国由有限范围、地域、领域内的开放，转变为全方位、多层次、宽领域的开放。

第三阶段是2012年至今，中国经济进入新常态，虽然增长速度有所回落，但是恰逢全球经济危机过后的“逆全球化”和“民粹主义”思潮，在此基础上，我国提出了“一带一路”倡议，主动增强与世界各国的联系，而这一倡议带来的积极影响也延续至今。

通过“对外开放”这一基本国策，以及持续不断地推进改革开放，中国与世界各国一起，从对外贸易中获得发展动力。

第二节 “一带一路”对我国开放的重要作用

早于西汉时期，张骞出使西域，便开通了与西域国家间的“丝绸之路”。

① 习近平.高举中国特色社会主义伟大旗帜 为全面建设社会主义现代化国家而团结奋斗——在中国共产党第二十次全国代表大会上的报告［EB/OL］.（2022-10-25）［2024-04-07］. https://www.gov.cn/xinwen/2022-10/25/content_5721685.htm?eqid=b83ea0dc00129efa000000026486b41e.

传统的丝绸之路，起自中国汉唐古都长安或洛阳，经中亚国家、阿富汗、伊朗、伊拉克、叙利亚等到达地中海，以罗马为终点，全长6440公里。[①]丝绸之路被认为是联结亚欧大陆的古代东西方文明的交汇之路，丝绸是这条通商之路上最具代表性的货物。在货物交汇的同时，数千年来，游牧民族或部落、商人、教徒、外交家、士兵和学术考察者也沿着丝绸之路四处活动，带来了中西方文明的碰撞。

一、“一带一路”倡议的提出

“丝绸之路”曾是我国与西域各国保持通商的重要道路。而“一带一路”（The Belt and Road，B&R）是“丝绸之路经济带”和“21世纪海上丝绸之路”的简称，2013年9月和10月由中国国家主席习近平分别提出建设“新丝绸之路经济带”和“21世纪海上丝绸之路”的合作倡议。[②]2015年3月28日，国家发展改革委、外交部、商务部联合发布了《推动共建丝绸之路经济带和21世纪海上丝绸之路的愿景与行动》。[③]

二、“一带一路”倡议对中国经济的带动作用

既然已经时隔千年，为什么我们现在又要再次倡议建立“丝绸之路”呢？

（一）“一带一路”倡议的经济成果

自2013年中国提出“一带一路”倡议开始，截至2023年，中国与“一

① 丁思，高莹．东西问 | 王涛：陆上丝绸之路，人类如何与沙漠、绿洲和谐共生？［EB/OL］．(2022-5-24)(2024-04-07)．https：//www.yidaiyilu.gov.cn/p/245993.html.

② 史志钦，陆洋．共建“一带一路”推动构建人类命运共同体（原载于中国纪检监察报）［EB/OL］．2023-10-8［2024-04-07］．http：//theory.people.com.cn/n1/2023/1008/c40531-40090574.html.

③ 国家发展改革委、外交部、商务部．经国务院授权三部委联合发布推动共建“一带一路”的愿景与行动［EB/OL］．(2015-03-28)［2024-04-07］．https：//www.gov.cn/xinwen/2015-03/28/content_2839723.htm.

带一路”合作伙伴国家货物贸易额累计达到19.47万亿元人民币，中国与共建“一带一路”国家进出口累计总额，年均增长6.4%；与共建国家双向投资规模累计超过3800亿美元；中国在共建国家的承包工程年均完成营业额大约1300亿美元。十一年来，中欧班列开辟了亚欧陆路运输新通道，通达欧洲25个国家、219个城市，累计开行超过8.5万列，运送货物超过740万标箱，运输货物品类涉及53个大类、10万多个品种产品。[①]

一个个亮眼的成绩表明，高质量共建“一带一路”取得实打实、沉甸甸的成就，深入推动共建人类命运共同体，不断促进世界和平与发展开创新局面。

（二）增进与世界的联系与合作

情景导入

徐阿姨近日与老伴报名了上海到老挝的7日游，在老挝的首都万象及周围的各个城市，不仅在景点到处可以看到中文的标识，就是铁路和高速公路也有中文的标识。走在路边购买菠萝、咖啡可以同时使用人民币和老挝基普，当地人还对付款时使用人民币有格外的偏好。回到酒店以后，打开电视也能接收到来自中国的电视卫星信号，还能收看国内的新闻。

徐阿姨回国以后，对老挝各类新鲜的水果甜美的口感念念不忘，而当她与老挝的导游网上聊天说起时，导游告诉她，其实现在哪怕是在国内，老挝的水果特产已经可以从网上的购物平台搜索购买了。她这才发现，原来老挝的榴莲、龙眼、椰青都早已走上了中国人民的餐桌。

而这一切都归功于“一带一路”为中国和老挝带来的深入合作。目前，中国已经同150多个国家和地区、30多个国际组织签署200余份涵盖各领域的共建“一带一路”合作文件，在全球拥有27个自贸伙伴，吸引了全球超

① 韩飞.中欧班列为亚欧大陆发展注入新活力［EB/OL］.（2024-03-28）（2024-04-07）. https：//www.xj.chinanews.com.cn/dizhou/2024-03-28/detail-ihcyxqnr9167146.shtml.

过四分之三的国家参与，为共建国家创造了42万个工作岗位，也帮助越来越多的国家加快经济发展。①

1.基础设施互联互通

2023年4月13日上午，由中车青岛四方股份公司和大连公司联合制造的“复兴号”CR200J型动车组，“澜沧号”动车组担当的D887次、D888次首发列车投入跨境运营，中老铁路正式开行国际旅客列车。中老昆万铁路，即“中老国际铁路通道”，简称“中老铁路”，是一条连接中国云南省昆明市与老挝万象市的电气化铁路，由中国按国铁Ⅰ级标准建设，②是第一个以中方为主投资建设、共同运营并与中国铁路网直接连通的跨国铁路，更是老挝由“陆锁国”变“陆联国”的一个重要里程碑。

而随着中老铁路、雅万高铁、匈塞铁路、比雷埃夫斯港等一批标志性项目陆续建成并投运，中欧班列开辟了亚欧陆路运输新通道，“丝路海运”国际航线网络遍布全球，“六廊六路多国多港”的互联互通架构已基本形成。③紧随其后的“空中丝绸之路”也成效显著。中国已与104个共建国家签署双边航空运输协定，与57个共建国家实现空中直航，跨境运输便利化水平不断提高。

2.成立亚投行

亚投行重点支持亚洲地区基础设施建设，积极推进旨在达成气候协定的绿色能源项目，促进亚洲区域的互联互通、科技创新和经济一体化进程，并有助于加强中国及其他亚洲国家和地区的合作。亚投行至今已批准286个项目，包含能源、交通及抗击新冠疫情的公共卫生项目，特别是为中国的项目

---

① 新华社.中国服务贸易指南网：我国已与152个国家、32个国际组织签署共建“一带一路”合作文件［EB/OL］.（2023-08-25）［2024-04-07］. http：//tradeinservices.mofcom.gov.cn/article/ydyl/yaowen/gnyw/202308/152718.html.

② 昆明市发展和改革委员会.关于对政协昆明市十三届四次会议第134403号提案答复的函［EB/OL］.（2020-08-24）［2024-04-07］. https：//fgw.km.gov.cn/c/2020-08-24/3787107.shtml.

③ 国家统计局.建筑业高质量大发展 强基础惠民生创新路——党的十八大以来经济社会发展成就系列报告之四［EB/OL］.（2022-09-19）［2024-04-07］.

走出去提供了基础资金保障。

知识窗

亚洲基础设施投资银行（Asian Infrastructure Investment Bank，简称亚投行）是首个由中国倡议设立的政府间性质的亚洲区域多边开发机构。截至2020年7月，亚投行已有103个成员国，并得到了标准普尔，惠誉和穆迪一致的3A评级。

共建“一带一路”围绕互联互通，以基础设施“硬联通”为重要方向，以规则标准“软联通”为重要支撑，以共建国家人民“心联通”为重要基础，不断拓展合作领域，成为当今世界范围最广、规模最大的国际合作平台。

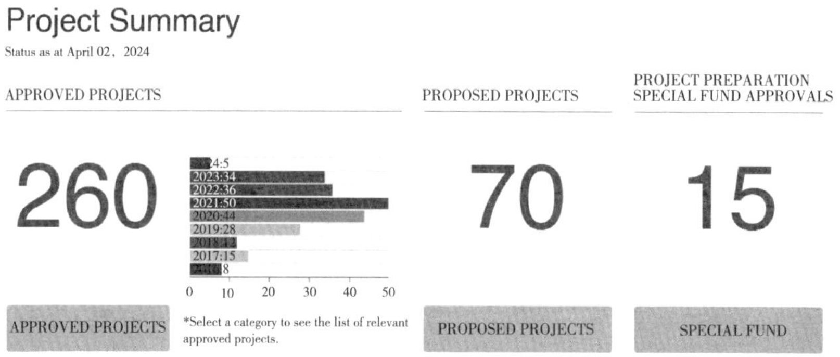

注：图片为亚投行批准参与投资的项目数量（数据更新于2024年11月1日）。[①]

3.参与《区域全面经济伙伴关系协定》RCEP协定

在“一带一路”倡议背景下，《区域全面经济伙伴关系协定》（Regional Comprehensive Economic Partnership，RCEP）也已于2022年生效。作为全球

① 资料来源：亚投行官网［EB/OL］.（2024-10-24）［2024-11-01］. https：//www.aiib.org/en/projects/summary/index.html.

最大、最具潜力的区域自贸协定，RCEP由东盟发起，历经十余年谈判，将环太平洋主要经济体联结在一起，涵盖全球29.7%的人口和28.9%的GDP。[①]以降至零关税和负面清单为目标，RCEP旨在提高区域内货物贸易自由化和便利化水平，有助于深化区域经济一体化，为参与各国提供更多互利发展机会。

古代丝绸之路是一条贸易之路，更是一条友谊之路。现在的“一带一路”，就是要继承和发扬丝绸之路精神，赋予古代丝绸之路以全新的时代内涵。

第三节 经济全球化与全球治理

全球化是目前世界共同认可的趋势吗？它是解决人类生存困境的最好途径吗？

全球化是一个复杂的概念，涉及政治、经济、文化等多个方面。一般来说，全球化是指全球各地在经济、文化、政治等多个领域相互交流、相互影响、相互依存的程度不断加深的过程。全球化有效地为商品、资本、人员等生产要素在全球范围内的自由流动和优化配置提供了便利，促使各种经济体之间的相互依存和联系不断加强。更进一步，全球化促进了不同文化之间的交流、碰撞与融合，促进了文化多样性在全球范围内的普及、尊重和接纳。

一、国际经济制度与经济交往体制

截至2023年，联合国会员国达到了193个，[②]国家与国家之间是开放还

① 翁杰，俞晶，钟欢欢.RCEP给浙企带来“真金白银”浙江拥抱全球最大区域自贸协定［EB/OL］.（2022-01-04）［2024-04-07］. https：//zjnews.zjol.com.cn/zjnews/202201/t20220104_23595348.shtml.

② 数据来源：联合国［EB/OL］.［2024-04-07］. https：//www.un.org/zh/about-us/member-states.

是封闭，又是通过什么样的方式进行合作和交流取决于国家间的经济交往体制，更受到国际经济制度的引导和限制。

（一）国际经济制度

国际经济制度是指全球范围内存在的、旨在调整国际经济关系的各种组织协调机构以及由其确立的原则、规则和国际交易习惯的总和。它包括国际贸易的协调机制、投资信贷协调机制、有关汇率的协调机制、针对国家内部经济政策的国际协调机制以及对以上各种机制的监督保障机制等。

国际经济制度的主要目的是促进各国之间的经济合作与发展，规范国际经济关系，解决国际经济问题，推动全球经济的繁荣和发展。前文中所提出的中国参与并倡导的“亚投行”和“上海合作组织”等都属于我国在推动国际经济制度变革中的贡献。

（二）经济交往体制

经济交往体制广义来说指的是国家之间在经济领域进行交流和合作的机制和规则。它涉及贸易、投资、金融、知识产权保护等多个方面，是各国之间经济联系和互动的重要纽带。经济交往体制的建立和发展，可以促进各国之间的经济交流和合作，推动经济发展和繁荣，同时也可以促进国际经济制度的完善和发展。

中国的国际经济交往体制主要包括对外贸易、对外投资、援助合作、区域经济一体化和对国际组织的贡献。

1.对外贸易

中国秉持的是开放的贸易政策，积极参与全球贸易活动，与多个国家和地区建立了贸易关系。中国通过与世界各国开展贸易往来，实现了资源优化配置和互利共赢。通过加入RCEP等各类关税协定，中国在贸易政策方面又迈出新的一步，通过协定中协约国间的关税及原产地优惠的政策，中国进一步增加了与区域内经济体多方位的合作，提高了经济开放程度，实现了资源优化配置和互利共赢。

2. 对外投资

中国鼓励本国企业“走出去”，开展对外投资活动，投资领域包括能源、矿产、制造业、服务业等。中国对外投资不仅有利于本国企业的发展，同时也为东道国创造了经济效益和社会效益。

以“新希望集团”为例，继越南、菲律宾之后，“新希望集团”又在孟加拉国、柬埔寨和埃及投资建设了饲料厂，也在澳大利亚和新西兰等畜牧业发达国家建立了“肉蛋奶”基地，通过同时在“养殖端”和“消费端”发力，不仅构建了从土地到餐桌的一体化供应链体系，也为各个地区的消费者提供了更丰富的产品。

3. 援助合作

中国积极参与国际援助合作，向发展中国家提供援助和支持，帮助他们改善基础设施、提高生产能力、促进经济发展。回望历史，在我们还不富裕的时候，同样对外提供了大量援助。新中国成立70多年来，我们共向160多个发展中国家提供各类援助，实施了数千个物资援助项目，开展了上万个技术合作和人力资源开发合作项目，培训各类人员40多万人次。①

疫情期间，我国还在自身需求巨大、疫苗供应紧张的情况下，尽己所能，向近100个国家和多个国际组织供应4.8亿余剂疫苗，是世界上对外提供疫苗最多的国家。中国的援助合作以平等互利为基础，注重实效，赢得了国际社会的广泛赞誉。

4. 区域经济一体化

中国积极参与区域经济一体化进程，合作成立了上合组织并不断吸纳更多区域成员加入；与周边国家和地区建立了多个自由贸易区，如中国–东盟自由贸易区、中韩自由贸易区等。这些自由贸易区的建立促进了区域内的贸易和投资自由化，有利于实现互利共赢的目标。

① 人民日报 罗照辉. 七十年援外路 五大洲风雨情［EB/OL］.（2021–07–05）［2024–04–07］. https：//www.gov.cn/xinwen/2021–07/05/content_5622604.htm.

知识窗

上海合作组织（Shanghai Cooperation Organization）

简称上合组织（SCO），是由中国、俄罗斯、哈萨克斯坦、吉尔吉斯斯坦、塔吉克斯坦、乌兹别克斯坦在上海成立的国际组织。印度、巴基斯坦和伊朗分别于2017年和2022年加入。上合组织自2003年批准多边经贸合作方案以后就在广泛领域形成合作，并在“一带一路”倡议背景下进一步签订了从共同建设高速公路到共同组建多个科研中心等约30个不同领域的合作项目。

5. 参与国际经济组织

中国积极参与国际经济组织的活动，通过参与国际经贸规则的制定和实施，维护自身合法权益的同时，也为推动全球经济治理体系的完善和发展作出了贡献。

总之，中国的国际经济交往体制是一个多元化的体系，涵盖了对外贸易、对外投资、援助合作、区域经济一体化和国际经济组织参与等多个方面。通过加强与世界各国的经济合作与交流，中国将继续为推动全球经济繁荣与发展作出积极贡献。

拓展园

为什么会有国家间的经济往来?

国际贸易比较优势理论

亚当·斯密在经济学的开山著作《国富论》中曾提出，专业化分工是提高劳动生产率的终极源泉。在这基础上，他的经济理念的继承和发扬者，著名的经济学家大卫李嘉图，在他1817年的著作《政治经济学及赋税原理》中提出了我们现在熟知的比较优势原理。他指出，任意两个国家都可以通过基于比较优势的贸易和专业化而获益。[①] 这一理论奠定了现代贸易理论的基础，是现代国际经济学的起点，而在随后的两百多年间，当代经济学家则把要素禀赋也纳入其中，不断完善基于比较优势原理的贸易理论，形成了赫克希尔－俄林－萨默尔森贸易理论，成为各国经济学家和政策制定者倡导自由贸易的学理依据。

因此，国际经济制度与经济交往体制是相互促进、相互制约的关系。一方面，国际经济制度的建立和发展为经济交往体制提供了规则和框架，促进各国之间的经济交流和合作；另一方面，经济交往体制的完善和发展也进一步推动了国际经济制度的改革和完善，更好地适应全球经济的变化和发展。

（三）“逆全球化”风向—经济全球化的问题与挑战

20世纪90年代以来，以信息技术革命为中心的高新技术迅猛发展，把世界经济融为了一体。但在促进贸易、投资和经济繁荣的同时，也带来了一些负面的影响，比如加剧了国际竞争，增多了国际投机，并对国家主权和发展中国家的民族工业造成了严重冲击。更为严重的是，由于实力不同，欧美等发达国家和依托于发达国家起家的诸多跨国公司在这一波全球化浪潮中得利更多，而发展中国家及其国内企业则居于弱势，所得甚少。这也导致发展中国家与发达国家的差距被进一步拉大，特别是大型跨国公司，往往处于全球价值链的顶端，必然成为全球化最大的受益者。

在新技术革命效应不断显现的全球经济化上行期，增长带来的蛋糕可以缓和及掩盖这一矛盾。然而，随着全球经济重新步入下行通道，世界经济增

① 卢进勇，杜奇华编著. 国际经济合作（第3版）[M]. 北京：对外经贸大学出版社，2020：11.

量的速度有所放缓，由多种原因造成的收入差距扩大、产业空洞化、金融风险跨国传导等问题被各国的民粹主义者归咎于经济全球化。

面对这一趋势，中国作为坚定开放的有担当的大国，从全面取消制造业领域的外资准入限制，到放宽电信、医疗等市场准入，再到推进金融高水平对外开放；从“一带一路”国际合作高峰论坛的成功到全球数字贸易博览会的顺利召开；从加入和实施《区域全面经济伙伴关系协定》，到主动对接《全面与进步跨太平洋伙伴关系协定》和《数字经济伙伴关系协定》等高标准经贸规则，以实际行动促进贸易和投资的自由化。

关于经济全球化的走向，中国再次重申：坚决反对逆全球化、泛安全化，反对各种形式的单边主义、保护主义，坚定促进贸易和投资自由化便利化，破解阻碍世界经济健康发展的结构性难题，推动经济全球化朝着更加开放、包容、普惠、均衡的方向发展。[①]

二、命运共同体

现象思考

“卡塔尔世界杯”

卢赛尔体育场是本届世界杯的决赛场地，10元的卡塔尔里亚尔纸币上印的正是这座球场。它可容纳92000名观众，由中国铁建国际集团承建，中方参建人员超千人。它的整体外形呈马鞍状，外幕墙是铜色圆形玻璃，配上内部灯光，使得它在夜间格外璀璨，像极了沙漠中的一只“金碗”。

卡塔尔属热带沙漠气候，境内没有完整的河流和永久性湖泊，

① 新华社.中央外事工作会议在北京举行 习近平发表重要讲话［EB/OL］.（2023-12-29）［2024-04-07］. https：//www.shanxi.gov.cn/ywdt/qgyw/202312/t20231229_9456742.shtml.

年均降水量仅100毫米左右，被称为“水比油贵的国家”。为增强饮用水的储水供水能力，同时为本届世界杯提供清洁水源，卡塔尔实施供水工程建设，包括海水淡化、储存、输送等系统工程。其中，中国能建葛洲坝集团承建了工程的E标段，施工任务包括两座水池、一座加压泵站及旁通管线工程。水池每座长305米、宽150米，面积相当于6.4个标准足球场，容量为50万立方米，是吉尼斯世界纪录认证的“世界单体最大的蓄水池”。

中国宇通公司生产用车中标卡塔尔世界杯服务用车项目，加上后续订单，卡塔尔从中国进口了1500台客车，其中包括888台纯电动客车。这些客车承担起运送球迷、国际足联官员和媒体记者的任务，助力卡塔尔世界杯成为一场“绿色、地毯、可持续”的环保创新赛事。

而在卡塔尔首都多哈，一家较大的世界杯官方特许商品零售店的货架旁，球迷、游客、当地民众正认真挑选，各类商品琳琅满目：衣服、帽子、足球、包、围巾、手环、水杯、徽章、挂摆件、吉祥物、文具……这些商品不少都是“中国制造”。店里约七成商品都产自中国，像卖得最好的T恤衫、挂件、徽章等都有“中国制造”的标记。

（一）积极担当，大国外交

全球增长动能不足，全球经济治理滞后，全球发展失衡——这三大突出矛盾，依然是当前世界经济面临的重大挑战。中国坚持走和平发展道路，奉行互利共赢的开放战略，推动建立以合作共赢为核心的新型国际关系，推动世界各国共同构建人类命运共同体。

中国是第一个明确表态支持非盟加入二十国集团的大国；推动“七十七国集团和中国”峰会通过《哈瓦那宣言》，中国主动站出来呼吁提升发展中国家在全球决策机构中的代表性；不断推动金砖机制、上合组织扩员，不断完善中非合作论坛、中国–拉共体论坛、中阿合作论坛等多边合作框架。

中国主张世界多极化是有序的。坚持公平公正，积极劝和促谈，成功斡旋沙特和伊朗复交，建设性参与解决巴以冲突、乌克兰危机等全球和地区热点，为妥善处理阿富汗问题、叙利亚问题等不懈努力；坚定支持联合国的核心地位，主动协调二十国集团、金砖国家、上合组织等多边机制沟通合作，推动全球治理体系发展完善，以大国的担当维护世界和平、促进共同发展。

案例启示

2006年9月，巴西、俄罗斯、印度和中国四个国家的外长在联合国大会期间举行首次会晤，通过这次会晤，四国决定将“金砖”从经济概念转化为具体行动，此后每年依例举行。特别是在2009年6月，四国为应对2008年以来的全球金融危机，“金砖四国”领导人在俄罗斯举行了首次正式会晤，金砖国家领导人的会晤机制正式建立，为金砖国家间合作与发展提供了政治指引和强大动力。

知识窗

由于巴西、俄罗斯、印度和中国四个国家的英文首字母组成的“BRIC”一词，其发音与英文的“砖（Brick）”十分相似，而四个国家又都是成长前景看好的新兴市场，而故被称为“金砖四国”。

2010年12月，南非正式加入金砖国家。2024年1月1日起，沙特、埃及、阿联酋、伊朗、埃塞俄比亚也成为金砖国家正式成员，金砖成员国数量增加到10个。“金砖国家”的不断扩容体现了金砖合作机制凝聚力日益增强，影响力持续提升，已成为国际事务中一支积极、稳定、向善的力量，拥有光明的前景，并不断为世界贡献经济增长，推进国际金融体系变革。

（二）共创更加美好的未来

环顾全球，世界上还有一些地方处在战火硝烟之中。作为有责任担当的大国，中国始终不忘在世界舞台开展积极的行动。

向160多个国家提供发展援助，同150多个国家携手共建“一带一路”，中国创设了总额为40亿美元的“全球发展和南南合作基金”，在埃塞俄比亚、巴基斯坦等近60个国家实施130多个项目，涵盖了减贫、粮食安全、抗疫、气候变化等领域，同100多个国家和国际组织共同推进全球发展倡议合作，携手各方构建发展共同体。

作为全球公共产品的提供者，中国始终站在维护世界和平的最前沿，为应对全球性挑战作出贡献。从经济大国到科技大国，再到负责任的大国，中国正以实际行动赢得国际社会广泛认同。

体验与思考

以上海的进博会为例，在会场内外，由学生团体、执业律师、医疗骨干等各个行业组成志愿者服务团队，不仅为大会内部会务服务，也为外围的安全保障、医疗救援等提供了一系列的支持。这些志愿者并不都是专业的工作人员，而是很多都是热心的社区市民的代表。你的社区里有哪些志愿者服务呢，有没有你能为社区做的事？

主题十四　为我们的子孙留下怎样的世界

随着人类对自然资源的不断开发利用，环境保护与经济发展之间的矛盾日益突出。如何平衡环境保护与经济发展，为子孙留下更好的世界，已成为当前社会关注的热点问题。我们将在本主题详细分析边发展边治理的思路，介绍碳达峰、碳中和。同时，引导大家树立绿水青山就是金山银山的理念，通过具体案例分析，阐述从我做起、从身边的小事做起，加强环境保护意识。此外，我们还将带大家看看生活中绿色GDP的推广和应用，了解绿色GDP对可持续发展的重要影响。

第一节　边发展边治理的思路，有错吗

情景导入

电视机里正在播报："今年夏季已出现连续高温天气，请及时饮水，做好防暑降温的准备……""现在的夏天好热啊"，张阿姨念叨着，"我们小时候扇扇蒲扇，吃个冰西瓜，打个地铺，睡着凉席，就很凉快呀！也不知道现在是怎么回事，一年比一年热。"张阿姨的女儿甜甜今年大一，刚好暑期放假在家，立马说道："空调、Wi-Fi、冰箱，夏日三件套一件都不能少哦。"张阿姨说："现在每家每户都开空调，我看报纸上说这会消耗很多电能，而且还会排放二氧化碳到大气中，也不知道这会不会是气候变暖的'帮凶'？"

甜甜立马打开了电脑，查询空调与全球变暖的关系，发现空调主要通

过两种方式来影响气候：一种是空调运行需消耗电能，大部分电力来自燃烧化石燃料的发电厂，这些化石燃料的燃烧会产生大量温室气体排放；另一种是空调在运行过程中会向室外排出热气，因此会使周围的环境变得更热，进一步加剧全球变暖。“那我们是不是不该开空调？”甜甜与张阿姨面面相觑，陷入沉思。

小贴士

给地球“降降温”，从空调调高一度开始

◆ **节约用电，减少碳排放**。家用空调不要频繁开关，否则既会影响压缩机寿命，而且还更加费电。如果是短时出门一两个小时，空调并不需要关闭。

◆ **温度调高一度，健康又节能**。空调的温度夏天设在26℃，冬天18℃至20℃，体感较为舒适，同时还可大大节约能源。

一、经济发展和环境保护的关系

工业化发展促进人类科技文明发生了质的飞跃，但与此同时，人们也愈发觉得，如今的生活环境除了上文提到的夏季高温以外，台风、暴雨、冰雹等极端天气也越来越频繁，这主要是人们在生产经营活动中排放大量温室气体带来的负面影响。目前，国家积极推进“碳达峰、碳中和”策略倡导节能减排，合理利用绿色能源，最大限度地提高绿色能源产能效率。

知识窗

什么是碳达峰、碳中和？

习近平总书记在第七十五届联合国大会上宣布：中国力争在2030年前二氧化碳排放达到峰值，努力争取2060年前实现碳中和目标。

碳中和是指企业、团体或个人测算，在一定时间内直接或间接产生的温室气体排放总量，然后通过植树造林、节能减排等形式，抵消自身产生的二氧化碳排放量，实现二氧化碳零排放。然而，在实现“碳中和”之前有一个阶段性的目标，就是力争于2030年前二氧化碳的排放不再增加，达到峰值之后逐步降低，这就是“碳达峰”。碳达峰是实现碳中和的前提条件，尽早地实现碳达峰可促进碳中和的早日实现。

碳达峰和碳中和是应对气候变化的重要措施，通过减少碳排放和增加碳吸收，可以实现碳排放的净减少，从而减缓全球气候变暖的趋势。[①]然而，实现碳达峰和碳中和需要付出巨大的经济成本，国家必须平衡经济发展和环境保护的关系，注重经济发展的同时，采取措施加强环境保护，缓解资源短缺和环境压力。

二、低碳生活从我做起

人人都明白，仅有一个地球。全球变暖、冰川融化、温室效应……这些词在我们的生活中越来越具象化，我们能清晰地感受到近些年高温天的炎热难耐、各种天灾人祸的频繁发生，每个人都在为地球和人类的明天而担忧。其实，每个人的吃、穿、住、行、用都会产生碳排放，但我们可以选择绿色、环保、健康的生活方式，低碳生活从我做起。

吃，避免食物浪费。粮食生产会排放二氧化碳，粮食从种植、加工、运输、上餐桌，每个环节都会有化石燃料和电力的使用，但再加工的浪费更大。据联合国粮农组织2021年统计显示，全球约1/3的粮食被损耗和浪费，扔掉的粮食总量达13亿吨，约占全球温室气体排放量的8%~10%。

① 董丝雨，王云杉. 积极稳妥推进碳达峰碳中和［EB/OL］. 人民日报，［2023-04-06］.https：//www.gov.cn/yaowen/2023-04/06/content_5750183.htm.

穿，优化消费习惯。不穿的旧衣服不要随意丢弃，可回收再利用。近年来，很多公益平台提供旧衣物捐赠服务，帮助贫困地区或有需要的居民。

住，购买高能效空调。近年来，国家大力推进电器行业绿色发展，空调企业在技术性能上不断突破，朝着高效节能、环保方向发展，“绿色+智能”逐渐成为空调行业主流趋势。

行，低碳出行。交通是最重要的行动领域之一，出行最好以步行、骑自行车和乘坐公共交通工具为主，如果远途建议乘坐铁路交通工具。

用，在日常生活、工作中，减少能源消耗，增强节能减排的意识。坚持随手关灯，节约每一度电；养成随手关掉水龙头的习惯，节约每一滴水；提倡无纸化办公，节约每一张纸等。

第二节　绿水青山就是金山银山
——加强环境保护

随着我国经济的快速发展，环境污染和资源浪费等问题日益凸显，加强环境保护是保护我们赖以生存的地球家园、实现可持续发展的重要任务。只有通过全社会的共同努力，落实环保措施，推动经济社会的可持续发展，才能够实现人与自然的和谐共生，为子孙后代留下美好的家园。

近年来，我国全面加强生态文明建设和生态环境保护，坚持绿水青山就是金山银山的理念，开展了一系列节约资源和保护环境的重要举措。

一、发展可再生能源

为了减少使用化石燃料对环境的污染，降低温室气体排放，有效缓解气候变化，我国积极发展清洁能源，加大对太阳能、风能、水能等可再生能源的开发和利用。特别是在近几年，我国在太阳能和风能方面取得了巨大的突破，大规模建设太阳能发电厂和风力发电场，有效减少了对大气的污染，并且有效节约了能源资源。

二、强化污染治理

我国越来越重视污染治理，将其纳入经济社会发展全局，多措并举加大环保力度，有效解决污染问题。

● **案例**

漫步在苏州河边，一路沿着邮政大楼、上海大厦再到外白渡桥，脚下碧水荡漾，岸边花草缤纷，不远处有外滩的旖旎风光，远眺则是陆家嘴的天际线。“苏州河以前又黑又臭，不敢靠近，如今既宽敞又好看，变化实在是太大了，只要天气好我每天都会来。”70多岁的倪阿婆十分感慨。作为中国最早被污染的河流之一，苏州河见证了上海工业的发展进程，也付出了沉痛的代价，由于大量污水排入，苏州河在20世纪70年代便已全线污染，成为系在这座繁华都市腰间的一条“黑丝带”。自20世纪80年代开始，上海市委市政府着手规划苏州河治理工作，经过一期期的环境整治，时至今日，苏州河42公里岸线滨水公共空间已基本实现贯通开放，“还河于民、还岸线于民、还景于民”的承诺已然实现。这条曾以“黑臭”闻名的母亲河，正以水清景美的全新面貌，向人们敞开更宽广更温暖的怀抱，一幅世界级滨水区的美丽画卷已在上海这座“人民城市”徐徐展开。

一方面，我国严格控制工业废气、废水、固体废弃物的排放，推广和应用先进的污染治理技术；另一方面，加强对重点污染源的监管和处罚，推动污染企业的改善和整治，保护大气、水源、土壤等自然资源。

三、推行节能减排

我国积极推行节能减排政策，加大对能源消耗大、污染严重的行业的整治力度，推动传统能源向清洁能源的转型，在建筑、交通、制造业等领域加强节能技术的应用，提高资源利用效率，减少温室气体的排放。

上一节说过，“双碳”工作已纳入生态文明建设整体布局和经济社会发展全局，[①]绿色成为中国式现代化的鲜明底色。我国已建成全球规模最大的碳市场和清洁发电体系，碳排放强度累计下降超过35%，新能源汽车产销量连续8年稳居世界第一。[②]

四、加强环境教育和宣传

环境保护需要全社会的共同参与和齐心协力，我国通过加强环境教育和宣传工作，增强社会公众的环保意识。通过开展各种形式的宣传活动，提高公众对环境问题的认识和意识，倡导低碳、绿色、环保的生活方式，推动环保教育普及，培养人们的环保习惯。

● **案例**

南方有一个村庄，过去村后有座高出海拔数米的“垃圾山”，含有剧毒的腐烂物和脏水渗入地下，污染了人们生活饮用的地下水源。在当地只要是用水，任何人都逃不开垃圾毒物对身体的侵蚀……于是，这个仅有400人的村庄，在10年间许多村民因患癌症死亡，这个村庄被包括央视在内的众多媒体冠以——“癌症村”称号。而解决“垃圾山”的选择之一就是用焚烧代替填埋，但说到建垃圾焚烧场，人们几乎是谈虎色变。因为垃圾焚烧带来的二噁英污染物，是地球上最致命的有毒物质之一。相关资料显示，二噁英类污染物毒性相当于砒霜的900倍、氰化钾的1000倍。垃圾分类的这场“战争”已经迫在眉睫。

---

① 董丝雨，王云杉.积极稳妥推进碳达峰碳中和［EB/OL］.人民日报，（2023-04-06）. https：//www.gov.cn/yaowen/2023-04/06/content_5750183.html.

② 任梓宁.让产业“含绿量”提升发展“含金量”［EB/OL］.光明日报，（2023-02-02）.https：//www.gov.cn/xinwen/2023-02/02/content_5739638.html.

知识窗

垃圾分类小课堂

我国“垃圾分类”口号的首次提出，是在新中国成立初期，在“勤俭建国”的大背景下，1957年7月12日，《北京日报》的头版头条发表了《垃圾要分类收集》的文章，这是中国国内第一次出现了垃圾分类的口号，北京也成为全球公认的最早提出垃圾分类的城市。

2019年7月，《上海市生活垃圾管理条例》正式施行，标志上海生活垃圾分类进入立法强制保障时代。垃圾分为可回收垃圾、厨余垃圾、有害垃圾和其他垃圾四大类。

随着我国城镇化的不断发展，城市生活垃圾量也迅速增长。根据生态环境部官方统计，2013年我国大、中城市生活垃圾产生量为16148万吨，至2022年已达到27119万吨，环境隐患日益突出。[①]近年来，各地纷纷推行垃圾分类制度，积极发挥社区志愿者的示范和引领作用，全面营造全民参与垃圾分类的社会氛围，让垃圾分类成为全社会的行为习惯和文明风尚。[②]推行垃圾分类是实现垃圾减量化、资源化和无害化的重要途径，有利于提高废弃物的经济价值和资源价值，改善人们的生活环境，也是实现可持续发展和生态文明建设的一项重要举措。

五、加强国际交流合作

各国应携手应对环境问题，共同推动全球环境治理。我国积极参与国际环境合作，加强国际交流与合作，积极履行国际环境公约，共同应对气候变

① 李慧，蒋兢，周红缨，梅萍.城市生活垃圾分类治理标准化路径初探［J］.中国标准化（学术研讨），2023（12）：114–117.

② 王晓楠，曾宪扬.社区治理方式对居民垃圾分类行为的影响机制及分异效应［J］.浙江理工大学学报，2023，11.

化、生物多样性保护等环境挑战，为构建人类命运共同体贡献中国智慧和中国力量。

● **案例**

绿色已经成为高质量共建“一带一路”的鲜明底色，创新正在成为推动绿色“一带一路”建设的重要动力。比雷埃夫斯港深化绿色港口建设、畅通中欧陆海快线，为希腊经济复苏作出有力贡献；古伊那水电站建成投运，为塞内加尔河流域可持续发展书写生动篇章；澜湄区域电网互联互通，为打造多边合作的“金色样板”注入更多绿色动力；斯里兰卡科伦坡港口城创新采用绿色技术，切实保护港口城珊瑚群落的生长环境；承载着巴新教育现代化使命的中国—巴新友谊学校，积极推广绿色装配式建筑；格林伍德国际贸易中心则以绿色发展理念为引领，努力建设中俄贸易新平台。为什么中国要向世界发出全球发展倡议、全球安全倡议、全球文明倡议？

六、加强环境执法和监管

通过建立健全环境执法和监管体系，我国加强自然生态系统的保护和恢复工作，进一步强化环境监管和执法力度，保障环境保护措施的有效实施。

小贴士

“全国生态日”小知识

2023年8月15日是首个全国生态日，各地以多种形式开展生态文明宣传教育活动，以实际行动守护绿水青山，共绘美丽中国画卷。推荐以下五部“值得一刷”的国产自然类纪录片，以自然的力量抚慰人心，将中国生态文明建设故事讲给世界听。

图片来源：https：//m.thepaper.cn/baijiahao_24239546。

只有全社会共同参与、携手同行，持续打好污染防治攻坚战，深入推进蓝天、碧水、净土三大保卫战，才能实现经济发展与环境保护的双赢，推进美丽中国建设。

第三节　绿色GDP对可持续发展的重要影响

随着我国经济快速发展，资源过度开发、环境压力不断加大，经济发展与环境保护之间的矛盾越来越突出，传统GDP的缺陷随之越来越明显。它只反映了经济总量的增长，没有全面反映经济增长对资源环境的影响及可持续发展能力。[①]因此，人们开始寻求一种新的经济发展指标，能够更好地反映经济与资源环境之间的关系。

随着全球环境问题的日益严重，国际社会开始意识到环境治理的重要性和紧迫性。国际组织和各国政府开始推广绿色发展理念，制定相关政策和措施，推动经济向低碳、环保的方向转型。2010年，我国著名学者陈世清先生在原创的经济学理论《中国经济解释与重建》一书中提出“绿色GDP”，这一概念正在越来越广泛地得到当今国际社会的认可。

一、绿色GDP的概念

绿色GDP（Green Gross Domestic Product）是指将环境因素纳入国内生产总值（GDP）计算中，从而综合考虑经济增长与环境可持续性之间的关系。[②]它反映了一个国家经济增长所造成的环境损失，并提供了一种评估经济活动对环境的影响的方法。

二、绿色GDP对可持续发展的重要影响

建立以绿色GDP为核心指标的经济发展模式和国民核算新体系，不仅有利于保护资源和环境，促进资源可持续利用和经济可持续发展，而且有利于加快经济增长方式的转变，提高经济效率，从而增进社会福利。同时，采用绿色GDP这一总量指标，也有助于加深对以往高消耗、高污染经济模式的反思，更实际地测算一国或地区经济的生产能力。

（一）增强环保意识

绿色GDP的概念，使人们更加关注人与自然之间的关系，它使政府、企业和公众更加认识到经济增长所带来的负面影响，并促使全社会采取更加积极的行动来减少资源浪费与环境污染，进而推动经济可持续发展。

---

① Talberth J，Bohara A K. Economic Openness and Green GDP［J］. Ecological Economics，2006，58（4）：743-758.

② 陈世清. 中国经济解释与重建［M］. 北京：中国时代经济出版社，2009.

● 案例

新消费文化观念从“吃得饱”向“吃得好”升级，“吃得健康”已成为消费关注重点。随着我国经济持续增长，居民收入水平的不断提升，消费升级趋势明显，健康食品市场逐渐兴起。例如，有机食品、无糖或低糖食品、低脂食品、高纤维食品等，这些食品满足了消费者对健康饮食的需求，成为市场上的热门产品。新消费文化观念的转变已经渗透到人们生活的方方面面，从食品到餐饮再到生活方式，都在向着更加健康和环保的方向发展。越来越多的餐厅开始注重食材的新鲜和营养，减少了高热量、高脂肪和高盐的食品供应，增加了健康菜品的比重。同时，一些餐厅还针对不同需求推出了定制化健康餐，如减肥餐、健身餐、素食餐等。健身和轻食主义也逐渐成为一种时尚和生活方式，越来越多的人开始注重锻炼身体，追求身材匀称和健康，倾向于选择清淡、低热量、高纤维和高营养的食品。绿色GDP对你的生活有什么影响？

在广泛推行绿色生产方式的同时，绿色生活方式也逐渐成为时尚。近年来，我国通过大力发展循环经济，闲置经济、共享经济已融入百姓生活，将闲置的资源和需求相匹配，实现资源的高效利用。绿色低碳、文明健康的生活方式被广泛普及，继共享单车、共享汽车、共享停车位之后，共享充电宝、共享雨伞、共享办公等共享经济新形态不断涌现。我国闲置物品循环利用已蔚然成风，闲鱼、转转、爱回收等二手商品交易平台不断发展壮大，交易品种众多，成为当下流行的电商新模式。

（二）指导制定政策

通过将环境因素纳入国内生产总值的计算，政府可以有针对性地制定相关政策，真正地尊重自然、顺应自然、保护自然，促进人与自然和谐共生。

● 案例

20世纪八九十年代，随着乡村旅游经济的兴起，各地的农家乐开始以“吃农家饭、住农家屋、干农家活、享农家乐”为核心，成为城市周边休闲出游的新选择。到了21世纪初，随着城市经济的不断发展，人们的消费能力提升，农家乐成为城市人放松消遣的理想选择。为了享受特色农家美食，许多人甚至不惜驱车十几公里进行“一日游”，农家乐纷纷如雨后春笋般涌现。农家乐发展起来后，带来的不仅仅是消费收入，还有产品信息、项目信息和市场信息，为当地经济的发展提供了契机。农家乐成为农民了解市场的“窗口”，成为城市与乡村互动的桥梁。各地游客为农村带来了新思想、新观念，使农民及时了解到市场信息，生产经营与市场需求相接轨。

绿色GDP的提出也促使政府加大对有机农业的支持力度，推动有机农业的快速发展，从而促进有机食品的生产和消费。中国是农业大国，实现农业的绿色可持续发展对提高中国经济效益、改善中国生态环境具有重要意义。农产品的绿色营销作为农产品营销手段的重要创新，为中国实现乡村振兴、可持续发展提供了重要保障。①

（三）提高资源利用率

自然资源耗减成本是影响绿色GDP的重要因素之一，这促使企业和个人更加注重资源的有效利用。为了降低对环境的影响，并提高经济增长的可持续性，企业将更加关注并采取措施来提高资源使用效率。通过推动资源的有效利用，绿色GDP对可持续发展的实现起到了重要作用。

越来越多的企业注重绿色营销，加强绿色品牌推广，向消费者展现绿色低碳、健康环保、担当负责的企业形象。绿色营销理念强调企业与环境的协调发展，贯穿于企业整个经营管理的全过程。② 企业在营销过程中需要充分考虑市场需求、企业利益、环境保护和社会责任等多方面因素，以实现企业的可持续发展。

① 匡芮.农产品绿色营销体系的分析与研究［J］.商场现代化，2020（16）：51-53.
② 谢蓉俊.近年来国内绿色营销文献综述［J］.苏州商论（商业经济），2023，11.

现象思考

如今中国的经济发展已经走在世界前列，以资源枯竭为代价换取经济发展的做法无疑是不明智的，如何实施可持续发展战略显得尤为重要。很多企业已经将环保理念应用到营销与宣传中，并取得了显著的成效。例如，瑞幸咖啡推出了使用纸质吸管来减少塑料吸管的使用数量，受到了不少消费者的青睐。星巴克通过采用环保包装、推广可重复使用的咖啡杯、鼓励顾客使用自带杯等措施，减少了一次性塑料的使用。同时，星巴克还推出了环保咖啡品种，采用可持续种植的咖啡豆，吸引了越来越多的环保意识较强的消费者。外卖平台也推出了无餐具选择来迎合消费者的需求。宜家致力于从产品设计、材料选择、生产方式等方面实现环保，推出了采用可持续木材制成的家具产品，并在全球范围内推广节能减排的家居生活方式，吸引了众多消费者。积极迎合消费者绿色环保的消费理念，选择绿色营销手段，是当代企业经营绩效取得突破的主要方法之一。请你结合生活实例谈谈绿色营销的好处。

（四）助推环保技术创新

面对资源及生态环境的巨大压力，在“碳达峰、碳中和”战略目标实现的大背景下，绿色低碳产业的发展日益受到关注。当前，我国绿色经济在国家及各地方政府的高度重视和大力支持下，实现了高速发展，绿色发展政策规划体系逐步完善健全，传统产业“去产能”工作和新兴产业培育发展进程协同推进。

面对环境影响的约束和环境政策的要求，企业通过进行绿色技术创新，开发出环保产品和解决方案，实现经济增长与环境保护的“双赢”。绿色GDP的推广，促进了技术创新和发展，加快了可持续发展的步伐。

● **案例**

如今，互联网、大数据、人工智能、5G等新兴技术与传统产业深度融合，先进制造业和现代服务业融合发展步伐加快。我国以重大工程和项目为牵引，以绿色工厂、绿色产业链和绿色工业园区建设为纽带，以节能、减排、增效为目标，持续开展绿色制造体系建设。截至2023年，我国在国家层面培育了2783家绿色工厂、296家绿色供应链企业、223家绿色工业园区，推广近2万种绿色产品。[①] 初步测算，绿色工业园区平均固废处置利用率超过95%，一大批绿色工厂能耗水平优于国家能耗限额标准的先进值，逐步构建起从基础原材料到终端消费品的全链条绿色产品供给体系。

绿色发展是顺应自然、促进人与自然和谐共生的发展，是用最少资源环境代价取得最大经济社会效益的发展，是高质量、可持续的发展，已经成为各国共识。近年来，我国经济发展的"含绿量"显著提升，绿色产业蓬勃发展。我国深入打好污染防治攻坚战，加强生态系统保护和修复，推动传统产业绿色改造升级，大力发展清洁能源，为绿色产业提供了重大的发展机遇。特别是在"双碳"政策的背景下，绿色产业发展进一步提速。据统计，近年来，我国节能环保产业产值年均增长10%以上，清洁能源设备生产规模居世界首位。非化石能源发展迅速，《中国电力发展报告2023》显示，2022年全国发电量8.7万亿千瓦时，非化石能源发电量达到36.2%。化石能源清洁利用水平也不断提升，新能源汽车产销量已经连续8年位居全球第一。[②] 交通运输、城乡建设领域绿色低碳发展持续推进，生态系统碳汇能力不断巩固提升。

同时，我国大力推动绿色技术产业化，强化绿色技术创新，发展绿色金融，形成多层次的绿色金融产品和市场体系，为绿色产业提供资金支持。[③]

---

①② 任梓宁. 让产业"含绿量"提升发展"含金量"［EB/OL］. 光明日报，［2023-02-02］. https://www.gov.cn/xinwen/2023-02/02/content_5739638.html.

③ 郭捷，刘相汝，朱璧和. "双碳"目标下的绿色投资：文献述评与研究展望［J］. 北京交通大学学报（社会科学版），2024，23（1）.

（五）提升国际竞争力

绿色GDP的实施有助于推动中国的经济结构调整和产业升级。在这个过程中，一些高污染、高能耗的产业可能会被淘汰或转型升级，而绿色、环保、低碳的产业则将迎来更大的发展机遇。采取绿色GDP作为国家经济增长的评估指标，对中国的国际贸易形象产生积极影响，有利于扩大国际影响力，提升国际竞争力。

在全球范围内，环保和可持续发展已经成为一种趋势和共识，企业越来越倾向于与环境友好的供应商和合作伙伴合作。中国通过实施绿色GDP，展示了自己在环保和可持续发展方面的决心和行动，有助于提升中国在全球贸易中的形象和地位。

现象思考

中国国际进口博览会（China International Import Expo），在展会的举办和规划过程中，绿色和可持续发展原则得到了广泛应用和推广。例如，推广电子化展览手册和参展商资料，减少纸张使用量；提供电子签到系统，减少纸质签到表的使用；设立垃圾分类和回收箱，促进可持续废物管理等。进博会的场馆设计和建设中也很注重节能减排。例如，采用高效节能的照明系统、空调系统和电梯系统，最大限度地减少能源消耗。在展会期间，也会采取一些措施来节约能源，如合理控制场馆温度、照明和设备使用。

进博会还鼓励参展商和供应商在生产和运输过程中采取绿色和可持续的做法。例如，西子联合控股集团的“零碳工厂”项目，通过分布式光伏板、熔盐罐储热、全钒液流电池等技术，实现了每年节约标准煤2100吨，减少二氧化碳、二氧化硫、烟尘排放5300吨、160吨和1440吨。也有一些企业展示了绿色建筑技术，通过采用环保材料、节能设计、智能控制等方式，使得建筑在施工过程中减少对环境的污染，同时在使用过程中实现节能减排。很多企业展示了清洁能源技术，包括太阳能、风能、水能等可再生能源，以及储能技术等。这些技术的推广和应用，有助于减少化石燃料的消耗和碳排放，推动能源结构的优化和升级。思考为什么在进博会上展示环保和可持续发展的创新产品和技术？

通过将环境因素纳入经济增长的评估中，绿色GDP为实现经济发展和环境保护的双重目标提供了指导，并在推动可持续发展方面发挥了关键作用。随着绿色低碳生活理念的普及和深入人心，越来越多的人开始关注环保问题，并采取实际行动来保护环境。

如今，新能源汽车日渐增多，让出行更加低碳环保；践行“光盘”行动，杜绝浪费；节约资源、变废为宝，倡导绿色低碳的生活方式；人们的节约意识、环保意识、生态意识持续增强，自觉做到环境保护，人人有责。为了给我们的子孙留下更美好、更繁荣的世界，必须坚持可持续发展理念，采取综合性的措施来解决当前面临的环境问题和挑战，实现经济发展和环境保护的双赢。

体验与思考

上海市于2019年7月开始实施垃圾分类制度，居民在日常生活中必须将垃圾进行分类投放。同时，上海市还建设了多种垃圾处理设施，如垃圾焚烧厂、垃圾填埋场、有害垃圾处理设施等，为城市的垃圾分类和处理提供了技术保障。请你尝试为上海市垃圾分类与处理规划提供一些改进建议。

主题十五 财富与社会责任

追求财富，是人类天性，也是社会发展的前进动力之一。本章将逐步引导大家认识人类在追求、创造与使用财富的过程中，产生的对于财富概念、内容、伦理价值等认知和态度，及在此基础上形成的不同内容与形态的财富价值观。

情景导入

让我们先来读一则寓言故事：

罗伯特是个大富翁，大名鼎鼎的电脑高手，而他的儿子杰克却是个纨绔子弟，每天在酒吧和舞厅打发时光。罗伯特不幸得了不治之症，临终前给他的儿子杰克留下一份遗嘱：

“我所留下的财富锁在保险箱里，而开启保险箱的密码则存放在电脑里，当你解开电脑程序的密码之日，便是继承我的财富之时。如果试图强行打开保险箱，保险箱中的财富会自动化为灰烬。”

对于父亲的去世杰克很伤心，但他庆幸父亲将所有的财富留给了自己。杰克将父亲火化后，请来了父亲生前一位最信任的助手莫拉德，希望他能帮自己解开电脑程序密码。可莫拉德说：“你父亲是电脑奇才，要解开密码我做不到。”

杰克揣摩他是想得到一笔报酬，以此作为托词罢了，于是笑了笑说：“你放心，我父亲留下的财富有上千万，只要解开密码，我可以拿出财富的10%作为你的报酬。”莫拉德想了想答应试试看。

但是最终莫拉德没能打开保险箱。之后，杰克还找过很多业内高手，但仍是徒劳。杰克看过纸条，生气地拍着桌子说："我父亲也是一个脑袋，两只眼睛，他不是神是人，我一定要亲手解开他设置的密码！"

从此，杰克从基本的电脑知识入手，啃下了一本又一本深奥的电脑书，然后他又去几家有名的大学，请教著名的电脑博士。经过五年的学习，他开始着手破解密码。

经过长达两年的攻关，杰克就像远征一样，穿过遮天蔽日的原始森林，走过荒无人烟的沙漠，渡过汹涌奔腾的江河，爬过乱石纵横的山峦……经过不懈的努力，他终于破解了父亲的密码。他用这个密码打开了保险箱，然而保险箱除了一张纸条外空无一物。

纸条上写着：恭喜你继承了我的终生财富，金钱不过是一个数字而已，在知识经济时代它不能代表一个人终生的财富，只有知识才是。我所赚到的金钱，已在有生之年悄悄捐献给了需要救助的人们，留给你的是不断学习、不怕挫折和不断开拓的精神，这便是一生用不尽的财富。

杰克终于明白了父亲的良苦用心。他也像父亲一样努力拼搏，成为了互联网时代叱咤风云的英才。

这则寓言故事其实是在启示我们，财富不仅是金钱等物质财富，更是对财富的认识，赚取财富的能力，这正是财富观。财富观作为一种意识形态，具有强大的能动作用，将深刻影响着个体的生活态度和生活方式。我们每个人都应该认真思考什么是财富，树立一个符合新时代要求的财富观，引领我们追求美好生活。

第一节　财富是什么

"财富"一词在中国最早出现在《史记·太史公自序》："布衣匹夫之人，不害于政，不妨百姓，取与以时而息财富，智者有采焉"，它指出能够让

“布衣匹夫”生活的物品就是财富。[①] 如今，《辞海》中对“财富”的解释则是“具有价值的东西”。显而易见，财富是个变化的概念，在不同学科有着不同的视域，即使在同一个学科，在不同的时代和社会条件下，也有着迥然不同的内涵。今天，我们将从古往今来、古今中外的著述中，把人们对财富的定义和理解进行梳理，通过对各种关于财富的观点解读，深入揭示财富的本质。

一、财富与财富观

在经济学中，对财富的概念阐述往往是围绕“有使用价值的物品”展开的。在人类社会早期，持“重商主义”的“学派”往往认为，“金银”等“货币”和能“变成”“货币”的“物品”才是财富；而持重农主义的“学派”则认为，财富就是“耕种所必需”地产和农产品，而不是货币，它真正决定着“国家财富多少”。伴随原始资本逐步完成积累，资产阶级力量不断壮大，封建主义逐步瓦解，资本主义快速建立起来，古典经济学也应运而生。其中的代表人物亚当·斯密，在其代表著作《国富论》中提出，财富就是商品，可以用于交换和消费的商品，“一个人的贫富状态，关键是看他能在什么程度上享受人生的必需品、便利品和娱乐品”。[②] 大卫·李嘉图、西蒙斯、李斯特、罗雪尔等后来经济学家，对亚当·斯密的观点进行了进一步推演，他们愈发强调财富对人的价值与作用，认为财富是“被生产出来的，能够满足人类欲望的东西”。也就是说，凡是“一切人们要得到的，能满足欲望的东西”都是财富。[③] 随着技术和知识进步，我们逐步进入知识经济时代，经济学家们对财富的认知也再次发生转变，认为财富不能局限于物品、金钱，真正的财富是知识。

哲学对财富的思考与讨论则逾越了“物”的范畴，更加关注财富与人的关系。早在古希腊时期，柏拉图在《理想国》对财富进行了系统讨论，一方

① 吴桦．中国特色社会主义财富观研究［D］．大连理工大学，2022：20.

②［英］亚当·斯密．国民财富的性质和原因的研究［M］．商务印书馆，1981：26.

③［英］阿尔弗雷德·马歇尔．经济学原理［M］．朱志泰，译．商务印书馆，1965：74-75.

面，财富应当包括精神财富（如德行）、肉体财富（如健康）、物质财富（如物品）等各个方面；另一方面，财富是建立理想国的根基，而成为财富的重要前提是被公正的、有德行的所有者拥有和使用，否则不是财富。亚里士多德则认为，财富是对家庭具有使用价值的物品，是从自然而来的生活资料，绝不是无度追求的“货币繁殖”。康德和黑格尔也从财富与人的关系出发，对财富进行讨论。康德认为，财富是个体成为公民的基础与条件，它不仅包括财物，而且还应当包括科学、技能或技艺；黑格尔则认为，财富是个体实现自由意志、家庭获得尊严的外在存在。①

由此看来，财富在本质上是指人的实践活动的对象化和发挥人主观能动性的创造物。② 从内容上，财富可以被定义为源于自然以及劳动创造的，能够满足人类物质或者精神需要的，具有使用价值和交换价值的有形、无形的物品。而财富观则是个体根据自身实践经验所形成的，对于财富本质、特征及其发展变化等的系统认知和态度，包含着对财富所持有的较为固定的价值判断和态度取向。财富固然是一个中性词，无是非、善恶、褒贬之分，但是个体、社会对财富的价值判断体系却有着正确、谬误之分，若个体执念于错误的财富观，则会在财富实践中失范；若社会有着不良的“财富”风气，则会影响国家发展和稳定。

二、孔孟的财富观

孔孟之道是中国传统文化最典型的代表，深刻影响着中国人的价值理念和行为模式，其中蕴含的财富观念依然影响当今中国对财富的理解和追求。“孔曰成仁，孟曰取义，惟其义尽，所以仁至”，尽管孔孟代表的儒家文化推崇对“道义”的追求，但也没有否定人们追求物质财富的欲望，只是更加强调对财富的追求要符合“道义”的要求。孔子曰：“富与贵，是人之所欲也；不以其道得之，不处也。贫与贱，是人之所恶也；不以其道得之，不去也。”（《论语·里仁》）孟子则说：“欲贵者，人之同心也。人人有贵于己者，

①② 吴桦．中国特色社会主义财富观研究［D］．大连理工大学，2022：20.

弗思耳。人之所贵者，非良贵也。赵孟之所贵，赵孟能贱之。”（《孟子·尽心上》）更为重要的，孔孟还十分强调物质财富对于国家发展的重要作用。“子适卫，冉有仆。子曰：‘庶矣哉！’冉有曰：‘既庶矣，又何加焉？’曰：‘富之。’曰：‘既富矣，又何加焉？’曰：‘教之。’”（《论语·子路》）孔子认为国家发展之计，在于民众，然后在于民富，在于教民。“易其田畴，薄其税敛，民可使富也。食之以时，用之以礼，财不可胜用也。民非水火不生活，昏暮叩人之门户求水大，无弗与者，至足矣。圣人治天下，使有菽粟如水火。菽粟如水火，而民焉有不仁者乎？”（《孟子·尽心上》）孟子则指出人民富足，那人民就不会对别人不仁义。

尽管认可人们对物质财富的追求，但是孔孟最为追求的仍然是对精神财富的追求。“人之有道也，饱食、暖衣、逸居而无教，则近于禽兽。”（《孟子·滕文公上》）如果人们只追求物质财富，而忽视精神财富，那就和禽兽一样了。更为重要的是，孔孟不认为物质财富和精神财富是同等重要的，精神财富更加重要，应当是人们的最高追求。“子曰：‘君子谋道不谋食。耕也馁在其中矣，学也禄在其中矣。君子忧道不忧贫。’”（《论语·卫灵公》）孟子曰：“人之于身也，兼所爱。兼所爱，则兼所养也。无尺寸之肤不爱焉，则无尺寸之肤不养也。所以考其善不善者，岂有他哉？于己取之而已矣。体有贵贱，有小大。无以小害大，无以贱害贵。养其小者为小人，养其大者为大人。今有场师，舍其梧槚，养其樲棘，则为贱场师焉。养其一指而失其后背，而不知也，则为狼疾人也。饮食之人，则人贱之矣，为其养小以失大也。饮食之人无有失也，则口腹岂适为尺寸之肤哉？”（《孟子·告子上》）孔孟明确教导人们要分清精神财富、物质财富的主次，不能因小失大。

总之，孔孟之道启迪我们，要以精神财富为人生之本、人生之乐。“子路曰：‘君子亦有穷乎？’孔子曰：‘君子固穷，小人穷斯滥矣。’”（《论语·卫灵公》）“天下之士悦之，人之所欲也，而不足以解忧；好色，人之所欲，妻帝之二女，而不足以解忧；富，人之所欲，富有天下，而不足以解忧；贵，人之所欲，贵为天子，而不足以解忧。”（《孟子·万章上》）无论财富多寡，我们都要坚持本心，使精神富足、人生富足。

三、马克思主义的财富观

马克思主义在对古典经济学的批判中，也批判了古典经济学的财富观，从而形成了自身对财富的价值论断。马克思、恩格斯认为，财富是“一切使用价值的总称”，本质在于“财富主体”，真正的财富就是“所有个人发达的生产力”。也就是说，马克思、恩格斯不仅认同对财富的追求，而且认为财富具有“伟大的历史使命”，他们指出财富具有使一切社会成员“富足且一天比一天富裕”的物质生活的作用，也具备使他们“智力、体力获得充分自由发展”的作用，更加重要的是还具有通过发展生产力推动社会向“更高级形态”发展的作用。那么，马克思主义认为的财富包含哪几个维度的含义呢？

首先，马克思主义亦认为财富具有物质财富和精神财富双重内容，两者相互依存、相得益彰，人们对财富的追求不应局限其中某一方面。物质财富是个体、集体和社会生存与发展的基础和前提。但是，人类在追求物质财富的同时，获得不断发展，创造精神财富，这是物质财富的目的和归宿。个体、集体和社会生活要实现两者微妙平衡，辩证地看待对物质财富的追求，推崇对精神财富的追求。

其次，马克思主义强调财富具有历史形式。他们一针见血地指出，财富的内容和形式是由社会生产方式决定的。无论是重商主义、重农主义，还是古典经济学、新古典经济学，对财富的内容和形式讨论有多少差异，本质都未发生改变，都是强调“物品对主体的使用价值”，而财富内容和形式的变化则与社会分工密切相关，第三次大分工促使“物品交换的中介”——货币的出现，财富才有了长久的形式，即货币为“长久的财富”。在未来的共产主义社会，“货币财富”将极大丰富，人类社会将实现“自由而全面的发展”，个体不再为了满足生活需要，而是为了自身的全面发展进行财富创造。

再次，马克思主义指出劳动是财富创造的源泉。马克思和恩格斯强调，人类是不可能仅仅依赖“自然财富”生存，而是通过“劳动”使得自然物产生对人类服务的新价值。也就是说，个体通过劳动既创造了满足自身需要的物质资料，又生产了满足社会发展，尤其是生产力提升的新生产工具；既生产了物质财富，又创造了精神财富。总之，财富的产生、积累与增加，离不开劳动，劳动应当成为衡量财富的价值尺度之一。

最后，马克思主义认为财富的最终要义是实现人的全面发展。除了劳动之外，马克思和恩格斯还提出了其他的财富尺度。他们强调，在直接劳动转变为间接生产中，“社会个人的发展”是衡量尺度；在从由货币、资本宰制的社会向人的全面发展社会过渡时，“财富的尺度绝不再是劳动时间，而是可以自由支配的时间”；当个人实现全面发展时，“真正的财富就是所有个人发达的生产力”。[①] 综合来看，马克思主义的财富观是以人的发展为核心的，强调通过人的全面发展促进社会的共同进步，最终合力实现无产阶级乃至整个人类社会的解放和发展。

总之，马克思主义的财富观启迪我们，不能局限于货币化的财富，不能脱离了劳动讨论财富，而是要更加关注财富背后“人”的价值，关注财富对于人的自由、全面发展的价值。

四、新时代的财富观

党的十九大报告提出：“中国特色社会主义进入新时代，我国社会主要矛盾已经转化为人民日益增长的美好生活需要和不平衡不充分的发展之间的矛盾。”基于这一论断，我们对新时代财富观有一个推演和认识。

首先，要明确人对美好生活的需要，并不是单一的财富增加的需要。改革开放所取得巨大成就，已经使人民的生活面貌和生活水平发生了翻天覆地的变化，人民对生活的需求已经转向了多样化，需求的丰富性正在新时代呈现出前所未有的特征。习近平总书记在谈及人民美好生活时，强调“我们的人民热爱生活，期盼有更好的教育、更稳定的工作、更满意的收入、更可靠的社会保障、更高水平的医疗卫生服务、更舒适的居住条件、更优美的环境，期盼孩子们能成长得更好、工作得更好、生活得更好”。我们充分认识

① 吕绘生. 马克思财富观视域中的共同富裕及其新时代启示［J］. 理论月刊，2023（8）：64-72.

新时代财富，不再是片面地追求物质财富，或者货币财富，还是追求一种全面、自由的生活状态，实现幸福美好生活。

其次，要明确发展仍然是第一要务，劳动是财富创造的关键。虽然人民的需要从丰富性和层次性上都发生了根本改变，但发展的不平衡、不充分仍然制约着人民对美好生活的追求。不平衡是结构性问题，它表现在经济、政治、文化、社会和生态各领域，也表现在东部、中部和西部各区域，还表现在城乡之间、行业之间，极易造成贫富悬殊和两极分化。不充分是水平问题，它意味着我国生产力发展水平不高、质量不高，社会财富远不能满足人民的需要，发展生产力，实现高质量发展仍然是第一要务。同时，我们也要认识到，随着我国由传统社会向现代社会的转型、随着社会主义市场经济的建立、随着中国加入全球化的历史进程，在人民的生活水平不断改善的情况下，享乐主义、拜金主义、利己主义以及奢靡之风甚嚣尘上，扭曲的财富观严重影响着人们对美好生活的追求。①

总之，在新时代，我们要引导人民树立新的财富观，正确处理财富与创造、财富与自由的辩证关系，引导人民为美好生活而不懈奋斗。

第二节　财富的社会责任与慈善公益

习近平总书记看望参加全国政协十四届一次会议的民建、工商联界委员并与委员们共商国是时提出："要继承和弘扬中华民族传统美德，积极参与和兴办社会公益慈善事业，做到富而有责、富而有义、富而有爱。"作为社会的一员，我们要树立正确的财富观，积极承担社会责任，最大限度实现个体进步、社会和谐、国家富强的有机统一。

① 刘宏宇．新时代财富观的构建研究［D］．延安大学，2021：30.

一、捐赠

研究结果表明，慈善捐赠行为对居民幸福感具有正向且稳健的影响，提升个体社会关联能力、社会地位以及促进个体积极情绪的产生是慈善捐赠行为影响居民幸福感的重要渠道。

知识窗

据《公益时报》最新发布的第二十届（2023）中国慈善榜数据，2022年全年，共有150位（组）慈善家和1363家慈善企业作出至少10万元人民币的大额捐赠，合计近281亿元，同年，美国慈善家50强共捐赠160亿美元。

为进一步提高居民幸福感，缩小贫富差距，提高社会公平正义和实现共同富裕，我们应当大力引导和发展慈善事业。

- **案例**

74岁开始蹬三轮，15年挣35万元资助300余学子

一位老人，一辆三轮车，35万元捐款，300多名贫困学子……助学支教18年，他把蹬三轮车挣来的全部积蓄都捐给了贫困学生和公益事业，身后却没有留下一分积蓄，把大爱永远留在人间。

1913年5月出生的白方礼，是河北沧州沧县大官厅乡白贯村人。从小家境贫寒，饱尝了旧社会的辛酸苦难。新中国成立后，白方礼成为天津市河北运输场的一名职工。

1987年，白方礼退休回到老家，发现村里不少孩子因贫困辍学。当年已是74岁高龄的白方礼老人，毅然捐出了自己5000元的养老钱，在村里成立了助学教育奖励基金会。回到天津，他又卖掉了自己的两间老屋，贷款成立了“白方礼支教公司”，用自己蹬三轮车的微薄收入，帮助贫困孩子上学。

直到2005年9月去世，整整18年，白方礼老人一直骑着那辆老旧的三轮车，奔走在助学支教的路上，栉风沐雨，从未停歇……

白方礼老人把自己仅有的一截残烛全部点燃，燃烧得如此明亮。他被誉为“播撒人间大爱的支教老人”，被中央文明办授予“全国关心下一代先进工作者”，被全国总工会授予“全国职业守法先进个人”等荣誉称号，当选2012年感动中国年度人物。他的女儿说：“当初看见父亲在街头蹬车的身影，很是心疼；可他说，‘别惦记我，我这样觉得自在快乐’。他虽然没给我们留下什么钱，可留下了一笔宝贵的精神财富。”

一位网友在纪念白方礼老人的专题网页上写道：“两个馒头，一碗白水，他的生活如此简单朴素。然而为了贫困学子，他却是如此的慷慨。从白方礼老人身上，我们知道了什么叫‘拳拳之心’，什么叫‘大爱无言’。”

清晨，河北沧县大官厅乡白方礼小学。鲜艳的五星红旗映照下，“白方礼纪念室”牌匾沐浴在灿烂的阳光里。室内的件件遗物仍在默默述说着白方礼老人的故事。校长刘华卫介绍说，以老人名字命名的“白方礼基金”，至今仍在资助着一批又一批的贫困孩子；白方礼老人砥砺奋斗、无私奉献的精神，感召、激励着一代又一代的莘莘学子去追逐梦想。

（资料来源：《人民日报》2019年10月23日06版）

二、志愿者

毛泽东等老一辈革命家为雷锋同志题词，号召全国人民“向雷锋同志学习”。从此，雷锋的名字家喻户晓，雷锋精神深入人心，学雷锋活动在全国蓬勃开展。无论时代如何变迁，雷锋精神永不过时。我们要让雷锋精神薪火相传，甘当“螺丝钉”，更做“助推器”，在全力办好两件大事、在书写新时代高质量发展新篇章的火热实践中展现新作为，让雷锋精神在新时代绽放璀璨光芒。

- **案例**

环保志愿之花绽放，奏响社区治理新乐章

徐汇区凌云绿主妇环境保护指导中心位于凌云街道梅陇三村居民区。它源于一个由10名居民志愿者在2011年成立的社区环保行动小组，后在居民区党总支、居委会的引导下，组建了社区议事会，帮助居民调解矛盾、参与社区治理。2012年，绿主妇工作室正式转为全国第一家注册在居委会的民办非企业组织，并于次年成立人民调解委员会，与所在街道司法所调解委员会共同为街道辖区内的社区居民提供矛盾纠纷调处服务。

党总支以党员“主妇”为骨干，在“低碳环保自治行动小组”的基础上，发起成立了“绿主妇议事会”。来自凌云社区的18名热心公益事业的妇女以垃圾分类、阳台绿植为切入口，调动居民的积极性，逐步对社区内宠物扰邻、侵占绿地、停车难等公共事务问题开展自治，为居民参与社区治理提供规范化、组织化的渠道，为居民表达利益诉求提供更加有效的、快捷的途径。通过解决一件件居民身边事，“绿主妇议事会”逐渐积累了开展居民自治活动的经验，得到了居民群众的认可。

绿主妇工作室坚持源头治理理念，把矛盾化解的关口从事后处置转向事前预防和事中干预，根据实际情况开展了一系列自治活动，比如，和上海市其他居委会共同发起慈善活动，向广西、西藏、贵州等全国五个省（市、自治区）十多所希望小学送去爱心毛衣。“绿主妇”爱心编织公益活动是上海市委组织部第一批向全市基层党组织和党员推出的“党员到社区、人人做公益”志愿行动首批推荐项目，有数千人次参与。绿主妇工作室积极鼓励居民参与公益活动。成为志愿者，居民不仅能感受到“志愿服务充分彰显理想信念、体现责任担当”的精神情怀和“互相帮助、助人自助、无私奉献、不求回报”的志愿精神，也能体会到公益带来的强大力量，进而积极转变生活态度，有效促进家庭和谐、社区稳定，真正实现助人自助的志愿者精神。

在实践中，“绿主妇”通过沟通对话、妥协包容、互惠互利的社区自治活动来化解社区矛盾，具有贴近居民需求、化解成本低廉、集体利益优先、实现源头治理等诸多优势。“绿主妇”把“鼓励居民参与志愿服务”作为协

调利益诉求、引领社区风气的切入点。小区有一户家庭，因孩子吸过毒，失业在家，导致家庭不和睦。“绿主妇”们知道后就主动上门，经过几次谈心，开导小伙子，让他从做“一平米菜园”的志愿者开始，发挥他所长，最后帮他联系到了工作单位，而后他的生活逐渐步入正轨，结婚生子，家庭也和睦了许多。社区居民在参与自治活动中逐渐形成的道德自律、行为规范与同盟精神，不仅是社会主义核心价值观的体现，更是有效化解社会矛盾的共识基础。

徐汇区凌云绿主妇环境保护指导中心用自治活动引导居民自我服务、自我教育、自我管理，用共同利益、共同需求调动居民广泛参与社区矛盾问题的解决，不仅提高了居民的社区参与度，提升了居民的参与意识、环保意识、公共意识、文明意识，解决了社区内的诸多难题、痛点，也成功营造出“熟人社区”“亲人社区”的氛围，在社区居民间树立了强烈的社区共同体意识，促进了社区团结。①

（案例来源：上海徐汇微信公众号）

三、慈善公益活动

党的十九届四中全会作出重视发挥第三次分配作用、发展慈善等社会公益事业的重大部署。这是党中央首次明确以第三次分配为收入分配制度体系的重要组成部分，从根本上明确了第三次分配和慈善事业在我国经济和社会发展中的重要地位。我们要积极承担社会责任，参与社会慈善公益活动。

● **案例**

坚持二十七年，早餐每样东西只卖五毛钱

浙江衢州衢江区黄坛口乡，中心小学门口光景依旧。被大伙亲切称为“早餐奶奶”的毛师花老人，在去年底离开了我们，享年90岁。

“小学6年我都在吃毛奶奶的早餐，上班后还惦记她做的糯米粿，如今

① 徐喆衎、陆翔、李瑾琳．环保志愿之花绽放，奏响社区治理新乐章［EB/OL］．［2024-01-12］.https：//mp.weixin.qq.com/s/goduhl0ICSMLmf_6pHKZ8Q.

再也吃不到了。”听闻“早餐奶奶”离世，不少市民特意回到熟悉的地方，言语间满是不舍。

“有次快收摊了我才去，奶奶把剩下的两个鸡蛋饼都给了我，只收了5毛钱。”旁边的女孩望着早已斑驳的“早餐奶奶”出摊专用早餐车，哽咽地说，“黄坛口乡的大多数人都吃过她的早餐，她就像大家的奶奶。”

粽子、糯米粿、鸡蛋饼、豆浆……这里的每样东西只卖5毛钱，出摊27年来，从未涨过价。老人家曾说，从1991年摆摊开始，之所以一直坚持这个价，就是为了孩子们，“学生们不容易，尤其山里的孩子们，他们家长的钱不多，所以我不涨价。”

有好心人帮她算过账，一天忙碌6个多小时，顶多收入二三十元，一个月下来还得贴进去三四百元。其实她自己心里也清楚，“我没存钱，老头子有点抚恤金，自己的退休金也贴进去了。”

每天起早贪黑卖早点，不挣钱还赔钱，街坊四邻都劝她涨涨价，可毛师花只是摆摆手，“很多人说我傻，我不傻，只是不靠这个生活。这些孩子家在山区，他们父母不好赚钱，我想让他们吃饱点，所以不涨价。”

别看只卖5毛钱，毛师花在用料上可一点都不马虎，甚至很大方——豆浆要当天现磨现煮，鸡蛋鸭蛋从农家收，肉馅也是实打实新鲜……

“奶奶曾教我们，饼要煎薄一点，小孩子才爱吃。”衢州当地的公益团队常去奶奶家帮忙做早餐。老人家还教大家包粽子，不管是食材还是步骤，看得出既认真又讲究。

在孙女叶婷婷记忆里，每天凌晨一两点钟，奶奶的小屋就会准时亮起灯，随后便响起磨盘转动的声音，在昏黄灯光里磨豆浆、做早点，然后蹬车去黄坛口中心小学校门口支起煤炉和锅……近30年间几乎没断过。

深夜里昏黄的灯光、转动的磨盘、煤炉里升起的袅袅炊烟，映衬着瘦弱又略显驼背的身影……这些画面，如今已成为回忆，被永远定格在叶婷婷的脑海里，“那些孩子就是她的牵挂，她说听孩子们叫奶奶，她就高兴。”

毛师花的女儿叶仙曾帮着母亲出过摊，这份辛苦她深有体会。她告诉记者，早餐摊上最受孩子们欢迎的是手工糯米粿，殊不知，做粿子的糯米团都是母亲用石臼和木槌一个个敲打过的，“她说这样做出来的粿子才筋道，孩子们才爱吃。”

老人走后，这些满布岁月痕迹的小石磨、做粿模子、煎锅、铁铲等工具，被叶仙一一擦拭干净，如今安静地摆放在房间里。叶仙说，她希望这些工具能在家族中一代代传下去，让后辈们都知道“早餐奶奶”的故事。

其实早在2018年时，毛师花就因为腰椎间盘突出症状加重，逐渐力不从心了，起初是把摊位摆在家门口，后来实在干不动，只得告别心心念念的早餐摊和孩子们。

“母亲做早餐的念头一直没断过，她曾对我说，如果现在能年轻10岁就好了，还能继续给孩子们做早餐。”在叶仙看来，母亲虽然躺在床上，但牵挂不舍的依旧是巷口那团炉火和一张张稚嫩的脸孔，“当你看到一群孩子围着她，用稚嫩的声音叫着‘奶奶’，或许会明白，这大概就是支撑母亲近30年的动力吧。”①

（案例来源：《人民日报》2024年01月08日13版）

知识窗

在日常生活中，我们主要通过慈善机构进行慈善活动。至2023年11月15日，全国共登记认定慈善组织超过1.3万个。中国的慈善机构包括多个全国性和地方性的组织，其中一些主要的慈善机构如下：

中华慈善总会，成立于1994年，由中华人民共和国民政部主管，是中国首家以“中华”“慈善”命名的全国性非营利公益社会团体。截至2021年底，拥有460余个会员单位及个人会员。

① 窦瀚洋. 坚持二十七年，早餐每样东西只卖五毛钱［N/OL］.人民日报，2024-01-08（13）［2024.01.08］.http：//paper.people.com.cn/rmrb/images/2024-01/08/13/rmrb2024010813.pdf.

中国慈善联合会，经国务院批准、民政部登记注册，由致力于中国慈善事业的社会组织、企事业单位等有关机构和个人自愿结成的全国性社会组织。

中国健康管理协会，是一个全国性、专业性、非营利性的社会组织，由从事健康管理、健康服务和健康产业的医疗机构等单位共同发起，成立于2016年。

此外，还有多个专项基金和基金会，如宋庆龄基金会、中国残疾人福利基金会、中国扶贫基金会等，这些机构涉及扶贫、教育、医疗、文化、环保等多个领域。

当我们想向慈善机构捐款时，可以登录慈善中国（https://cszg.mca.gov.cn/platform/login.html）了解慈善机构资质，确认其是否具备接受捐款的资质。

四、养老互助

《2021年度国家老龄事业发展公报》显示，截至2021年末，我国已进入深度老龄化社会；预计到2035年左右，进入重度老龄化社会。习近平总书记指出："让老年人老有所养、老有所依、老有所乐、老有所安，关系社会和谐稳定。"如何让所有老年人都能有一个幸福美满的晚年，不仅是中国老龄化不得不面对的紧迫问题，而且是全世界共同面对的时代命题。互助养老作为一种新型养老模式，不但能有效破解农村养老面临的资金、服务、被动式养老以及老年群体人力资源匮乏等困境，而且逐步形成具有灵活性、多样性、自愿性、自治性等鲜明特点的农村养老实践，以较低社会成本实现农村老年人生活互助和情感慰藉，为回答这一"双重命题"找到了新的路径。

● **案例**

以“小老人”服务“老老人”，上海推出新型互助养老服务

在上海，时间可以兑换养老。这一说法起源于上海市民政部门推出的一项新型互助养老服务——沪助养老时光汇，通过搭建智慧平台，以“小老人”服务“老老人”，引导社区居民参与“年轻存时间、年老享服务”志愿社区为老服务项目。

“每一种声音都值得被关心，每一位老人都应该被关注。我愿意去关怀他们，因为老年人更需要被看见。”上海市普陀区香山苑小区2号楼楼组长蔡丽影表示。

蔡丽影是“沪助养老时光汇”的一名志愿者，常常被社区老人称为“蔡老师”。之所以做这份工作，她坦言，上海的老龄化非常严重，有太多的老人需要照顾，有些子女也不在身边，我不想让老人的生活因为年迈而变得艰难。

在香山苑小区2号楼，老年居民占比较大，很多还是独居老人。子女不在身边，突发疾病、遇到棘手的事情时，大家第一时间想到的就是志愿者蔡丽影。

楼内有一名李大爷，为高龄独居老人，有轻度的老年痴呆，不喜欢保姆照顾。夏天，老人经常忘记吃饭，饭菜经常会变质。蔡丽影得知后，把送餐服务送到小区，她每天再把饭送到老人家里，她同时还扮演起“幼儿园老师”的角色。“他看见我很高兴，我就哄着他不闹情绪，好好吃饭。”蔡丽影每天送两次饭，已经坚持了一年多。

另一名老人李阿婆，患有严重的糖尿病，孩子定居国外，每月的常规配药都是蔡丽影负责。有次半夜，蔡丽影接到老人突发疾病的求助电话，因为120急救的等候时间太长，她直接推轮椅把老人及时送医。确诊肺炎后，经过她的精心照顾，老人最终顺利出院。

除了送餐、陪同看病，蔡丽影还会给高龄空巢老人买菜、买药，同时她还会陪老人聊天。“因为我从事过服务行业、管理岗位，我也会帮助老人做一些心理疏导，例如和老人聊天、解闷等。”在蔡丽影看来，很多都是举手之劳，“出门买个菜，顺手给邻居也买好，去趟社区医院，给老人配个药回

来。这些占用不了多少时间，但心里却特有成就感。”

普陀区民政局相关负责人透露，普陀区从2021年3月开始推进“沪助养老时光汇”项目，这项服务已经覆盖到普陀区10个街镇，至今招募服务提供者1264位，为1623位老人提供了97074小时服务，越来越多社会力量用爱温暖老人晚年，同时，像蔡丽影这样的志愿者，他们提供的志愿者服务还可以存入未来的“时间账户”。

“十四五”期间，全国老年人口将突破3亿人，5—10年后，随着第一代独生子女父母进入中高龄阶段，养老服务将面临更大挑战。其中，2025年上海市60岁及以上户籍老年人口规模将突破600万人，老龄化率将突破40%。

作为承接“沪助养老时光汇”项目的一家公益组织，上海明艾居家健康服务中心专注于在普陀区推广这一项目，目前已经覆盖到了普陀区10个街镇，主要服务对象是普陀区各街镇年满70岁以上、低保低收入等困难老年人、老劳模、优抚对象、对社会有特殊贡献的老年人，还有高龄独居老年人，独居老人可以放宽到60岁。而对志愿者的招募条件，主要是60—70周岁之间，女性可以适当放宽到50周岁，另外还欢迎有公益服务意愿、身体健康的退休人士来加入。

当日，上海明艾居家健康服务中心项目专员黄先生告诉澎湃新闻记者，自从“沪助养老时光汇”推广以来，社区志愿者的报名出乎意料地“踊跃”，不少人来自社区爱心人士、退休人员等低龄老人，也有小部分是青年。

“在线下招募时，我们会让这些志愿者填写一份表格，帮助他们做实名认证并注册，一旦社区老人在平台上发布自己需要的服务，志愿者可以接单，我们会帮孤寡老人等一年提供100小时的服务时间，等于100个时间币，而志愿者可以通过服务时间来兑换，这些时间币不仅肯定了自己的奉献精神，未来也可以用于自身的养老。”黄先生说，该机构还会对志愿者开展培训，培训课程包括情感慰藉、协助服务、出行陪伴、文体活动、健康科普、法律援助、培训讲座、指导防范金融、网络风险及其他等。

在实际操作中，不少志愿者的服务时间，远大于存入时间。因为高龄老人经常有临时性的服务需求，他们也不善于用智能手机发布，除非之后请街道或第三方机构补发，否则服务就没有纳入沪助养老时光汇体系。但大多数志愿者并不是特别在意，他们认为："我们的初衷是关心需要帮助的老人，时间币毕竟只是锦上添花。"

普陀区民政局方面透露，要成为一名"沪助养老时光汇"志愿者不容易，要先后经过自主报名、资格审核、线上学习、统一考试等几个环节。注册成功后，就像网约车平台一样，由系统给志愿者们就近"派单"，志愿者自己根据实际情况"接单"。每次志愿服务前后都要"打卡"，后台自动"存入"相应时间和积分兑换。

这项服务也得到了诸多高龄老人的认可。一名患有重度眼疾的孤独老人李阿婆，无法外出，也不能见光，日常购物、就医无法独自完成，生活几乎无法自理，久而久之她极度恐慌和焦虑，形成了抑郁、厌世等较为消极的心理状态，"沪助养老时光汇"志愿者的到来打破了这一僵局，志愿者给到李阿婆心理抚慰，帮着她买菜、配药、购买生活用品，李阿婆逐渐体会到了志愿者的真心与善意，脸上的笑容也越来越多，性格逐渐变得开朗起来。

"我们的服务主要是帮助那些高龄老人活得更好，生活过得更有质量，更有希望，同时我们也欢迎有更多的低龄活力老人、年轻志愿者可以加入我们的队伍，一同让老人活得有尊严，生活更幸福。"黄先生说。

（案例来源：澎湃新闻）

体验与思考

李大爷是一位退休老人，一生勤勉，积累了可观的财富。他所在的社区有一个养老互助组织，鼓励老年人积极参与社区活动、互相帮助，同时也经常举办各类慈善公益活动，如义务教学、环保行动、关爱孤寡老人等。最近，该组织计划发起一次大型的"夕阳红"公益项目，旨在改善社区内老年人的生活质量，李大爷非常想参与。请思考，李大爷可以通过哪些方式参与到"夕阳红"公益项目中，以及这些参与方式如何从不同方面体现他的社会责任感？

主题十六

老有所乐 精彩人生

本主题将带领大家了解在步入老年阶段之后身体与心理上会遇到的变化，做健康老年人；通过具体生动的案例及分析，树立积极变老、享受精彩人生的理念与信心。

情景导入

又到一年重阳节，在某校五楼多功能厅内，“退休教师回娘家”活动正在如火如荼地开展，许久未见的老教师们喝着茶、吃着水果点心，亲切热烈地聊着天。刚退休不久的D老师跟退管会的Q老师“抱怨”：“唉，之前上班的时候，单位也忙家里也忙，那么多事情也没有像现在这么大脾气。退休以后，也不知道是怎么回事，如今遇到点事情我就非常敏感，什么事情都要想东想西，有些想不通的事情就在那里胡乱猜测，搞得家里氛围很不好。”听到这些，W老师也频频点头：“是啊，我刚退休时有段时间也是这样，后来才调整过来。”退管会的Q老师问：“W老师您一直给我们的印象是身体倍儿棒、心态年轻，积极乐观不见老，当时您是怎么调整过来的？下次可以给其他老师分享一下，面对退休生活、面对变老，我们该怎样应对呢？”“好的，那我回去好好梳理一下，下次跟大家一起交流。”

根据民政部和全国老龄办于2023年12月14日发布的《2022年度国家老龄事业发展公报》数据，截至2022年底，全国60周岁及以上的老年人口达2.8亿人，占全国总人口的19.8%；65周岁及以上老年人口近2.1亿人，占比达 14.9%，[①] 我国已迈入老龄化社会，积极应对人口老龄化上升为国家战略。作为老年群体中的一员，我们如何在慢慢变老的过程中保持身心健康及社交生活和精神层面的健康，拥有充实、有意义的老年生活，乐享精彩人生是摆在面前的一项重要议题。

第一节　树立正确的老年观

孔子曾说过："吾十有五而志于学，三十而立，四十而不惑，五十而知天命，六十而耳顺，七十而从心所欲，不逾矩。"这是孔子对于自己不同人生阶段的评价，同时也是对后人的告诫：在人生的不同阶段，应当思考不同的问题、做不同的事。只有这样，我们的人生才能达到一个理想的状态。

变老是无声无息的过程，变化也在不知不觉间悄然而至，然而，这些变化并不总是消极的，它们也是我们生命经验和智慧的象征。这些经验和智慧是老年朋友的无形财富，如何用好这笔"财富"，在老年阶段也能乐享晚年生活、享受精彩人生是摆在我们面前的一个重要课题。

一、适应衰老

据唐代孙思邈的《千金翼方》中记载："论曰：人年五十以上，阳气日衰，损与日至，心力渐退，忘前失后，兴居怠惰，计授皆不称心，视听不稳，多退少进，日月不等，万事零落，心无聊赖，健忘嗔怒，情性变异，食饮无妙，寝处不安……"生动地论述了人在年老过程中的记忆、视觉、听觉、味觉以及性格、情绪状态等的一系列变化。

---

① 民政部 全国老龄办.2022 年度国家老龄事业发展公报［Z］.2023-12-14.

拓展园

一般认为，人的衰老，是从30岁开始的。30岁之前，人属于成长发育期，逐渐走向成熟；30岁以后，身体就开始走下坡路，细胞以平均每年1%—5%的速度衰老：如眼睛从40岁开始衰老；听力从55岁左右开始衰老；65岁开始渐渐失去40%的大肌肉群，让人在干活时感到吃力，以后体力越来越下降。肝脏70岁才会衰老，肝脏目前来看似乎是体内唯一能挑战老化进程的器官。[①]

对老年人来讲，记忆衰退导致老年人最受影响的是识记和回忆"姓氏"！人像特点联系回忆的研究表明："'姓氏'的回忆在50岁以后就出现减退趋势，60岁以后减退日益明显，80岁组的姓氏记忆成绩仅仅达到20岁组的30%"。所以对很多老年人来讲，识记和回忆其他人的姓名是最常见的烦恼。[②]

除了身体和心理上的一些变化，老年朋友在社会角色上也发生改变，如随着退休、子女成家等，老年朋友可能面临孤独、社交匮乏等问题，这些都需要在心理和行为上进行调整，适应新的生活环境和角色。

二、接纳衰老

- **案例**

李阿姨最近的心情很不好。李阿姨的儿子大学毕业后去了外地工作，后面也在那里成了家。前年阿姨刚退休的时候，正好赶上孙子出生，她就去儿子家帮忙带孙子了。现在孙子上了托儿所，李阿姨就回到上海陪还在上班的老伴。

① 姜向群，邬沧萍.老年学概论［M］.中国人民大学出版社2006年5月版.
② 林崇德.发展心理学［M］.北京：人民教育出版社2008.

在儿子家忙忙碌碌不觉得什么，回来之后，每天除了买菜做饭打扫卫生，就是看看孙子的照片或者等着和他视频。没过多久，李阿姨就觉得有些无聊，总是回想起上班时候的一些事情。想起当年既要忙工作还要带孩子，双方老人也要照顾，也没觉得累，感觉浑身使不完的劲儿。现在退休了闲下来了，什么事都没有，可身上整天这里疼那里酸的，总是不得劲儿，这人怎么说老就老了呢？而且李阿姨最近看老伴儿也是怎么看怎么不顺眼，总想找茬儿吵架。老伴儿劝她不要总是待在家里，要多出去转转，多找朋友聊聊天，调整一下心情。李阿姨听了这话又说老伴儿不理解他，说着说着又想起年轻时的一些矛盾和冲突啥的，后悔当初嫁给他。

根据世界卫生组织的划分标准，44岁以下为青年人，45—59岁为中年人，60—74岁为年轻老年人，75—89岁为高龄老年人，90岁以上为长寿老人。衰老是每个人必经的过程，对刚步入老年的人来说，调整好心态是愉快度过老年期的前提。要学会接受自己开始衰老的事实，接受生理上出现的种种变化。

科学研究显示，积极心态可以增强老年人的免疫力、降低患心脏病等疾病的风险，同时也有助于老年人保持心理健康。积极心态对于老年人来说至关重要，老年人要学会看到生活中的积极面，保持乐观和自信。通过积极心态，老年人可以更好地应对生活中的挑战和困难，提高生活质量。

拓展园

心理正能量可改善老年人生理机能

对老年人而言，保持积极心态对健康十分有益。耶鲁大学公共卫生学院和加州大学伯克利分校的研究人员发现，积极心态比运动更能提升老年人健康水平。研究首次证实，下意识地接触积极信息能促进身体健康，甚至超过六个月运动带来的好处。

为了解衰老的心理认知模式对老年人身心健康的影响，研究人员选择了平均年龄在81岁的100位老人为研究对象，进行分组对照研究。其中一组受试者坐在电脑前，屏幕中飞快闪过诸如“矍铄”“创造力”等积极词汇，它们出现的速度极快，已达到让这些词汇在他们大脑中留下印象，却又不会被深刻记住的程度。另一组受试者则没有接受任何积极信息的测试。

结果显示，接受积极信息的人在心理和生理方面都有进步。三周后，接受积极心理暗示的老年人在行走、保持平衡等方面表现更好。同时，他们积极的自我认知得到强化，衰老的消极想法被削弱。

该项目首席研究员贝卡·利维说，这一研究结果成功表明，引导性的潜意识手段能改善老人的身体机能。潜移默化的信息能够帮助人们改变社会强加给老年人的消极认知模式。[①]

对于那些无法抗衡的事情，接纳不是妥协，而是一种成熟的做法，是智慧和通透。美国开国元老托马斯·杰弗逊在71岁时曾写信给78岁的美国第二任总统约翰·亚当斯，信中有一段写得很形象：“我们的机器已经运转了七八十年了，可以预料到它们将会损坏。这里一个轮轴、那里一个轮子，现在一个齿轮、下次一个弹簧，都将会出现故障。虽然我们能暂时将其修理好，但机器终究都是会停止运转的。”[②]虽然衰老不可避免，衰老会伴随一系列生理功能的衰退或疾病的痛苦等，但时间与实践带来的经验与历练却是身处其他年龄阶段无法比拟的。唐朝诗人刘禹锡的那首《酬乐天咏老见示》：“人谁不顾老，老去有谁怜。身瘦带频减，发稀冠自偏。废书缘惜眼，多灸

① 心理正能量可改善老人生理机能［J］. 中国老年，2015（1），49.

② 韩启德：衰老不可避免　我们如何面对［EB/OL］.［2024-04-29］.https：//m.gmw.cn/baijia/2022-03/29/1302871491.html.

为随年。经事还谙事，阅人如阅川。细思皆幸矣，下此便翛然。莫道桑榆晚，为霞尚满天。”如果说诗的上半部分是对老年时期身体状态的描述，下半部分则体现了其淡然处世宠辱不惊、老有所为积极进取的精神状态。接纳衰老，平和心态，尽管身体可能不再像年轻时那样精力充沛，但我们仍然可以拥有充实和有意义的生活。

第二节　积极老龄化——追求高质量的老年生活

积极老龄化概念首次提出于1997年的丹佛会议，并在联合国第二届世界老龄大会（2002年）上发布了《积极老龄化：从论证到行动》《积极老龄化：政策框架报告》等政策性文件，正式提出行动方案，明确了积极老龄化的三大理论基础，即通过实现健康、参与和保障来提高老年人的生活质量。随后越来越多的学者开始研究积极老龄化，越来越多的国家开始将积极老龄化理论作为面对老龄化问题的行动指南和政策框架，积极老龄化的内涵也逐渐被进一步丰富。

知识窗

什么是积极老龄化？

积极老龄化指老年人不仅能够保障身体各方面机能和心理层面的健康，而且能根据自己的需求、喜好，参与到社会生活中，为社会创造价值。

一、积极老龄化的内涵

世界卫生组织（WHO）提供了一个权威性的积极老龄化定义和政策框

架，积极老龄化作为一种政策工具在过去几十年中主导着老龄化社会的构成方式。积极老龄化是健康老龄化的延伸，注重的是健康、参与和保障这三部分。

（一）健康

健康不仅指身体上的健康，更注重老年人精神层面与社会接触上的重要性，可以延长老年群体参与社会的时间。世界卫生组织从人的各个方面对健康进行了定义。主要表现在生理、心理、社会适应能力的各个方面，都应保持良好的状态。积极老龄化中，认为健康是风险因素降低，保障因素不断提高。在老年阶段自理能力较强，享受高质量的晚年生活。积极老龄化中健康是对世界卫生组织的延续和发展。健康在积极老龄化中处于基础地位，只有身体健康才能积极地参加各项社会活动，享受其中的乐趣，身心愉悦地生活。

（二）参与

参与是指以老年人自愿为前提条件，并且身体情况允许的状态下参加家庭和社会活动。曾经有美国研究者在老年群体中做过调查，发现那些精神饱满，状态较佳的老年人在日常的生活中各类活动的参与度也较高，并且保持了较好的身体素质。老年人的参与侧重强调终身学习和人力资源再开发，为社会发展作贡献，在学和为两个方面体现得较明显。有利于体现人生价值，增强社会责任感和存在感。

（三）保障

“保障”是“健康”和“参与”的必要条件。主要表现为对老年人的多种社会福利，例如经济和法律等诸多方面，以保障其权利在行使过程中得到平等对待。

总的来说，积极老龄化一方面体现在积极上，要求老年人以积极的生活态度面对老年生活的到来；另一方面也需要社会、政府、家庭等各个方面的支持，以保障其晚年生活的平安度过。

拓展园

“积极老龄化”在我国官方政策和倡导话语中，多以“积极应对人口老龄化”形式出现。我国“积极应对人口老龄化”的相关具体政策如下（见表16–1）。

表16–1 积极应对人口老龄化政策

政策文件	颁布单位	颁布时间	相关内容
党的十八大报告	中共中央	2012.11	积极应对人口老龄化，大力发展老龄服务事业和产业
《中华人民共和国国民经济和社会发展第十三个五年规划纲要》	第十二届全国人民代表大会第四次会议	2016.3	提出积极应对人口老龄化，开展应对人口老龄化行动，加强顶层设计。构建以养老服务、社保体系、健康保障、人才培养、环境支持、社会参与等为支撑的人口老龄化应对体系
《国家人口发展规划（2016—2030年）》	国务院	2016.12	积极应对人口老龄化要加快构建以社会保障、养老服务、健康支持、宜居环境为核心的应对人口老龄化的制度框架
《“十三五”国家老龄事业发展和养老体系建设规划》	国务院	2017.3	将积极应对人口老龄化分为社会保障、养老服务、健康支持、消费市场、宜居环境、精神关爱、社会参与和法律保障八个部分
党的十九大报告	中共中央	2017.10	积极应对人口老龄化，构建养老、孝老、敬老政策体系和社会环境，推进医养结合，加快老龄事业和产业发展

续表

政策文件	颁布单位	颁布时间	相关内容
《国家积极应对人口老龄化中长期规划》	中共中央国务院	2019.11	明确了未来积极应对人口老龄化的三个时间节点，从财富储备、劳动力供给、为老服务和产品供给体系、科技创新能力和社会环境构建等五方面提出具体要求
《中共中央关于制定国民经济和社会发展第十四个五年规划和二〇三五年远景目标的建议》	中国共产党第十九届中央委员会第五次全体会议	2020.1	实施积极应对人口老龄化国家战略。积极开发老年人力资源，发展银发经济。推动养老事业和养老产业协同发展，健全基本养老服务体系，发展普惠型养老服务和互助性养老，支持家庭承担养老功能，培育养老新业态，构建居家社区机构相协调、医养康养相结合的养老服务体系，健全养老服务综合监管制度
党的二十大报告	中共中央	2022.1	实施积极应对人口老龄化国家战略，发展养老事业和养老产业，优化孤寡老人服务，推动实现全体老年人享有基本养老服务
《关于发展银发经济增进老年人福祉的意见》	中共中央国务院	2024.1	从老年助餐、养老照护、文体服务、适老化改造、金融支持等多维度出发，提出4个方面26项举措。发展银发经济是积极应对人口老龄化、推动高质量发展的重要举措，既利当前又惠长远

二、做健康老年人，高质量享老

拓展园

健康老年人的自我要求：

“听得清，讲得明；记得牢，想得开。

睡得着，站得稳；动得多，吃得少。

朋友多，情绪好。”

对比一下，您做到了吗？

世界卫生组织对健康的定义不仅包括了身体健康，还包括心理健康和良好的社会适应能力，“身心”有机统一，“形恃神以立，神须形以存”，只有两者都健康才是健康的人。在人生各个阶段中，老年期是异质性最大的一个时期。科学研究表明，健康生活方式可以显著降低老年人患心脏病、中风等疾病的风险，同时也有助于提高老年人的免疫力、增强记忆力等。与社会脱节会增加老年人的孤独感和抑郁情绪，而积极参与社会活动可以增强老年人的社会支持网络、提高心理健康水平。高质量的老年生活，不仅仅是追求长寿，更要追求有质量的生活。高质量的生活包括三个方面：身体的健康、心理的健康和社会层面的健康。身体健康，生活可以自理；心理健康，心态平静安宁积极乐观；与家庭和社会互动交流顺畅和谐则社会层面健康，如此才能高质量享老。

国家卫生健康委员会发布了《中国健康老年人标准》，明确了健康老年人的9大标准，建议大家以更适老的方式去理解健康的含义，传递了更积极的生活理念——老年人带病生活是常态，只要能有效控制，就是一个健康或基本健康的老年人。每个人都是自己健康的第一责任人，老年人要积极认识老龄化和衰老，不断强化自我保健意识，学习自我监护知识，掌握自我管理技能，早期发现和规范治疗疾病，对于中晚期疾病以维持功能为主。

拓展园

《中国健康老年人标准》：健康老年人是指60周岁及以上生活自理或基本自理的老年人。其躯体、心理、社会三方面都趋于相互协调与和谐状态[①]。通常来说，健康老年人应满足下述要求：

（1）生活自理或基本自理；

（2）重要脏器的增龄性改变未导致明显的功能异常；

（3）影响健康的危险因素控制在与其年龄相适应的范围内；

（4）营养状况良好；

（5）认知功能基本正常；

（6）乐观积极，自我满意；

（7）具有一定的健康素养，保持良好生活方式；

（8）积极参与家庭和社会活动；

（9）社会适应能力良好。

第三节　活到老，学到老——老年人潜能开发

习近平总书记曾讲过：“要完善制度、改进工作，推动养老事业多元化、多样化发展，让所有老年人都能老有所养、老有所依、老有所乐、老有所安”。党的十八大以来，在以习近平同志为核心的党中央领导下，我国践行积极应对人口老龄化的“中国方案”，推动解决老年人养老、健康、精神文化生活、社会参与等方面的现实需求问题，努力满足亿万老年人对美好生活的新期待。

① 中华人民共和国国家卫生健康委员会.WS/T 802—2022（中国健康老年人标准）［S］.2022-09-28.

一、活到老，学到老

“理无专在，而学无止境也，然则问可少也？”清朝散文家刘开的《问说》的这句话广为流传，意指学习是没有尽头的，要活到老学到老，年龄有尽头，学习则是无止境的。老年时期的“学”，是一种意境，慢慢品味，自乐其中。活到老学到老，是最有效的成长方式。

● **案例**

“传奇奶奶”姜淑梅：从“文盲”到“网红作家”[①]

60岁学识字，75岁学写作，80岁学画画，到了84岁写下近60万字，画了数百幅画，出版了5本书……在黑龙江省绥化市，“传奇奶奶”姜淑梅用自己精彩的后半生，实现了从“文盲”到“网红作家”的“逆袭”，让人们从这个“活到老、学到老”的普通老人身上，看到了人生难以预测的潜能，以及岁月和时代给予她的馈赠。

从第一本书《乱时候，穷时候》到第五本《拍手为歌》，姜淑梅的书中，有过去的歌谣和小调，也有乡村民俗故事。文风朴实幽默，绘画充满童趣，字里行间流动着通透豁达的生活态度，让她收获了很多“粉丝”。姜淑梅加入中国作家协会，成为一名“高龄会员”，她说自己的愿望是要努力成为四个“家”——作家、画家、书法家、老人家。

“不怕起步晚，就怕寿命短，千万别偷懒。”姜淑梅从没把写作、画画当成负担，而是“乐子”。或许她自己都没有想到，她的人生在60岁之后，会重新绽放光彩。

据测算，预计“十四五”时期，60岁及以上老年人口总量将突破3亿，占比将超过20%，进入中度老龄化阶段；2035年左右，60岁及以上老年人口将突破4亿，在总人口中的占比将超过30%，进入重度老龄化阶段[②]。长寿时

---

① 新华社.“传奇奶奶”姜淑梅：从“文盲”到“网红作家”[EB/OL].[2024-05-01].https：//baijiahao.baidu.com/s?id=1713582916806302425&wfr=spider&for=pc.

② 2035年左右中国将进入重度老龄化阶段[EB/OL].[2024-05-01].https：//www.chinanews.com.cn/gn/2022/09-20/9856433.shtml.

代，越来越多的老年人在“充实养老、学习享老”，通过学习来弥补曾经的遗憾、增添新的生活乐趣、完成再一次的自我成长是他们对晚年生活的期待和追求。

国家通过多种举措创新发展老年教育，扩大老年教育资源供给[①]。加快发展城乡社区老年教育，支持各类有条件的学校举办老年大学（学校）、参与老年教育；支持社区养老服务机构建设学习点，依托国家开放大学筹建国家老年大学，搭建全国老年教育资源共享和公共服务平台；创新机制，推动部门、行业企业、高校举办的老年大学面向社会开放办学；鼓励老年教育机构开展在线老年教育；发挥社区党组织作用，引导老年人践行积极老龄观等，让每位老年人都有机会在学习中享老，点亮幸福生活。

二、老年人力资源开发

近年来，我国出台了多项政策措施，鼓励支持老年人力资源开发。中共中央、国务院发布的《关于加强新时代老龄工作的意见》提出，完善就业、志愿服务、社区治理等政策措施，充分发挥低龄老年人作用。我国老年人口的结构主要以低龄老年人口为主，随着医疗卫生技术的发展，不少达到退休年龄的老年人依旧身强力壮，能参与到社会经济活动之中。同时，社会思想的进步也使得越来越多的退休人士心理状态发生改变，希望在老年阶段仍能有所作为。

知识窗

什么是老年人力资源开发？

老年人力资源开发指的是老年人口进行社会参与，包括老年人通过就业、志愿服务等活动继续发挥作用。老年人口就业作为老年

① 中共中央 国务院关于加强新时代老龄工作的意见［EB/OL］.［2024-05-01］. https：//www.gov.cn/zhengce/2021-11/24/content_5653181.html.

人社会参与的一种重要形式，不仅有利于老年人通过继续发挥其技能、经验、文化等方面的优势来获得经济收入、成就感与幸福感，而且能够为社会创造物质财富。老年人参与志愿服务也是老年人口进行社会参与、继续发挥作用的重要形式。

（一）积极促进老年人力资源开发与利用

作为人口规模巨大的国家，在人口变动的过程中，也不断产生出“新的人口红利”，其中包含着开发利用老年人力资源的巨大潜力，这些构成积极应对人口老龄化的重要内容。在老年人口中，低龄老年人口具有巨大数量，也占相当大比重。老年人口的预期寿命在延长，意味着老年人口生命期中能够用于社会经济贡献的“人力资源期”也在延长。

随着教育程度不断提高的人口队列步入老年，老年群体受教育程度也会逐步提高。较高的受教育程度和工作能力，将进一步提高老年群体的生产能力。特别是随着产业结构升级和科技进步，未来的经济就业岗位并不主要依靠体力劳动，依靠知识和技能的白领型劳动就业将增加。老年人口由于受教育程度提高能继续维持较高的劳动生产能力。[①]

（二）老年人力资源开发的重点人群

许多研究者认为，老年人口进行人力资源开发的主动性受到年龄、健康水平、新技术使用熟练程度、社会参与心态等因素影响。而随着互联网技术的普及和快速发展，数字经济发展为老年人提供了新的就业机遇。老年人力资源开发的重点人群主要为以下几类群体：低龄健康老年人，他们身体健康状况较好且离开工作岗位时间相对较短，具有再就业能力所需要的身体条件

① 王雪辉，彭聪.我国老年人口群体特征的变动趋势研究［J］.人口与社会，2020（4）：29-45.

和经验知识。[1]高学历与专家型老人，他们之前从事的多是高技术水平要求的工作，知识、技能和经验积累丰富，应继续发挥其在专业领域内的引领作用。老年社会参与达人，他们社会参与意愿强、活动参与度高，能够起到带头引领作用，依靠自身影响力带动更多的老年人进行社会参与，充分发挥其在社区治理、志愿服务、公益服务等方面的作用，促进老年群体人力资源多维度开发。

● **案例**

从“家庭主妇”到“社区名师”

——上海市徐汇区老年大学王伟老师

王伟老师现在的身份是上海市徐汇区老年大学声乐系主任、徐汇区老年大学徐朗艺术合唱团副团长。除此之外，她还是一名深受学员喜爱的声乐老师，是合唱团中女高声部的一名成员，擅长抒情性女高音中最纤巧、最灵活的声部——花腔女高音，是合唱团里的顶梁柱。

这么优秀的一位社区名师，您一定认为她“师出名门”“专业出身”吧？如果说她退休之前主要是一名忙于家中琐事的“家庭主妇”您相信吗？

事实就是如此。王伟老师自年轻时就喜欢文艺活动，曾在文艺小分队中负责弹奏钢琴。退休后，她重拾音乐梦想，先在街道社区学校学习钢琴演奏，后来转入徐汇区老年大学继续学习钢琴提高技艺。器乐不分家，在钢琴研修之余，她还加入了流行歌曲演唱班级，自此推开了声乐世界的大门，歌唱水平逐步提升。

学习越深入越快乐越想要追求更多。抱着想要探索更多元化歌唱曲目的想法，王伟老师选择从流行歌曲转到美声唱法班级。她从一张白纸开始学习美声唱法。勤奋好学加出色表现，很快，王伟老师被老年大学徐朗艺术合唱团团长穆经业老师看中，邀请其加入合唱团并进行一对一的美声教学。此时，在良师的指导下，通过学习正规发声方法，王老师的美声唱功突飞猛

---

① 王伶鑫.“十四五”时期老年人力资源开发潜力与实现路径研究［J］.北京劳动保障职业学院学报，2023，17（2）.

进，逐渐成为抒情性女高音中最纤巧、最灵活的声部——花腔女高音，是合唱团里的顶梁柱。

教学相长。为了将自己的所学所得分享给更多的老年学员，王伟老师通过老年教育兼职教师相关学习和考核，取得兼职教师资格，站上老年大学的讲台，成为徐汇区老年大学的一名兼职教师。王伟老师经常说："教学相长，在教学以后，感觉我自己的进步也特别大。"她在教学中不断自省，从其他学员身上学习闪光点，以此提升自身演唱及教学水平。凭借着扎实的歌唱功底和亲和友善的教学风格，王老师与学员们亦师亦友，获得了学员的追崇与喜爱。从教以来，王老师在徐汇区老年大学开设声乐课程十余门，教过30余个班级，每学期受益老年学员人数达300多人次。同时还协助多家单位开展音乐教学活动，在2023年的声乐期末汇演中，学员自发为王伟老师和穆老师送上"高尚师德，寓教育人；感恩指引，一生受益"的锦旗，以谢师恩。

学有所成，老有所为。王伟老师在老年教育领域坚守教学岗位多年，不求回报，不辞辛劳；热爱老年教育工作，师德优秀，自觉奉献；用专业的态度传递知识，用饱满的热情教育教学，所教的课程、所带的团队有较强的社会影响力及很高的学员满意度。她所在的合唱团曾荣获全国第二届"筑梦"杯合唱艺术节一等奖、第十四届老年教育合唱比赛金奖、第六届上海市合唱协会主办的无伴奏合唱比赛金奖等，个人获评上海市老年教育"百名优秀教师"、徐汇区2022年社区教育"奉献奖"等，实现用音乐点亮自己人生，点亮育人之路，为老年教育的发展贡献着自己的力量，践行积极老龄观，老有所学，老有所为。

人口老龄化既是挑战，也蕴含机遇，要科学地引导社会认知，在充分尊重老年人的意愿且身体条件符合就业要求的情况下，合理规划，有效推进老年人力资源开发。[①]老年人具备多年积累下来的知识、技术和能力，而通过参与学习能够帮助他们更新观念、调整知识结构、跟进时代发展，使他们能

① 向春玲.积极开发老龄人力资源，激发老龄化正面效应［N］.学习时报，2021-04-07（006）.

够发挥余热，将丰富的工作和实践经验转化为社会经济活动中的生产力。通过对老年人进行再教育或培训，使老年人更好地适应科学技术的迅猛发展，提升老年人在劳动力市场上的竞争力，提高老年人社会再参与和再就业的意愿与能力。

在变老的路上，我们增长的是年龄，不变的是心态。“谁道人生无再少？门前流水尚能西！休将白发唱黄鸡。”大诗人苏轼的诗句让我们感受到他豁达乐观、积极向上的人生态度，以及对生活的热爱和对未来的信心。“老骥伏枥，志在千里；烈士暮年，壮心不已。”曹操的名句让我们体会到他老当益壮、积极进取的人生态度。保持积极的心态，关注身心健康，追求兴趣和爱好，与家人和朋友保持联系，继续学习和成长，参与社区和公益活动，寻找内心的宁静和满足。无论年龄几何，都可以活出精彩的人生！

体验与思考

“岁月并非只是刻刀的利刃，它也是一位巧手的艺术家，将我们雕琢成更加韵味十足的艺术品。”积极变老是一个过程，是一系列的健康、积极的生活态度和行为，是生命的与众不同之处。“积极变老”的概念，引导我们建立成长性思维、找回积极心态，以一种全新的、充实的方式去生活，开启人生新阶段的目标；将衰老转化为生命礼物，学会享受老年时光，并从中找到幸福与快乐。

是被动老去，还是积极变老，你会如何作出选择呢？